系統諮商

- 實務指南 -

Joseph H. Brown
Carolyn S. Brown 著

許淑穗　譯

SYSTEMATIC COUNSELING

A GUIDE FOR THE PRACTITIONER

JOSEPH H. BROWN / CAROLYN S. BROWN

作者簡介

Joseph H. Brown　是美國路易斯維爾大學教育心理與諮商學系助理教授。他在印地安那大學取得諮商哲學博士，於肯塔基大學教師學會工作一段時日後，轉任路易斯維爾大學。他的專長在父母訓練、行為的自我控制以及諮商師與教師之學習者的教導課程。

Carolyn S. Brown　在美國印地安那大學取得諮商教育學博士，她任職於南印地安那心理衛生中心。她的專長在主辦各類工作坊、教師與父母的諮詢服務，以及成人與兒童的諮商工作。

譯者簡介

許淑穗博士

《學歷》

台北市立師範專科學校

國立台灣師範大學教育心理與輔導學系

國立彰化師範大學輔導與諮商研究所

《經歷》

台北市立關渡國民小學教師

台北市立雙蓮國民小學教師

長榮大學通識教育中心、師資培育中心副教授兼中心主任

世新大學師資培育中心副教授、學生輔導中心主任

《現任》

世新大學社會心理學系副教授

序

我們執筆撰寫本書的動機有三點：首先，我們深覺需要對完成諮商師（counselor）訓練計畫後，一位成功的諮商師所應具備的能力做詳細的說明。我們認為訓練諮商師應該學習的技巧與學習的程度，可以經由客觀的評鑑技術和明確的評量標準來加以確立。

其次是關於為符合目前講求諮商績效（accountability）與減少學校諮商工作負荷的趨勢。基於此項，日後諮商師勢必為自己存在的目的加以申辯，然而，諮商師運用個人的專業能力和評量技術促使當事人（client）產生正向的行為，就是最佳的自我辯護。

再者，本書的系統諮商綱要協助諮商師選擇有效達成諮商目標的方法。這項模式提供諮商的連續過程，引導學習者（trainee）蒐集必備的訊息，指導他們選擇適當的處理策略。一般的諮商目標無非是增加或減少當事人的某項行為，有些處理方法確實比其他方式更能帶來期望的結果，但截至目前為止仍缺乏實證支持某種處理策略最適用於某種情境。

撰寫本書的主要目的在提供有意從事助人專業工作者（包括學校諮商師、學校心理人員與社區心理衛生工作者）一項實務指南。本書第一章闡述諮商模式，其他章節則介紹此模式的次系統（sub-systems），除了緒論以外，每一章均涵蓋介紹內容的標準測驗（criterion test）、實施主要技術的附屬技巧指導、諮商師行為或口語表現的合宜範例（programmed examples）以及評估學習者表現的行為檢核表（checklist）等。評鑑學習者的表現雖然可以從認知層面著

手，然而，更重要的是他能進一步靈活運用這些技巧來處理當事人的問題。

顯然地，本書只能視為諮商實務指南而非完整的訓練計畫；諮商教育工作者在使用本書時宜運用個人的睿智與經驗，針對學習者的需求教導適當的諮商技術。我們由衷期盼，本書所介紹的基礎諮商技巧與其評鑑方法，有助於讀者在實際諮商中達成當事人的需求。

譯者序

　　本書作者將繁複的諮商工作以邏輯化、組織化的方式來加以呈現，清晰易懂、條理分明是本書的最大特色。全書是以行為認知取向為主來建構完整的諮商工作內容，從接案、界定問題、擬定處理目標、進行諮商處理到諮商結果的評鑑。

　　書中各項主題均有詳細的理論介紹與明確的實例解說，讓讀者能夠輕鬆地進入諮商工作的世界，此外，隨附在每個章節後面的練習題也是讀者考查自己學習狀況的參考。

　　本書對學習諮商輔導的譯者來說不僅深具吸引力，更對諮商實務工作有實際的幫助。譯者深切期盼本書對學習助人專業工作者，在行為認知的諮商取向上有更為統整的認識與運用。

　　本譯書的完成要感謝譯者家人的支持、師長的指導、朋友的鼓勵與心理出版社的協助，謝謝你們共同成就這本翻譯書籍。倘若書中有任何疏漏之處，尚祈師長先進予以指正。

許淑穗

2005 年 2 月 2 日

目　　錄

第 1 章

諮商模式

　　諮商如同其他行業反映出時代的變遷，而其觀念和意義也日漸繁複。雖然不同的諮商理論和方法陸續衍生（Hosford and de Visser, 1974），諮商技術的提升也確實對諮商工作具有鼓舞作用，但有關技術的使用時機或成效仍無法完全被確認。

　　同樣令人遺憾的是，學術專業機構對諮商本身以及其角色與功能上很少有助益，而教育當局訂定的規範條文中也未詳細訂定諮商師的培育過程與專業角色（Froehle and Lauver, 1971）。現行的諮商規範雖有其價值，但對學習者應學習的技巧與諮商的過程均缺乏明確指引。這個問題可能導因於諮商教育工作者和學習者，無法確定在專業訓練結束後應具備的基本能力（competencies）所致。

一、明訂諮商師的基本能力

諮商教育工作者在不久前開始明確規定學習者應具備的基本能力，其結果促使諮商培訓工作更為系統化（Hendricks, Ferguson, and Thoresen, 1973）。華盛頓州所施行的諮商師資格審查是實行系統化措施的實例，審查計畫是根據申請者能否正確說明當事人在接受諮商後應達到的行為目標來判斷是否合格。類似的審查辦法也在北德州大學、史丹福大學與密西根州立大學相繼實施。

各大學所施行的諮商課程計畫有其共同特徵，它們均以學習者對當事人行為改變的影響力來評鑑是否具備諮商師的基本能力，因此，採用能導致當事人行為有效改變的諮商技術似乎是合理的作法。諮商師必須以當事人特定的期望行為（desired behavior）來闡明其諮商目標（例如當事人在接受諮商後的行為表現、在何種情況下有這些行為以及行為表現的程度等）藉以確定當事人的行為改變（Thoresen and Hosford, 1973）。

二、廣域諮商模式的需求

雖然我們必須對諮商師在諮商技術的運用與其效果有所存疑，但我們更需要的是將諮商策略予以觀念化，使開業者有一個廣域（broad-based）的諮商模式可供運用。換句話說，我們需要一個階梯模式（a stepwise model）來指導學習者如何使用各項特殊的諮商技術。縱使有些諮商師熟悉某些特殊諮商技術，但是他們並不完全

知道在何種情況下或以何種程序來運用這些技術。

　　下列變項對決定諮商技術能否有效運用有重要的影響：

　　㈠行為的種類與產生行為的情境。

　　㈡當事人對個人行為改變計畫的負責程度。

　　㈢因應當事人在諮商過程之特定階段的諮商技術。

　　㈣問題解決的阻礙或壓力。

　　具有能力來設計訓練模式且兼顧上述變項者甚多，然而被設計的模式鮮少且不廣為流傳。但這種需求是毋庸置疑的，因為諮商師的訓練課程應被視為合理的媒介藉此確立諮商師的基本能力，並以學習者對當事人行為改變的影響為檢定的依據。本書介紹的諮商師訓練模式目前正被美國路易斯維爾大學採用，這項模式說明諮商師需具備的基本能力並提供評量標準確定學習者是否合格，本章其餘部分將扼要敘述這項模式的各個次系統。

三、諮商模式的特色

　　本書所推薦的諮商模式介紹不同的諮商技術與其使用情境，它是一項指南提供諮商師有系統地選用諮商技術以有效達成目標，同時也是一項標準能讓諮商師比較個人的諮商技術與諮商結果。諮商過程中的所有要素（如圖 1 所示）在方格內均有標示與解釋，輔以箭號指示不同諮商技術的優先次序，以下將就各個次系統作較詳細的說明。

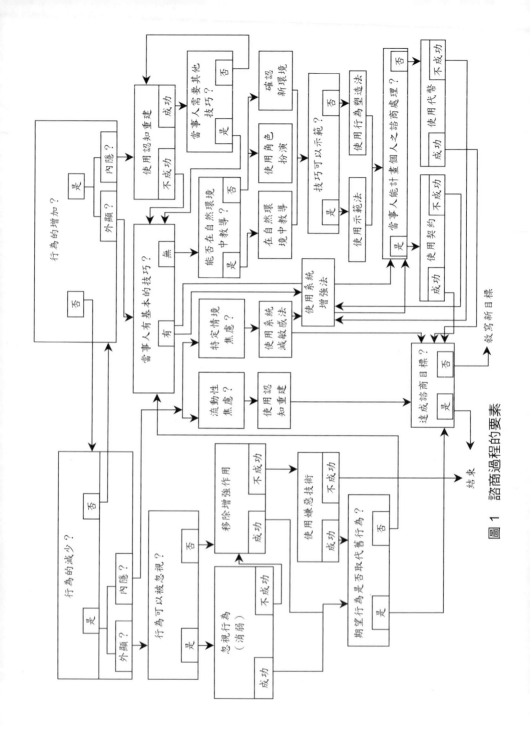

圖 1　諮商過程的要素

㈠諮商轉介

諮商的交互作用從接受個案轉介（referral）就開始發生，這項轉介可能是當事人自我轉介（self-referral）或來自法院與其他社會福利機構。當事人被轉介的原因通常是由於他們的行為干擾了周遭的人，假如當事人並非自願來談（如法院或輔育院轉介），諮商師必須用特殊方法減低當事人的抗拒（resistance），可能得從探討當事人對自己接受諮商的看法著手。

1. 轉介的適宜性

諮商師在知道轉介的來源後必須評估轉介的適宜性，例如有關訓導行為、補救教學（remedial reading）與就業機會的轉介是不恰當的，應該立即轉介他處。有時諮商師接受一項看似合宜的轉介，但之後發覺並不妥當或需要進一步澄清，例如諮商師從老師那裡轉介到一位被標記為蔑視師長的學生，然而經過仔細觀察後，諮商師也許不會苟同這個看法，為了要澄清與了解問題的癥結，諮商師勢必訪問與觀察相關的人員。同樣地，父母也會因為子女的行為問題將子女轉介諮商，然而可能他們的婚姻或個人問題才是導致子女產生問題行為的癥結，在這種情形下，除了子女之外，也許父母更需要接受諮商。

2. 辨識中介者

Tharp 和 Wetzel（1969）建議諮商師應該從當事人的自然環境中，辨認可從旁觀察與協助當事人達成期望行為的中介者（mediators）（如同儕、家人）藉以改正問題行為。通常諮商師可以協助中

間人（second party）（父母或老師）擁有諮詢的能力共同處理第三者（third party）（當事人）的問題，當然，這必須視中介者的接受性與對這個角色的接納程度而定。

在許多案例中當事人是自我轉介的，他們陳述自己的行為是問題的根源，縱使案情確是如此，諮商師仍須評估其他人（同伴、家人等）對當事人行為的影響，這樣的作法對當事人是有益處的。

(二)建構晤談

1. 諮商師的角色

諮商師在建構晤談內容時應該先說明自己的角色與處理的問題，這樣的作法幫助當事人減輕面對諮商關係（counseling relationship）所產生的焦慮，同時也避免導致當事人困擾或負向情緒的非預期事件。Lennard 和 Bernstein（1960）發現諮商師和當事人彼此對角色期望（role expectations）的差距，與其諮商過程中的人際關係不和諧或緊張度有顯著相關，換句話說，在一組諮商配對中，若兩者對相互的責任達成共識時，其人際關係必會產生相同的期望、和諧或穩定度。

角色的描述專注於兩方面：一方面是當事人所要陳述的事；另一方面則為諮商師和當事人的關係。

2. 做個好聽眾

諮商師在說明個人的角色和彼此的關係後，應嘗試針對當事人的問題進行資料蒐集工作，在蒐集資料時，諮商師和當事人之間必須保持正向積極的關係（a positive relationship）。諮商師可以做許

多事情來建立這種關係，然而，最重要的是做個好聽眾藉以鼓勵當事人參與諮商。

良好的傾聽需要諮商師保持視線的接觸（eye contact）與適當的身體姿勢（body posture），此外，非語言反應（nonverbal responses）也有助於諮商晤談，例如諮商師討論到與問題有關的事情時所做的點頭與微笑。Ivey 等人（1968）證實傾聽或專注技巧（attending skills）可以用來教導諮商初學者。

在整個諮商過程中專注技巧是很重要的，尤其在諮商的初期足以鼓勵當事人訴說他的問題，諮商師的專注行為有助於更了解當事人，同時使當事人在諮商情境中感到安全或舒適。

3. 詢問開放問句

一旦當事人開始陳述，諮商師可以利用開放問句（open-ended questions）來引導更多關於當事人問題的資料。這些問句允許當事人做開放的回答，促使他發表談話而不能僅以單音節字句做反應。同時，這種問話方式也使當事人對所關心的事物能夠暢所欲言。在當事人開始反應後，諮商師只要針對其話語中的情感（feeling）部分做回應即可維繫晤談，並能催化當事人進行自我探討與自我了解。

4. 使用澄清技術

澄清（clarification）問題是一項能促進當事人自我了解並增進當事人對問題有較正確認知的技術，在澄清問題時，諮商師設法重述或簡化當事人的話語使陳述內容之意義更為清晰，當事人會確認諮商師所作的澄清是否正確。如果諮商學習者在此時仍無法純熟運用傾聽、情感反應（responding to feelings）與澄清等方法，則在進階學習前必須加強這些諮商技術的訓練。

㈢界定問題

　　確認當事人的問題是諮商晤談初期的重要工作，諮商師可以從當事人本身或轉介者（父母、老師等）獲得相關資訊。

1. 確認問題的範圍

　　Gottman 和 Leiblum（1974）建議諮商師在處理每個個案時，必須謹慎檢視當事人用何種標籤（labels）來描述自己的行為，這種標籤通常顯示當事人試著要達成自己或他人的期望。例如，當事人不滿自己的約會模式，諮商師必須分辨當事人是想跟固定的女友一週約會兩次？還是他想比同儕有更多的約會次數？然而我們應該注意，當事人提出的問題可能不是他最關心的事，因此弄清楚真正的問題癥結才是諮商的重點。諮商師也許會發現要當事人描述他的困難癥結並非易事，這樣的難題可能是彼此對人類行為的看法不同所致。同樣地，在語言觀念上也會有所差異，一則諮商師要能譯釋當事人的話，亦或當事人必須學習諮商師的用語，通常諮商師透過晤談前的「家庭作業」（homework）可以達成教導當事人在諮商中新的互動語言的任務（Patterson, 1976），使用行為問題檢核表也可以幫助當事人或中介者決定要觀察的行為與如何進行觀察。

2. 訂定問題處理的優先順序

　　諮商師在辨明問題範圍後必須決定問題處理的先後次序（set priorities），Sundel 和 Sundel（1975）指出決定問題先後次序的四項重要標準為：(1)問題屬當務之急者；(2)問題可能導致最糟之結果者；(3)就資源和限制來說問題屬最易修正者；及(4)解決其他問題前

必須先予以處理者。

3. 問題的操作性界定

　　諮商師在訂定問題處理的優先順序後，應該協助當事人對其問題所賦予的標籤做操作性界定（operationalize），換句話說，諮商師須引導當事人以特定、具體的實例來說明問題，當一項問題能圓滿地做操作性界定時，問題的敘述應該能夠獲得多數人的贊同。

4. 辨別問題的暫時成因和持續條件

　　在問題經過操作性界定後，諮商師必須確定問題是在何時、何地與何種情況下發生的。當問題已經用行為術語（behavioral terms）界定而其暫時成因（temporal elements）也已確立時，諮商師應設法孤立那些使問題持續的各項條件，換句話說，諮商師必須辨別引發問題行為的刺激情境（stimulus conditions）及其持續條件。

　　就某些行為來說如焦慮或恐懼其先前成因（antecedent）通常是中性刺激（neutral stimuli）所導致的非自願行為（involuntary behavior），然而對大多數的操作行為（operant behavior）來說，如說話或打架，控制的條件是增強（reinforcing）或懲罰（punishing）的刺激。諮商師可以根據一組適當的問句（例如何時問題最嚴重？或最不嚴重？）從當事人或他人身上蒐集相關資料。

㈣行為的觀察與記錄

1. 建立行為基準

　　在問題行為以行為術語界定後，諮商師和當事人可以開始觀察

和記錄行為與導致行為持續的事件，此類觀察和記錄包含計算特定的行為或用自陳資料（self-report data）來建立行為基準（base-line）。諮商師可依據當事人諮商處理前的行為基率（baserate）調整處理策略以符合當事人的需求，行為基率不僅顯示當事人在諮商處理前的行為狀況，亦能協助諮商師和當事人評鑑諮商的效果。

一般來說有三種行為屬性（attributes of behavior）是可以被量化的，分別是：次數（frequency）、時限（duration）與強度（in-tensity），然而，這三種行為屬性會受到如何評鑑與在何處評鑑以及由誰評鑑而有所差異。

2. 次數資料

這是人們最喜歡使用的形式，因為我們習於關心行為發生的頻率而非持續的時間。問題發生的次數可以每單位時間內行為出現的總數（比率）或百分比來記錄，比率是最常用的方式。過度（如藉口）或不足（如未完成作業）行為的比率不僅呈現次數更有其隱含的意義。

3. 時限測量

我們可以運用時限資料得知行為發生的量，如哭泣時間的長度、職場中行為發生的數量，然而某些行為最好的呈現方式莫過於同時記錄它的次數和時限，例如注意聽課、維持談話與吃東西等行為都能以單一或兩者皆用的方式記錄之。

4. 強度資料

行為的強度或嚴重性通常需要利用電子儀器來測量，但是如果沒有這種設備，諮商師可以教導當事人使用等級測量法（rating scales）來記錄恐懼、沮喪與其他行為的嚴重性或強度。長時間記錄之等級測量法如能註明重要事件在不同情境下的變化，則這項強度資料對諮商而言將更具價值。

5. 記錄行為的方法

　　記錄問題行為的方法有許多類型，某些行為只要數計出現的次數就能測量出問題的嚴重程度，例如問題的百分比、未完成的作業件數或遲到的日數等都顯示問題的狀況。這種只要數計即可記錄行為的方法很簡單，可是並非在所有情況下皆有效，因為許多行為如社交行為問題無法用數計方式做記錄。至於那些無跡可循與偶發（每天一至十次）的行為應該全天候記錄，由觀察員（ob-server）於每次行為出現時在記錄單上作簡單的符號劃記。另外針對經常發生的行為（每小時超過四次）應該每天記錄一小時，而行為每小時超過三十次時則諮商師只需記錄半小時。

　　時間抽樣法（time sampling）是用來觀察連續行為（如說話）的適當方法，觀察員使用這種方法只需觀察與記錄當事人在特定時段裡是否有出現某種行為。如前所述，諮商師可以依據行為發生的情況決定觀察一小時或半小時等，觀察頻繁行為所需的時間自然會比觀察偶發行為少。

6. 資料的信度

　　在完成資料記錄後就必須建立測量的信度（reliability），信度是指測量的一致性（consistency），通常以兩位或兩位以上獨立觀察者間的同意情形來計算資料的信度。因此，假如兩位觀察者在同一時段、同一時間內觀察到同樣的事物，則這些觀察將視為可靠的資訊。

7. 圖示法

觀察到的資料可繪製成圖表（graph），圖表能提供：(1)測量的行為；(2)測量的單位；以及(3)在一段時間內所測量的行為。圖表將資料以圖形方式呈現，通常顯現行列式表格看不出來的模式，此外，從圖表中還可以看見進步的情形，藉以鼓勵當事人繼續維持良好的行為改變。

圖示法也可以加強說明行為的增加、遞減或保持穩定速率的狀況，然而假如資料的變異性過大，我們就難以確定行為發生的一般狀況，因此必須繼續觀察記錄以確認導致行為變化的原因。

(五)擬定處理目標

1. 探索替代方案

在諮商師和當事人專注於問題與促使問題持續的情境因素時，他們已經能夠確認當事人需要學習或去除的行為。到目前為止當事人陳述正在發生的事是「什麼」（what is），從現在開始他必須明確指出發生的事「應該是什麼」（what should be），然而，諮商師和當事人在訂定目標前必須探究可能解決問題的其他方法（alternative），評估每個解決方案可能導致的結果，然後選擇最佳的解決方案或目標來執行。

雖然當事人應主動和諮商師共同擬定行為處理目標，但在某些情況下諮商師必須肩負主導責任，不合法（偷竊）或危害自己或他人（暴行）的行為目標是諮商師無法贊同的。假如諮商師和當事人在目標上不能達成協議，諮商師應協助當事人從他處獲得專業的幫

助。

2. 運用測量術語

在諮商目標訂定後應以測量術語（measurable terms）加以陳述，換句話說，諮商處理的結果是能讓當事人表現出某些特定的行為。諮商目標以行為表現術語來陳述可作為評鑑目前諮商進度的基礎，當事人知道往何處去、如何到達目的地與何處是終點，自然比茫然無知者更容易達成諮商目標。

3. 確定中間步驟

在擬定最終目標時最好建立若干中介步驟（intermediate steps），讓每個步驟或目標以先後順序之層次導向最終目標（terminal goal），當事人達成每個中間目標就能獲得增強，而此結果將使當事人得到更大的成就感。

4. 確認情境與表現程度

諮商師和當事人一致同意所擬定的中間和最終目標後，他們應嘗試確認目標行為（goal beharior）的情境，換句話說，他們要共同確認當事人在何處、何時與何種情境下應該表現期望的行為。如果可能，目標行為應該在能控制的環境中出現較好，例如在家裡或教室發生的行為遠比社交情境或社區外來得容易控制。

在目標用行為術語陳述且行為發生情境也獲得確認後，緊接著就是建立行為表現的接受程度（acceptable level），這項標準（criterion level）用來說明行為表現的優良與頻繁狀況。

㈥決定適當的諮商處理

諮商師在確立諮商目標後，必須選擇適當策略進行諮商處理工作，本書所推薦之諮商模式提供諮商師適宜的諮商處理指南，然而依循這項模式進行諮商處理卻隱含此模式是唯一處理方法的危機。我們可以就任何特定問題和理論建立一套原理原則，但實際上某些諮商處理已被證實比其他方法更能有效改善某些行為問題，因此本書的諮商模式旨在引導諮商學習者，學習對特定問題最有效的處理方法。

通常諮商師需要使用多種諮商處理來減緩問題行為，屢發的行為需要減少發生次數而相對之期望行為則應該予以增加。

㈦行為的減少

1. 內隱與外顯行為

在次數或強度上屢發的問題行為可分為外顯（overt）或內隱（covert）行為，常見的屢發外顯行為有偷竊、打架與哭泣；而屢發的內隱行為則有不同種類的恐懼或焦慮。區別這兩種不同的行為是很重要的，因為了解問題行為的屬性有助於決定適當的諮商處理，外顯或操作行為受結果（consequences）所控制，而內隱或反應行為則受前因的控制。

2. 運用忽視消弱行為

假如問題行為是外顯的，諮商師必須確定能否加以消弱（extinction），換句話說，如果這項行為能被合理地容忍一段時間，那麼忽視是消弱行為最簡易的方法。使用這種方法時諮商師必須確定其他人（朋友、老師與父母等）不會在無意中增強當事人的不良行為；如果有，諮商師必須教導他們不再增強當事人。除非目標反應（如打架、罵人等）本身就屬強烈的增強行為，否則持續運用忽視的結果應該可以減少不良適應（maladaptive）行為的次數，假如忽視方法無效當事人就應從增強的情境中移離。

3. 使用溫和的懲罰方式

假如諮商師無法忽視當事人的不良適應行為或這項行為足以危害當事人自身或他人，在這種情況下即使明知道懲罰通常是無效的且其結果只是壓制而不能完全消滅不良行為，諮商師仍然必須對當事人審慎使用懲罰。當諮商師輕度地（mild）使用嫌惡（aversive）或懲罰方法，且提供當事人合乎情理的行為反應並予以增強時，這兩種方式通常會奏效。假如期望行為已經替代舊有的問題行為，個案即可宣告結束；倘若事實並非如此，那麼諮商師必須判斷當事人是否需具備某些必要技巧（prerequisite skills）才能表現期望行為，若情形是如此，則諮商師必須先教導當事人必要的技巧。

㈧行為的增加

諮商師除了減少或消弱當事人的不良適應行為外，也會致力於增加當事人期望行為的表現，如社交參與即是增加行為又不減少其他行為的實例。一般來說欲增加的期望行為有外顯或內隱之別，例如完成作業和更多課堂參與為外顯行為；而自我酬賞（self-rewarding）的思維則屬內隱行為。

1. 系統化增強與減敏感法

　　假如欲增加的期望行為是外顯的，諮商師必須確定當事人是否具有表現這項行為的必要技巧，舉例來說，假如諮商的目的在於增進當事人與同儕的關係，諮商師必須判斷當事人是否具有與他人交往的基本社交能力，或是當事人具備這些能力但未曾使用。假如當事人確實具有基本技巧且未顯示過度的焦慮，則諮商師使用系統化增強（systematic reinforcement）技術來增加期望行為是最適宜的選擇，然而假如當事人過於焦慮，諮商師就需要判斷當事人是流動性焦慮（free-floating anxiety）亦或特定情境焦慮（situation-specific anxiety）。Meichenbaum（1973）發現系統減敏感法（sys-tematic desensitization）對特定情境焦慮的研究對象（subjects）反應甚佳，而使用認知（cognitive）或領悟（insight）配合鬆弛（relaxation）訓練對流動性焦慮的研究對象較有效果。諮商師在減輕當事人的焦慮後可運用系統化增強方式，引導與維持當事人繼續表現不同以往的期望行為。

2. 教導新技巧

　　就某些個案來說諮商的目的在於增加某種期望行為，但當事人卻未具備產生這項行為的基本技巧，此時諮商師必須教導當事人新的技巧（new skills）。例如當事人想增加與異性約會的次數卻不知如何進行邀請，甚至約會時會手足無措，在確定當事人未具備必須的基本技巧後，諮商師必須確定能否在自然環境裡（如家庭、學校、鄰里等）教導這些技巧。但如果諮商處理代理人（treatment ag-ents）（朋友、父母、老闆、老師等）無法或不願意提供促使當事人產生期望行為的增強物（reinforcers）時，諮商師為了諮商處理的

需要將在新環境中教導當事人。又如諮商師知道某生的問題行為不能期盼由其酗酒的雙親與家庭環境來獲得改善，如果他的問題與學校有關，則老師或同學可以增強代理人（reinforcing agents）的身分來促使當事人表現期望行為；但如果他的問題與家庭有關而其父母又不願意做修正，則此問題行為獲得改善的可能性就相當渺小了。

假如諮商師無法確定該在何種環境教導當事人新行為，或擔心在真實情境裡教導會有失敗之虞，使用角色扮演（role playing）是最適當的方法。角色扮演給與當事人練習與期待新反應的機會，並能從中學習自我修正（self-correction）與回饋（feedback），一旦當事人在實驗情境中學會了新的反應，他就可以實際運用在其他真實環境裡（家庭、學校、俱樂部等）。

一般來說，諮商師並非一定要積極教導當事人新的行為模式，這可經由觀察他人的行為而達成，諮商師可使用示範法（modeling）讓當事人有機會觀察特定行為與其結果藉以教導新行為，示範法可用來抑制（inhibit）或增強先前的學習反應亦可教導新反應。

假如示範法無效或是學習行為過於複雜時，諮商師可使用行為塑造法（behavior shaping）來增加當事人的期望行為。在這種行為漸進的塑造中，期望的總反應被分割為一連串的梯次，而這些梯次是達成終點反應（final response）的必要步驟。諮商師增強當事人每個正確步驟的細微反應直到他能控制自己的反應為止，漸漸地，諮商師在給與增強之前會要求當事人表現出更近似終點反應的行為，如此循序漸進直到當事人學會全部反應為止。例如諮商師教導小孩和他人互動的行為，在小孩站近他人時給與初步增強，而小孩主動和他人交談時又給與增強，然後當小孩從他人那裡獲得訊息時再給與增強，直到最後小孩提供訊息給他人為止，這種循序漸進（approximation）的增強方式就是行為塑造法。

3. 訂定契約

　　不論使用何種諮商處理技術，諮商師必須選用最適當的方法以達成諮商處理。在處理當事人的外顯行為時，倘若問題涉及他人且當事人能建構自己的諮商處理，則行為契約（contracts）的使用將十分有效，在使用這項技術時，契約的一方說明希望看到對方的何種行為能有所改變或增加；而在有關自身行為的改正上亦同意履行另一方的要求。這種方法是假定當事人具有負責的能力，然而有些當事人不能自行負責，因此他們需要別人給與代幣（tokens）或獎勵分數（points）來促進良好的期望行為，唯有當事人表現期望行為時才能獲得代幣或獎勵分數，而這些可再用來換取多樣化的支援性增強物（backup reinforcers）。

4. 運用認知重建

　　應用認知重建（cognitive restructuring）來處理當事人的內隱行為是十分合宜的，經由這種處理方式，當事人被教導以更具適應性的方式來思考事情，換句話說，他被教導要告訴自己較正向或實際的事，駁斥（dispute）個人的非理性思想（irrational thoughts）並以正向的理性思想（rational thoughts）取代之。我們可以修正當事人對情境所下的標籤，藉以協助其覺察不良適應的情緒反應，無論何時只要當事人在日常生活中經驗到情緒的攪擾，他要立即詢問自己是否有非理性的內在語言（internal sentence）存在（例如我必須被所有人喜愛）；如果有，當事人將被鼓勵以更適合的話語來替代非理性陳述（irrational statement）（例如如果別人喜歡我那是件美好的事），因此當事人被訓練警覺個人自我挫敗（self-defeating）的標籤行為並以正向思考取代之（Ellis, 1962）。

㈨諮商評鑑

本書的諮商模式指導諮商師確認其諮商目的與目標,並運用可測量的結果(measurable outcomes)予以操作化,使這項模式可以予以評鑑。諮商的成功與否端視諮商師是否達成他所訂定的目標,諮商師可藉著比較當事人在諮商處理期間或結束時,主要問題之行為基率的改變狀況來評鑑諮商處理的進展。

假如已經達成諮商目標,諮商師和當事人應共同決定是否繼續諮商關係,就某些個案來說新的諮商目標也許又再次產生,此時諮商師應該分辨當事人是否為了避免終止諮商關係而增訂新目標,諮商師應在諮商處理結束(termination)前和當事人討論並予以處理。

倘若諮商師和當事人彼此同意結束諮商,他們應該共同為諮商情境外的學習轉移(transfer of learning)與諮商後的追蹤(follow-up)訂定計畫。除非能夠獲得別人的支持,否則當事人的新行為鮮少能推廣(generalize)到其他情境中,諮商後的追蹤工作有助於諮商師進一步評鑑其諮商方案,同時促使當事人運用新習得的技巧。

系統諮商──實務指南

第2章

諮商轉介與建構晤談

　　蒐集適當的資料關係著諮商處理的成效，第一項資料就是由轉介代理人（referral agent）轉呈記載當事人的問題並尋求諮商師協助的轉介表（a referral），諮商師會從許多來源獲得轉介個案，包括老師、校長、父母、法院、當地的專業機構與當事人的自我轉介。圖2顯示轉介個案與初始晤談（initial interview）的步驟。

一、確認轉介來源

㈠轉介方式

　　轉介系統有多種處理方式端視諮商師的個人偏好而定，它是一

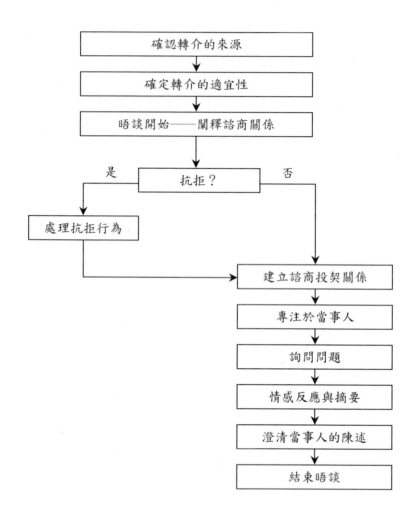

圖 2　諮商轉介與建構晤談摘要表

項有組織的系統使轉介代理人知道如何獲得諮商師的協助。有些諮商師願意接受非正式的轉介，例如在教師休息室或學校餐廳裡因老師的要求而接受轉介，亦或因當事人朋友的請求而接案，諮商師會以在這些場合中所得到的消息為基礎，做進一步的諮商處理。

　　另一方面，有些諮商師規定轉介者須填寫個案轉介表（見表1），使用轉介表的目的在於提供諮商師了解當事人的基本資料，也用以預防他人（老師、父母、朋友）在未說明問題行為與問題處理前就冒然轉介個案。諮商師依據轉介表來取捨個案，藉以避免不合宜的轉介並從中獲得相關資訊。

表 1　個案轉介表

填表日期＿＿＿＿＿＿＿＿＿＿

姓名＿＿＿＿＿＿＿＿＿＿＿＿＿＿＿＿＿＿＿＿＿＿＿＿＿＿＿＿

住址＿＿＿＿＿＿＿＿＿＿＿＿　電話＿＿＿＿＿＿＿＿＿＿＿＿＿

年齡＿＿＿＿出生日期＿＿＿＿＿　婚姻狀況＿＿＿＿＿＿＿＿＿＿

性別＿＿＿＿籍貫＿＿＿＿＿　轉介來源＿＿＿＿＿＿＿＿＿＿＿＿

最高學歷＿＿＿＿＿＿＿＿＿＿＿＿＿＿＿＿＿＿＿＿＿＿＿＿＿＿

家庭醫生＿＿＿＿＿＿＿＿＿＿＿＿＿＿＿＿＿＿＿＿＿＿＿＿＿＿

服務機關（或學校）＿＿＿＿＿＿＿＿＿＿＿＿＿＿＿＿＿＿＿＿＿

家長或配偶姓名＿＿＿＿＿＿＿＿＿＿＿＿＿＿＿＿＿＿＿＿＿＿＿

子女或手足姓名與年齡＿＿＿＿＿＿＿＿＿＿＿＿＿＿＿＿＿＿＿＿

身體或健康問題＿＿＿＿＿＿＿＿＿＿＿＿＿＿＿＿＿＿＿＿＿＿＿

施用藥物＿＿＿＿＿＿＿＿＿＿＿＿＿＿＿＿＿＿＿＿＿＿＿＿＿＿

當事人尋求幫助的主要問題＿＿＿＿＿＿＿＿＿＿＿＿＿＿＿＿＿＿

曾用以減緩當事人問題的方法＿＿＿＿＿＿＿＿＿＿＿＿＿＿＿＿＿

㈡確認當事人

諮商師必須分辨誰才是真正的當事人——是抱怨的人（老師、父母）或表現出問題行為的人？這兩者間的差異有時並不明顯。例如諮商師遇到一位家長或老師對他說：「小明常常不守規矩，亂丟東西。我叫他做事情，他也不理睬。你可以跟他談談，讓他腦筋清醒清醒嗎？」。假如諮商師接受這樣的轉介個案，他首先要弄清楚「誰是我的當事人？是小明？還是他的老師？」，許多案例顯示當事人就是那位擔心問題行為的人。例如在小明的事件裡，當事人是這位老師，因為他對小明的行為期望落空。諮商師可以改變小明的行為，但若僅處理他的行為而忽略老師的問題，此種做法其實是錯誤的。這樣的問題不宜只從小明身上著手，諮商師可以對這位老師說：「可以啊！這個問題並不單純，我能否到課堂裡觀察他的行為？也許我們可以共同處理這件事。」，諮商師用這個方法變成老師的合夥人和他共同探討問題的性質與問題持續的原因。同樣地從其他機構轉介而來的個案，判斷誰是當事人也是十分重要的。例如一位由法院或社會福利機構轉介來的當事人可能毫無行為改變的意願，或其行為改變目的與轉介機構大不相同。

在社區心理機構裡最常見的是自我轉介個案，由於當事人對想要改變的行為有所認知，因此在訂定諮商目的時也較為容易。在學校裡，諮商師可以利用課堂拜訪時間說明諮商的服務，鼓勵有需要的學生自我轉介，同時，諮商相關課程的開授也能增加學生對諮商師的熟悉度而促成自我轉介行為。有時候，當人們感到困擾或需要職業或教育資料時，他們同樣會尋求諮商師的協助。

二、確定轉介的適宜性

㈠與諮商師的工作性質相符

接到轉介個案時，諮商師必須確定這項轉介是否合宜；換句話說，個案的問題必須與諮商師的工作性質相符合並且是他所擅長處理的，某些個案交由他人處理，如同事或其他機構，可能比諮商師自己處理更為適宜。例如某位學生因學業問題被轉介給學校諮商師，但也許轉介他去接受心理診斷或進行數學或補救教學更為恰當。對於行為表現極度畏縮或嚴重情緒困擾的個案，諮商師可以再轉介給社區心理衛生中心或私人精神診所，然而對於某些個案，諮商師也許應協助轉到有住院設備的精神醫療院所。

㈡諮商師和轉介者對問題理解的差異

不恰當的轉介個案有時導因於諮商師和轉介代理人的看法迥異，例如小美的母親去世後，她的父親請社區心理衛生中心的諮商師和她晤談，因為父親覺得她對母親的去世並未表現「適度的哀悼」；父親更認為小美沒有不快樂的表現是在壓抑內心的悲痛，日後勢必產生不良行為。然而在和小美晤談之後，諮商師判斷她的適應力甚佳毋須進行諮商處理而宣告結案。

在任何社會體系裡（如學校、家庭），每個成員對體系中的「真正問題」持有不同的看法（Gottman and Leiblum, 1974），例如

諮商師從老師那裡轉介到被標籤為蔑視師長的學生，然而諮商師仔細觀察後也許不會贊同這位老師的看法。因此在確定這項轉介是否恰當前，諮商師應該和老師就該名學生的特殊不良行為做深入的討論。

㈢不合宜的自我轉介

自我轉介就如同老師、父母或社區機構的轉介一樣會發生不合宜的情形，例如某位學生見諮商師的目的在於逃避不喜歡的課程，或只想告訴諮商師有關他所厭惡的人而已。有些當事人是不恰當的轉介個案，因為他們見諮商師的理由只是想拿些藥物或得到機構無法提供的服務（如求職或職業訓練）。對希望得到服務的個案而言，當事人和諮商師可以討論用何種方法或在何處可尋得幫助，但若當事人興趣並不在此，那麼諮商師就應該結束諮商。

三、闡釋諮商關係

㈠協助當事人陳述問題

假如轉介的個案是適宜的，諮商師的下一步就是安排晤談時間並說明諮商關係。當事人初次來見諮商師時可能顯得焦躁不安，因為不確定為何要來也不知會發生什麼事情，對某些個案來說，當事人會因為自己的問題感到忸怩不安而不願啟齒討論。諮商師通常可藉著和當事人閒話家常減低其猶疑的情緒，以下是諮商師協助當事

人開口陳述的問話方式：

「小華，是什麼事情讓你來見我呢？」
「你想探討什麼樣的事情？」
「我知道你遇到了困難，請告訴我你來這裡的原因？」
「什麼事是你想談的？」

諮商師在初始晤談時提供諮商過程的基本建構是很重要的；換句話說，在晤談開始時應避免對諮商關係訂定界限或目的（Shertzer and Stone, 1968）。假如當事人保持沉默，諮商師可以介入並邀請他討論所關切的事，諮商師可用下列的方式來反應：

「要找到開始談論的話題，真的很不容易！」
「你一定在納悶我們要從哪裡開始？」

諮商師的上述反應有助於當事人啟齒而談，有時候，當事人會開始說些不相干的話，批評天氣或身外之物，年幼的當事人會探索環境並詢問以下的問題如「牆上掛的是什麼？」或「桌上那張照片是你太太嗎？」。上述當事人的問題屬會話性質，但諮商本身是超越日常會話的專業處理，諮商師也許會想聽當事人的初步會話，但不應鼓勵他在這方面繼續發展下去，同時也沒有必要深入探究這些會話內容（Hackney and Nye, 1973）。

㈡處理抗拒行為

假如當事人是由家長、老師、法官或社會福利機構轉介而來，

而他認為自己沒有特別的問題，那麼他可能沒有意願談話，在這種情形下，諮商師應該向當事人解釋在諮商期間會發生什麼事，例如諮商師可以說：

> 「小明，你的老師要我跟你（或你的老師認為你也許想要和我）談談你和班上同學的相處情形，你覺得跟他們處得如何？」

諮商師這種問話方式能促使小明說出他對自身人際關係的看法，同時也能表達來見諮商師的感受。然而有些當事人除了沉默不語之外還會表現其他形式的抗拒，例如經常曠課和打架的個案通常會以不來諮商、不完成家庭作業與在晤談時保持長時間沉默等方式表現對接受諮商的抗拒。

另外一種抗拒的方式是當事人顯露出仇視的表情，一般的典型話語有：

> 「如果可以不來的話，我是不會來的。」
> 「我並不想來見你。」
> 「這對我不會有什麼好處的。」

此外，尚有一種令人難以捉摸的抗拒方式是當事人顯得無所不談或經常改變話題，這類型的當事人表現渴望獲得諮商師的意見或對諮商師所說的任何事都表贊同，可是內心卻絲毫沒有任何影響。諮商師面對這類型的當事人必須特別謹慎，不要在無意中增強當事人的這種行為。

有些當事人的抗拒行為是可以根據趨避（approach-avoidance）

原理來理解的，對於這類型的當事人來說，一方面他們想要改變行為，另一方面卻不願意接受行為改變後將失去的某些酬賞（reward）。例如吸毒的當事人想要戒毒卻又不願捨棄吸毒得到的快感；又如當事人想要學業成績好卻又不願節省跟朋友閒玩的時間；又例如當事人很希望和異性約會，好不容易有了約會卻又因不知如何表現而焦慮不安。趨避行為常會使當事人在諮商期間出現抗拒心理，有效的處理方法就是諮商師直接針對當事人的反抗行為（reluctance）予以反應，例如：

> 「你不願意開始談話，大概是因為你感到害怕。」
> 「要談這些事情，真的很不容易。」
> 「讓事情保持原狀可能有好處也有壞處。」

　　當事人的抗拒行為也可能導因於缺乏某種技巧所致，例如當事人有意和諮商師合作卻不知如何表達，他的沉默或膚淺的回答易被誤認為抗拒。在這種情形下，諮商師可以示範情緒與思想的自我表達方式，他可以讓當事人聆聽能充分自我表達的個案錄音帶，然後讓當事人當面練習，也可運用循序漸進方式來增強當事人的期望行為（見本書第九章）。

　　在另一方面，當事人的抗拒可能導因於諮商的環境因素，當事人也許視諮商師為治療系統中的機構代表（institutional representative）。如果當事人抱持這種看法，那麼在諮商時採取合作態度意味自己將屈服於一個和自己不同且令人厭惡的價值系統（Vriend and Dyer, 1973），順服地和諮商師互動就等於選擇進入「這個系統」裡。

　　我們必須了解許多當事人會有抗拒行為，但並不表示諮商師是

失敗的。有時諮商師會把這種抗拒看作是當事人不喜歡他而感到被拒絕，諮商師因當事人抗拒所產生的挫折感可從其隱藏的憤怒行為得知，如雙手環抱或眼望天花板。此外諮商師的話語也能反映其挫折感如「我很懷疑你隱瞞了什麼」，然而諮商師的這些反應適足增強而無法減低當事人的抗拒，因此諮商師不可將當事人的反抗行為投射（projecting）到自己身上，應以下列問題加以取代：當事人的抗拒對本身有什麼好處？他是否常常這樣？這樣的抗拒行為使他不必解決問題？詢問上述問題能協助諮商師處理當事人的抗拒行為而不致於放棄個案。

(三)商討晤談細節

在諮商師和當事人共同妥善處理抗拒行為之後，諮商師可以向當事人解釋諮商期間可能發生的事情，例如：

> 「當你來見我的時候，我們將一起討論你所遇到的問題與商議解決的方法，我們可以將想法付諸行動讓你實際去做，倘若對你的問題解決幫助有限，我們會再嘗試其他的作法。」

解釋諮商的保密性

當事人可能在諮商開始或諮商之後，詢問諮商師是否會把他的陳述告訴老師、父母、緩刑監護人（probation officer）或社會福利處，在回答這個問題或在當事人提出問題前，諮商師應先行告知所談的內容均會保密（confidential），除非在某些特殊情況下。假如

諮商師對當事人的回答只是口頭承諾而無實質保證，那麼不僅會使當事人感到非常失望，同時也將涉及諮商師本身的職業道德。在某些個案裡，基於當事人的福祉，某些訊息是有必要讓相關人士知道的。假如當事人發覺諮商師答應完全保密，但所講的話依然被洩漏時，他對諮商師的信任程度將大為減低，而諮商師亦損及自身的效能，因此保密的實質性應在諮商晤談時加以討論，例如諮商師可以對當事人說：

> 「我會試著使我們在這裡的談話只有你我知道，可是假如你說出要傷害你自己或他人的事情，那麼我可能會告訴相關人士，因為我不希望別人受傷害，更不想讓你傷害自己。我答應你，當我準備將我們的談話告訴某人時，我會先讓你知道。在某些情況下，假如我覺得讓某人知道你的事情對你會有幫助，我會先徵求你的意見，例如你說在學校遇到了困難，我會詢問你是否介意我和你的老師討論。」

在諮商期間，凡當事人的問題涉及諮商師的角色或諮商關係時，諮商師應立即予以答覆。闡釋諮商關係的重要性在於減緩當事人剛接受諮商時的焦慮，使他能夠預期諮商中可能發生的事並在接受諮商期間放鬆心情。

四、建立諮商投契關係

假如闡釋諮商關係的過程順暢，緊接著諮商師應和當事人建立

投契關係（establishing rapport）並著手進行資料蒐集工作。諮商師必須利用初始的諮商晤談建立投契氣氛藉以了解當事人對問題的看法，諮商投契關係對於整個諮商過程是很重要的，除非在前幾次晤談裡能夠建立起這種關係，否則當事人可能產生不願意改變的抗拒心理。諮商師切莫表現出有口無心的虛假，可運用下列作法促進和當事人的正向諮商關係。

(一)專注於當事人

專注（attend）是了解他人問題的重要能力，包含口語陳述與非口語行為。顯然地，如果諮商師缺乏專注的能力，當事人可能覺得諮商師對他毫無興趣而可能形成抗拒心理，甚至不期望得到幫助或提早結束諮商。

Ivey 等人（1968）指出諮商師的專注行為是可以訓練的，其主要構成因素有三：

1. 放鬆的身體

專注行為的第一要項就是保持身體的放鬆（physical relaxation）。當諮商師採取舒適、輕鬆的姿勢時，遠比僵硬和緊張的姿勢更顯示出諮商師已經準備好和當事人進行晤談。事實上，心情放鬆的諮商師往往在言語表達與舉手投足間顯得自然，能和當事人做良好的溝通，對自己有信心自覺能協助當事人解決問題；相反地，心情緊張的諮商師鮮少能專注於當事人的行為，由於過度關切自己而無法自然地表現，諮商師不能放鬆的感覺會影響到當事人使他感到不舒適。

2. 視線的接觸

視線的接觸是第二項有效的專注行為。諮商師倘若看著牆壁、望著窗外而不注視當事人，即使他很認真在聽，當事人會覺得諮商師不僅沒有傾聽也不專心。另一方面，如果諮商師目不轉睛地看著當事人，同樣會造成當事人的不舒適感。在諮商情境中，諮商師要能適時改變他和當事人的視線接觸，換句話說，在晤談進行時大部分時間諮商師應該注視當事人，但仍應將眼神間歇地移往他處以避免目不轉睛的注視。

簡單地說，有效的非語言專注行為有以下五種：

(1)諮商晤談開始時諮商師應坐正，在對當事人的陳述感到興趣並予回應時可將身體前傾四十五度。

(2)雙手應以輕鬆的姿勢放在身體兩邊或置於膝上，避免玩弄雜物使當事人分心。

(3)專注於當事人但並非目不轉睛地注視。

(4)身體應正向面對當事人而非側身。

(5)雙腳要平放在地上而非高蹺在椅上。

3. 語言的跟隨

良好專注行為的第三要項就是語言的跟隨（verbal following），也就是說，諮商師要跟隨當事人的話而不離題，並能正確反應以顯示他確實在專心地傾聽。顯然地，有時候諮商師會疏忽或誤會當事人的陳述，如果類似情形經常發生，當事人會有挫折感甚至覺得諮商師不夠關心他或缺乏注意力，在這種情況下，當事人是不可能繼續諮商的，以下是語言跟隨的例子：

當事人：當我不同意他人的意見時，真希望能夠直截了當地告訴他，可是我常害怕這樣做。

諮商師：你想在別人面前表示你不同意的看法，但是你又害怕假如真的那麼做會發生什麼事，是這樣嗎？

當事人：但願我能逃離而不必負責任。

諮商師：假如能夠離開忘記所有令你牽掛的事，那該有多好。

當諮商師能夠用語言跟隨當事人的陳述時，她可以選擇專注或忽視（ignore）（增強或消弱）當事人的反應（Ivey, 1971），範例如下：

當事人：真的沒有什麼話可以說。

諮商師：（沉默不語）

當事人：我想下課後打球。

諮商師：（沉默不語）

當事人：有那一夥人在那兒，我就不知道自己是否還想打球了。

諮商師：當那一夥人在那裡時，打球似乎也沒多大意思了。

在這個例子中，諮商師語言跟隨的作法不僅是一種諮商技巧，更是對晤談中發生的事具有高度覺察能力的表現（Hackney and Nye, 1973）。

🌀 實例練習

請在下列諮商師和當事人的對話中找出屬於語言跟隨的對話：

當事人：這裡看起來好像從來沒有人來過。

諮商師：好像從來沒人會來這裡的樣子。

當事人：不是這樣的，我曾請他們來過，可是他們都不來。

諮商師：你能告訴我為什麼他們不來嗎？

當事人：嗯，也許因為他們玩得不開心吧。

諮商師：你不確定他們是否玩得開心。

當事人：嗯，我不確定，因為他們從來都不喜歡我想做的事。

諮商師：你喜歡做些什麼事？

當事人：哦，我喜歡玩足球、撲克牌與電玩，可是他們常常想玩
　　　　其他的遊戲。

諮商師：他們就是不想做你想做的事。

🌀 答　案

下面這幾句話是屬於語言跟隨的對話：

「好像從來沒人會來這裡的樣子。」
「你不確定他們是否玩得開心。」
「他們就是不想做你想做的事。」

一旦當事人開始談論他所關心的事，諮商師可以用「嗯哼」、「那麼」、「因此」、「還有」等語句或點頭促使當事人繼續話題，這些基本的鼓勵方式使當事人繼續陳述而不致離題。

(二)詢問問題

諮商晤談的開始不見得都能十分順暢，當事人在諮商師闡釋諮商關係後可能悶不吭聲，諮商師在沉默數秒後可以說出類似下面的話：

> 「要讓我們開始談話還真是不容易呀！不是嗎？」
> 「有什麼特別的事情是你想要討論的呢？」
> 「你何不先談談來這裡的感覺呢？」
> 「你說過你想談談，可是有時候真不知道該從何講起，所以想到什麼就儘管說。」

諮商師這種鼓勵的話語不僅可以促使晤談開始，更有讓當事人決定問題討論之優先順序的附加價值。

如果在諮商師說完開場白後氣氛仍然沉寂，通常在當事人沒有立即陳述時，諮商師會開始問一些無助於晤談的問題，這可能是因為諮商師不能適應沉默所致。Benjamin（1974）提到諮商師應該事先評估發問的必要性，最好的辦法就是自問詢問的問題能否促使晤談順利進行或有礙後續的發展。

1. 開放與封閉問句

一般來說，諮商師詢問當事人問題不見得是不適當的，但應該考慮發問的時機和方式。很遺憾的是，諮商師常用封閉問句（closed-ended questions）取代開放問句，導致當事人可以用一個字或簡短語句來答覆問題，削弱了諮商師和當事人間的溝通。相較之下，開放

問句因不能用一、兩個字回應，所以較能促使當事人發表對問題的看法、意見與感想。封閉問句常會減少當事人的談話，因而導致諮商師一連串的問題轟炸或繼續用封閉問句發問，下面的對話就出現這種情形：

諮商師：你的老師叫你來的嗎？

當事人：是的。

諮商師：你做了些他不喜歡的事？

當事人：是的。

諮商師：你做了什麼？

當事人：我沒有把算術做完。

諮商師：太難了嗎？

當事人：是啊！

諮商師：那你有沒有請別人幫忙呢？

當事人：沒有。

在上述對話當中諮商師詢問封閉問句，而當事人則簡短回答，結果導致諮商師完全支配了晤談，也就是說，諮商師自己樹立起封閉的問答模式作繭自縛而不能脫身。在這種情形下，諮商師無異向當事人透露他是權威的且知道什麼事適合當事人（Benjamin, 1969），倘若當事人覺得這種問答方式能夠解決問題，那麼他會心甘情願地接受這樣的諮商晤談。從另一方面來看，由於開放問句不偏限當事人的回答，因而可以引出更多的訊息，例如諮商師詢問「請告訴我是什麼事情讓你來到這裡？」，所獲得的訊息等同於前例的五句問話，下面是封閉與開放問句的實例：

封閉：你是不是恨學校？

開放：你對學校有什麼樣的感覺？

封閉：你有幾個兄弟姊妹？

開放：請告訴我你的家庭情形。

封閉：小新有沒有因為你打他而生你的氣？

開放：為何你覺得小新在生你的氣？

封閉：你今天是不是有點不舒服？

開放：你今天覺得如何？

2. 直接與間接問句

　　Benjamin（1974）進一步區分直接與間接問句的差異，他認為直接問句保證可以獲得特定的回答，而間接問句則為深究的語句。下面是這兩種問句的實例：

直接：你覺得你的同學們怎樣？

間接：你對你的同學們一定有不同的感覺。

直接：你缺乏自信嗎？

間接：有時候，你的話聽起來好像對自己不太有信心。

　　間接問句有其優點，它顯示諮商師正跟隨當事人的話語，而當事人同樣也能感受到，這種問話方式也讓當事人自由決定是否回答或以他想要的方式來反應。間接問句和開放問句同樣能讓當事人有更多的表達，而不致使他感覺被質詢而非被了解。

實例練習

　　在下列三項對話裡，請將諮商師的反應以開放或封閉、直接或

間接問句予以區分：

1. 當事人：我實在無法把我真正的想法告訴她。

   諮商師：是你缺乏自信嗎？

2. 當事人：嗯，我覺得我應該沒有缺乏自信。

   諮商師：可是你講起來似乎沒什麼把握。

3. 當事人：或許我有點缺乏自信但不嚴重，只是我每次接近她的
   時候我就僵住了。

   諮商師：告訴我那是怎麼一回事。

✿ 答　案

1. 直接與封閉問句。
2. 間接與封閉問句。
3. 間接與開放問句。

㈢情感反應與摘要

諮商師的語言跟隨與正確反應當事人之陳述，的確能幫助當事人自在地表達所關切的事，然而諮商師對當事人的情感反應也是相當重要的，明確地說，諮商師在傾聽當事人的陳述後予以反應，讓當事人知道諮商師了解他的感受。當事人說話的聲調、速度、非語言姿勢與說話內容，都有助於諮商師決定如何反應當事人的感受，例如當事人講話緩慢可能表示他有挫折感，而急速的講話可能顯示焦慮或興奮。聲調是呈現當事人情緒的有用指標；臉紅、口吃等也暗示當事人的感覺。

1. 第一層次的情感反應

對當事人的情感反應區分為不同層次*，最初層次的反應是直接反應當事人的感覺，以下是這個反應層次的實例：

當事人：老師專挑我的毛病，我實在覺得很不舒服。
諮商師：老師挑毛病時讓你覺得不舒服。

當事人：他邀我參加宴會，我覺得簡直是太棒了。
諮商師：你真高興得到他的邀請。

當事人：怎麼會有人如此卑劣地對待別人！
諮商師：被他人如此對待，你感到困擾與不舒服。

諮商師以說出當事人說過的話來交換彼此的感受，他以自己的話來反應當事人的感覺，但並未超越當事人所說的（Egan, 1975），諮商師不必對當事人說到一半或吞吞吐吐的話做更深一層探究。

第一層次情感反應的目的在於建立諮商投契關係與提升當事人的自我探索（self-exploration）層次，因此，當事人探索自身情感與行為的程度，是諮商師評定情感反應之優劣的標準。

2. 第二層次的情感反應

在諮商師已和當事人建立投契關係並希望他進一步自我了解時，就必須運用高層次情感反應。這些高層次的反應需要超越當事人的陳述，發掘他尚未表達或掩飾隱藏的感受，諮商師甚至可以反應那些當事人不知如何表達的感受，以下是當事人的陳述與諮商師

---

*請注意，這裡所提到的情感反應層次與 Carkhuff 同理心的了解層次並不一樣（Carkhuff, 1969），本章提及的第一層次反應相當於 Carkhuff 量表上的第三層次。

在兩種層次上的反應實例：

　　當事人：我真不懂！我比任何人更勤快地練習，因為我認為我和
　　　　　　其他隊員的體能是一樣的；但是並沒有用，因為我總是
　　　　　　在比賽中表現得很糟糕。
　　諮商師的第一層次反應：你感到十分挫折，因為就算你再怎麼努
　　　　　　力勤於練習，也是沒有什麼收穫。
　　諮商師的第二層次反應：下了那麼多的工夫卻仍然失敗真是令人
　　　　　　氣餒，這使你非常沮喪甚至覺得自己很可憐。

　　在較低層次的反應上，諮商師僅是反映（reflection）當事人的
感受。然而，在第二層次的反應上，諮商師必須發掘當事人隱藏的
感受，並加以解釋。這種作法有助於當事人從自我探索進入自我了
解（self-understanding）的階段（Egan, 1975）。

🌀 實例練習

　　在下面的練習裡請指出諮商師對當事人的反應層次：(0)不予反
應；(1)反應具體的陳述；(2)反應隱含的感受。

　1. 當事人：我寫了很多文章但不確定寫得好不好，有些朋友喜歡
　　　　　　我的作品，可是他們並非文章評論家，我不斷地寫文
　　　　　　章並寄給出版社但都遭到退稿。
　　　諮商師：花了那麼多工夫投稿都得不到回應讓你感到希望落
　　　　　　空，甚至懷疑自己是否有寫作的才華，你不想再欺騙
　　　　　　自己了。
　2. 當事人：我實在不能再忍耐了，我必須做點事。

諮商師：你受夠了，一定得解脫。

3. 當事人：你有在聽我說話，可是好像對我沒什麼幫助。

諮商師：你覺得我很專心在聽，但是並不能幫你解決問題。

4. 當事人：我是真的對她發脾氣。

諮商師：她真令你生氣。

5. 當事人：我希望他別再找我麻煩了。

諮商師：為什麼他要這樣做？

6. 當事人：昨天我被資遣了……罷工……我現在該怎麼辦呢？

諮商師：你失業了，現在你不知道要做什麼。

7. 當事人：我喜歡把每件事都做得恰到好處。

諮商師：有時你真想讓它過去就算了。

8. 當事人：我真的覺得在舞會中受到冷落。

諮商師：妳是跟小張去舞會嗎？

🌀 答　案

1. (2)　2. (1)　3. (1)　4. (1)　5. (0)　6. (1)　7. (2)　8. (0)

3. 情感反應不足與反應過度

諮商師對當事人的情感反應能力是一項重要技巧，適用於整個諮商過程，這項技巧使當事人感覺被了解，同時幫助他進行自我探索。然而使用這種技巧有時也會出錯，常見的錯誤就是「反應不足」（undershooting）或「反應過度」（overshooting），也就是說，有時候諮商師對當事人的情感反應強度比當事人所感覺到的少或多，例如：

當事人：我對他好生氣，真恨不得宰了他！

諮商師：你對他有點兒生氣。

當事人：有點兒生氣！我恨不得砍掉他的腦袋！

當諮商師「反應不足」時，如同上例，當事人根本無法接受諮商師的了解或觀察；相反地，假如諮商師「反應過度」，就像下面的例子一樣，當事人同樣會覺得不被了解。

當事人：我想也許只要我獨處一會兒，我可能就會把事情想通並且決定要做什麼。

諮商師：你只想逃離並且獨自一人，這樣你才能做決定。

當事人：不，我不想逃開，我只是認為，假如我的男朋友不在身旁，我會比較容易做決定。

4. 不恰當的深究

有時諮商師會犯另一種錯誤，就是使用追究（probe）的方式來了解當事人的問題，例如：

當事人：家裡從不准我做任何事，我實在很生氣，因為他們老是把我當小孩子看待。

諮商師：你想做什麼事？

在這時候，諮商師應該對當事人的情感做更恰當的反應，例如：

諮商師：被當作小孩子看待而不能獨立自主，實在令人感到不舒服。

當事人應更能接受並贊同這樣的反應。

5. 摘要式情感反應

摘要式情感反應（summarizing feelings）與前述情感反應類似，唯一不同點是情感反應只需反應當事人的部分感覺，而摘要式情感反應則要反應當事人的多種感覺。諮商師在晤談中與晤談結束前，使用兩、三次摘要式情感反應對當事人是很有幫助的。在諮商過程中，諮商師應按時使用摘要式情感反應，藉以傳達對當事人的了解與關心。

㈣澄清當事人的陳述

澄清技巧

澄清技巧是諮商師讓當事人明白他對當事人的觀察與對其陳述之理解的技巧（Edinburg et al., 1975），諮商師可以運用澄清技巧來精簡當事人的陳述使傳達的訊息更為明確，也更能釐清當事人糾結的情緒（Benjamin, 1974），例如：

當事人：我懷疑是否值得這樣做，我需要朋友，可是我似乎就是
　　　　不能讓朋友喜歡我，假如我知道一種輕而易舉的方法，
　　　　也許就像魔法一樣使自己突然變得受歡迎……。
諮商師：你知道你需要朋友，可是你不知道如何使他們喜歡你。

當事人：我愛我的小孩，可是有時我真希望他們不在身旁，他們
　　　　打架、吵鬧……唉！你懂我的意思嗎？
諮商師：孩子們的壞行為令你心煩，你愛你的小孩，可是又生他

們的氣，是這樣嗎？

　　澄清技巧運用在協助當事人自我表達或歸納陳述以利諮商晤談，當然諮商師不可能是萬事通，與其猜測當事人的話語涵義，不如暫停並請當事人自己做澄清，這種作法使當事人明白諮商師對他的陳述抱持濃厚的興趣。

㈤運用沉默

　　在諮商晤談裡，沉默（silence）對諮商師來說是會激起焦慮的，即使僅僅沉默數秒，感覺上似乎歷經一段漫長的時間。諮商師會迫不及待地想找話題談，利用發問來打破沉默是最常見的方式，但令人遺憾的是這類問話並未經過縝密思考，所以並不恰當。一般來說，沉默對當事人也會產生同樣的焦慮感，然而適度的沉默倘若能夠引發當事人主動談話以減低其不舒適感時，那麼沉默對諮商來說是具有建設性的。

　　有時候沉默的確是有建設性的，如果當事人停頓不語，這可能表示他正在思考某些事情或是正在考慮其他替代作法；另一方面，沉默也表示當事人可能打算逃避問題、靦腆羞於講話、懷恨在心或表現抗拒。諮商師可以注意當事人是否眼神茫然或東張西望，避免和諮商師有視線接觸，再決定是否要打破沉默。在當事人已經沉默數分鐘又十分焦慮的狀況下，如果諮商師仍然保持沉默，那麼就有點在虐待當事人了。雖然如此，諮商師對於沉默仍應學習處之泰然，至少得忍耐三十秒而不作妨礙這種氣氛的打算，然而沉默過長可能毫無建設性，諮商師可以用評論的口吻來打破沉默，例如：

「你在想什麼？」

「你似乎羞於討論這件事。」

「或許要你講這些事很困難。」

假如仍然無法讓當事人繼續或開始說話，諮商師可以說：

「我不知道你的沉默代表什麼意思。」

「我很納悶你正在想些什麼。」

簡單地說，沉默只要使用恰當無疑是另一項有效的諮商技術，然而它是需要練習的。諮商師對沉默能處之泰然的訓練就是運用角色扮演的情境，練習停頓三十秒後再反應。這種練習幫助諮商師從談話的停頓到恢復之間對所經歷的時間有較正確的概念，進而能從容地掌握沉默並予以反應。

五、結束晤談

諮商晤談的終結是常被提及的問題，諮商師事先和當事人說明諮商的時間是結束晤談（close the interview）的方式之一，時間到了就結束晤談。諮商的時間可從十五分鐘到一小時或更長，端視當事人的年齡大小而定，諮商師可說類似下面的話來結束晤談：

「看起來我們今天的時間已經到了。」

「我想我們的時間已經到了。」

另一種結束晤談的方式為諮商師就討論過的話題作重點摘要，這時候，諮商師的說明應該簡明扼要而非囉唆的長篇大論，例如：

「在今天的晤談中，我們談到你所關心的事，也就是你的學業成績低落，還有你的朋友不再來找你，你也說到你對朋友已不如往常的有求必應。」

有時候，諮商師可以請當事人對晤談的過程做摘要，如「因為時間快到了，我想請你把我們所討論過的事就其重點做扼要說明」，在重點摘要後，假如有指定的家庭作業，諮商師和當事人可以討論如何完成，然後約定下次晤談的時間。

六、檢核表、範例與標準化測驗

㈠檢核表

請依序在完成每項處理程序時在「是」項空格內打「ˇ」。

	是	否	是否完成？
1. 確認轉介的來源			_____
⑴收到諮商轉介表	_____	_____	
2. 確定轉介的適宜性	_____	_____	
3. 闡釋諮商關係			_____

(1)晤談開始 _____ _____

(2)處理抗拒行為 _____ _____

(3)解釋諮商師的角色 _____ _____

(4)討論諮商的保密性 _____ _____

4. 鼓勵當事人談話 _____

　(1)專注於當事人 _____ _____

　　a. 視線的接觸 _____ _____

　　b. 身體的姿勢 _____ _____

　　c. 語言的跟隨 _____ _____

　(2)詢問開放問句 _____ _____

　(3)釋義（paraphrase）

　　當事人的情感 _____ _____

　(4)反映當事人明顯的情感 _____ _____

　(5)反映當事人隱含的情感 _____ _____

　(6)澄清當事人的陳述 _____ _____

　(7)運用沉默 _____ _____

5. 結束晤談 _____

(二)範例

請選擇一或多項敘述正確完成下列問題。

1. 諮商師通常要老師或家長在轉介前填寫諮商轉介表，因為這
　項表格：

　(1)提供諮商師有關當事人問題的說明。

(2)幫助諮商師決定適當的諮商處理。

(3)幫助諮商師了解轉介者曾使用過何種方法來減緩當事人的問題。

(4)通常能確定當事人的問題成因。

第(1)與第(3)選項是正確答案。轉介表應該明白指出當事人的問題與轉介者曾經使用過什麼方法來減緩問題。雖然了解當事人問題的成因(4)與決定適當的諮商處理(2)是很重要的，但轉介表通常並不提供這類型的資料。

2. 個案轉介會是恰當的，如果：

(1)諮商師知道轉介的來源。

(2)轉介個案的問題與諮商師的工作性質相符。

(3)諮商師具有影響當事人行為改變的技巧。

(4)諮商師和轉介者對問題的看法一致。

第(2)、(3)、(4)選項是正確答案。當個案的問題與諮商師工作性質相符(2)且諮商師能勝任處理(3)並與轉介者對問題有一致的看法(4)時，這項轉介是合宜的（假如諮商師覺得不夠資格來處理這個轉介個案時，他應該提供轉介者其他協助的訊息）。雖然諮商師知道轉介的來源(1)也許會讓他更了解個案，但這並非是必要的事。

3. 在當事人被轉介來時，諮商師通常應：

(1)向當事人解釋他來這裡的原因與諮商晤談的細節。

(2)立刻討論當事人的問題。

(3)探討轉介來源的作法。

(4)詢問當事人為什麼轉介者叫他來見諮商師。

第(1)選項是正確答案。讓當事人知道來諮商師這裡的原因與他在這裡能期望些什麼可以減輕當事人的焦慮或抗拒。詢問

當事人為什麼來這裡(4)或立刻討論當事人的問題(2)可能只會增加他的抗拒心理。

4. 諮商師應該讓當事人知道晤談中的談話是保密的，除非：

(1)當事人已結束諮商。

(2)當事人的父母要求知道有關當事人的事情。

(3)當事人所說的行為與計畫可能危及自身或他人。

(4)諮商師覺得讓某些人知道這些事會對當事人有幫助。

第(3)與第(4)選項是正確答案。在當事人的行為足以危害自身或他人時(3)，諮商師應設法使任何人免於受害。有時候，讓某些人知道當事人的情況能促使他的行為加速改變(4)。無論如何，在上述兩種情形下，諮商師應事先讓當事人知道他準備將私密性的消息告訴他人。

5. 諮商師專注行為的三項要素是：

(1)放鬆的身體、視線的接觸與語言的跟隨。

(2)視線的接觸、語言的跟隨與開放問句。

(3)視線的接觸、語言的跟隨與緊握雙手。

(4)放鬆的身體、語言的跟隨與間接問句。

第(1)選項是正確答案。這三項專注行為可讓當事人覺得諮商師對他所講的話感到興趣，增加當事人對接受幫助的期望。雖然諮商師用開放問句(2)能促進當事人談話，但這並非必要的專注行為，而緊握雙手(3)與間接問句(4)則與專注行為無關。

6. 請指出下列問題中的開放問句：

(1)你喜歡小蔡嗎？

(2)你覺得你的父母如何？

(3)這件事在哪裡發生？

(4)你想是什麼事使得他這麼做？

第(2)與第(4)選項是正確答案。開放問句需要當事人表達他的感覺(2)、看法與意見(4)；相反地，封閉問句可以用一個字(1)或簡短特定的語句(3)來回答。

7. 諮商師對當事人第一層次的情感反應可能是：

(1)當事人：「我真生她的氣。」

　諮商師：「你為什麼這樣覺得？」

(2)當事人：「母親就是不了解我。」

　諮商師：「母親與你的關係困擾著你。」

(3)當事人：「我想殺他。」

　諮商師：「你覺得有點不舒服。」

(4)當事人：「我哥哥罵我，讓我覺得好難過。」

　諮商師：「被你哥哥罵使你感到難過。」

第(4)選項是正確答案。在這個層次的情感反應上，諮商師釋義或重述（restate）當事人明顯表達的情感(4)，在更高層次的情感反應上，諮商師反應出當事人隱含的情感(2)。第(3)選項是諮商師對當事人反應不足的好例子，第(1)選項的諮商師並未反應出當事人的感受。

8. 澄清是諮商師可用的一種技巧，在：

(1)他想辨認什麼是控制當事人的情境時。

(2)當事人需要幫助才能自我表達時。

(3)諮商師想要結束對當事人的諮商晤談時。

(4)諮商師對於當事人所說的話不太明瞭時。

第(2)與第(4)選項是正確答案。諮商師通常可以精簡當事人的表達，或以更清晰的方式重述當事人的陳述，藉以察驗他的反應是否符合當事人的原意。澄清當事人所講的話與辨認控

制的情境(1)不一定有關。

9. 沉默可以具有建設性，因為沉默允許當事人：

(1)思考諮商師下一步會講些什麼話。

(2)思考他想說的話或考慮其他替代作法。

(3)避免談論引發焦慮的題材。

(4)辨別問題。

第(2)選項是正確答案。因為沉默通常有助於當事人進行訊息的處理，決定他要講什麼話題或考慮其他選擇途徑。當事人可能會關心諮商師講些什麼話(1)或想避免談論引發焦慮的題材(3)，但這些並非是有建設性地運用沉默，利用沉默來辨別問題(4)通常是行不通的。

10. 諮商師想要打破超過三十秒的沉默時可以這樣說：

(1)今天你似乎非常沉默。

(2)為什麼你不就那個主題講些話呢？

(3)也許你想下次再談。

(4)我正納悶你在想些什麼。

第(4)選項是正確答案。因為確認沉默的意義是很重要的事，其餘三個選項可能使當事人更為焦慮進而增長沉默的時間。

11. 當事人反應：「喔！他們從不打電話給我，也不會過來。」，請選出下列諮商師運用語言跟隨的答覆：

(1)當時你有什麼感覺？

(2)這件事什麼時候發生的？

(3)他們就是不與你保持聯絡。

(4)告訴我多一點有關這件事的細節。

第(3)選項是正確答案。諮商師的答覆表示他注意傾聽當事人的陳述，其他三句話只顯示諮商師想獲得更多資訊，並未表

示諮商師真正在聽當事人講話。

12. 用第一和第二層次的情感反應回答下列當事人的陳述：「我對於成績好像並不那麼在乎，我的成績還可以，如果我要的話，我可以考得更好，但好像並不值得那麼做。」

第一層次的反應：

第二層次的反應：

建議的反應如下：

第一層次的反應：「你並不在乎自己的學業成績，也不願多下些工夫使成績變好些。」

第二層次的反應：「你似乎有點矛盾，因為你想要有好成績，可是又不願意下工夫。」

(三)標準化測驗

請以一或多項敘述或依循指示正確完成下列問題。

1. 在當事人是由老師、校長或家長轉介來的時候，諮商師應該：

(1)向當事人解釋他為何被轉介與對晤談能有什麼期望。

(2)立刻討論問題。

(3)討論有關轉介來源的作法。

(4)詢問當事人為何被轉介。

2. 老師的轉介表可幫助諮商師：

(1)發現關心問題的人是誰。

(2)說明當事人的問題與了解老師曾經試過減緩當事人問題的

方法。

(3)確定問題的成因。

(4)保存記錄。

3. 適當的轉介決定於：

(1)諮商師的技巧與職責。

(2)轉介時間。

(3)轉介者。

(4)轉介來源曾經做過什麼事來減緩問題。

4. 在當事人持續沉默時，諮商師可以說：

(1)我們不妨休息一下。

(2)我不知道你的沉默表示什麼？

(3)你似乎有點焦慮。

(4)你喜歡談些什麼？

5. 沉默可以有效地幫助當事人：

(1)辨別問題行為。

(2)思考問題與採取可能的替代作法。

(3)確定問題的成因。

(4)減輕焦慮。

6. 下列何者為開放問句？

(1)問題在何時發生的？

(2)你喜歡他嗎？

(3)你覺得你們的婚姻關係如何？

(4)誰坐在你的旁邊？

7. 專注行為的三項重要因素是：

(1)視線的接觸、語言的跟隨與點頭。

(2)視線的接觸、開放問句與手臂擱置身體的兩側。

(3)視線的接觸、放鬆的身體與語言的跟隨。

(4)視線的接觸、語言的跟隨與檢視彼此的看法。

8. 澄清是一種技巧,可以協助諮商師:

(1)較了解當事人所講的話,並將其陳述的觀念做連貫。

(2)開始諮商晤談。

(3)決定適當的諮商處理。

(4)辨別何種事物在控制問題行為。

9. 有關當事人的談話內容應該保守秘密,除了:

(1)個案終結的時候。

(2)當事人所說的行為足以危害自身或他人的時候。

(3)個案相當棘手時。

(4)諮商師需要額外的訊息時。

10.第一層次的情感反應例子是:

(1)當事人:「那個女孩令我作嘔。」

　　諮商師:「在你覺得難受的時候,你都做些什麼?」

(2)當事人:「我實在很困惑,不知該進大學或找工作。」

　　諮商師:「你覺得需要做決定。」

(3)當事人:「哦!有什麼用呢?我接觸過的每一件事都是失
　　　　　　敗的。」

　　諮商師:「你真是氣餒,想要放棄了。」

(4)當事人:「哦!有什麼用呢?我接觸過的每一件事都是失
　　　　　　敗的。」

　　諮商師:「你接觸過的每一件事都是失敗的?」

11.當事人反應:「誰在乎他們怎麼想?他們沒什麼了不
　　起。」,請指出下列諮商師的答覆何者為語言跟隨:

(1)為什麼你那樣說?

(2)你並不在乎他們的意見。

(3)這是誰的問題？

(4)再多告訴我有關這件事的細節。

12.用第一和第二層次的情感反應回答當事人以下的陳述：「我和丈夫的關係時好時壞，我不知道是什麼緣故，我們好像從來都不能好好相處似的。」

第一層次的反應：

第二層次的反應：

(四)第二章標準化測驗答案

1.(1)　2.(2)　3.(1)　4.(2)　5.(2)　6.(3)

7.(3)　8.(1)　9.(2)　10.(3)　11.(2)

12.第一層次的反應：「你和丈夫就是不能好好相處，你們有一陣子相處得不錯，但是接著又會開始發生問題。」

第二層次的反應：「你對於自己和丈夫的關係感到疑惑與困擾，聽起來好像你很擔心無法和丈夫維持長久的良好關係。」

第3章

界定問題

　　運用行為術語來界定問題有其基本理由與多元化之目的，使用行為術語能幫助當事人以自身的觀點來描述問題，同時使諮商師明瞭造成當事人困擾的特定行為或情境。再者，使用行為術語也協助諮商師判斷當事人和相關人士在描述問題行為時使用之標籤的真實涵義，也能促使當事人發覺與自身不良行為相對應的期望行為。在將問題轉換成行為術語後，諮商師就能夠確認控制問題或使問題持續的事物。諮商師在明瞭何種行為當事人能表現得令人滿意，以及在何種情境下會發生問題行為時，雙方即可擬定具體可行的目標，圖3為界定問題的步驟。

　　當事人很少能在開始晤談時明確說出接受諮商的目的或希望改變的行為，當事人可能會以「我是害羞的」或「我是退縮的」取代「在遇到陌生人時我會覺得很不舒服」的真實感受，換句話說，當事人通常描述行為的特質或特徵而不敘述引發行為的情境。許多當

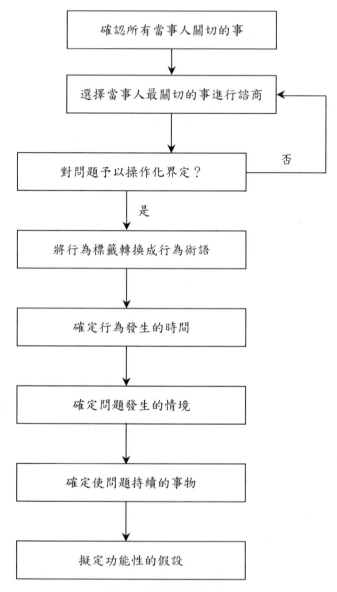

圖3 界定問題摘要表

事人對自己的行為加上標籤後，再尋求諮商以除去他們的行為標籤（Krumboltz and Thoresen, 1969），此時，諮商師必須幫助當事人辨別導致自我標籤的行為（害羞、缺乏自信等），協助改善並用較合理的標籤加諸己身（果斷、受歡迎等）。

一、確認所有當事人關切的事

當事人的問題通常很複雜，且一個問題可能包含多項事物，例如在同儕關係上有困難的孩子可能在學校成績不理想、在教室也不守秩序。有時候，這些不同的問題其實是相關的，改善其中某項可能使另一個問題也獲得改善，例如當事人在數學課或歷史課不守秩序，假如他在數學課的行為有所改善，則在歷史課的表現也可能會有進步。諮商師必須辨別當事人的主要問題，才能與當事人共同決定哪個問題是最重要必須立即處理的。對某些個案來說，這方面的訊息可來自當事人本身，也可能來自轉介當事人的老師或家長，因為當事人會在他們面前表現出問題行為。

(一)克服辨識問題的障礙

諮商師在確認當事人關切的事時會遭遇兩項主要的障礙：第一，當事人提出的問題可能並不是他最關心的事，換句話說，當事人常會提出虛假或次要的問題用以觀察諮商師的處理方式，如果當事人認為諮商師處理得很好，才可能說出真正的問題癥結。

諮商師可藉著詢問當事人下列的問話如「你想要討論什麼事情？」或「你今天來這裡有什麼事情嗎？」來確定當事人的問題

（這類問話在開始晤談時也具有同樣的效果）。當然，某些資料在第一次晤談之前可從轉介表中得知，在這種情形下，諮商師的問話可以涉及這些已知的資料，如「我了解你所擔心的事，因為你面對女孩會感到不自在，而且你也不敢開口邀約」或「我從轉介表裡看到小明在你的班上不守秩序」。

第二項障礙是當事人難以描述自身的行為與行為發生的特殊情境（教室、餐桌上等），當事人常會歪曲事實以獲取諮商師的認可或證明他的行為是正當的，在這種情形下，諮商師就很難斷定問題的本質。例如一位很有魅力的女孩會吸引許多男士和她進行初次約會，但之後卻無法再度受邀，她埋怨男人都朝秦暮楚，可是卻無法說明在約會時是否有負向的互動。在此個案中，第一個步驟就是請當事人觀察與記錄約會時任何負向互動的實例（見行為的觀察與記錄），假如她無法這麼做，那麼她可以請朋友去訪問曾和她約會的男士以確認她不再受邀的原因。

㈡運用行為問題檢核表和諮商晤談

假如當事人或相關人士知道問題的存在，那麼請他們填寫行為問題檢核表將是非常恰當的作法，有些當事人可以獨自填寫，但對某些當事人來說，諮商師必須以詢問方式才能確定問題的癥結。例如諮商師可以明確詢問有人際相處困擾的當事人：「你和父母、兄弟姊妹、同學與老師的相處如何？」來辨認問題的情境脈絡，以及與何人的相處問題最為嚴重。

表 2 與表 3 的範例是分別由 Guthrie 和 Hardman 設計的行為問題檢核表，前者（表 2）適用成年當事人，後者（表 3）可以獲得有關學生問題行為的其他資訊，由教師填寫。

表 2 問題辨別檢核表（成人用）*

姓名 _____ 日期 _____

請勾選需要我們協助處理的問題：

是　　否

_____ _____ 1. 跟別人相處得更好？
_____ _____ 2. 跟配偶和家庭相處得更融洽？
_____ _____ 3. 善於理財？
_____ _____ 4. 保持良好的個人儀容？
_____ _____ 5. 學習更好的自我表達？
_____ _____ 6. 學習以更合理的方式來思考與行為？
_____ _____ 7. 善用閒暇時間？
_____ _____ 8. 交友？
_____ _____ 9. 控制脾氣？
_____ _____ 10.學習如何放鬆（或消除緊張、焦慮的情緒）？
_____ _____ 11.學習專心和清晰地思考？
_____ _____ 12.去除（或有效地處理）憤怒或沮喪的情緒？
_____ _____ 13.學習減少憂慮？
_____ _____ 14.學習變得更愉悅、樂觀、少沮喪？
_____ _____ 15.身體更為強壯？
_____ _____ 16.更有自信？
_____ _____ 17.提升自尊心？
_____ _____ 18.做決定並解決問題？
_____ _____ 19.了解別人？
_____ _____ 20.和上司相處融洽？
_____ _____ 21.除去憤世嫉俗的態度？
_____ _____ 22.學習如何與酗酒者相處？
_____ _____ 23.尋覓或維續工作？
_____ _____ 24.升學或職業訓練？
_____ _____ 25.找到居住的地方？
_____ _____ 26.控制（停止）酗酒或藥物濫用？
_____ _____ 27.申請社會救濟金、退休金或其他經濟援助？
_____ _____ 28.取得中學的同等學歷資格？

其他需要我們協助的目標或問題：

29. _____
30. _____
31. _____
32. _____
33. _____
34. _____

---

* 本檢核表已蒙服務於南印地安那心理衛生和諮商中心（Jeffersonville, Indiana）Connie Guthrie 女士同意轉載。

表 3　行為檢核表（教師用）*

學生姓名＿＿＿＿＿＿＿＿＿＿＿＿＿＿＿＿＿＿＿＿＿＿＿＿＿＿＿

填表人（含職稱）＿＿＿＿＿＿＿＿＿＿＿＿＿＿＿＿＿＿＿＿＿

日期＿＿＿＿＿＿＿＿＿＿＿＿＿　日期＿＿＿＿＿＿＿＿＿＿＿＿

　　　　　　　　　　　　　　　　　　　（諮商結束時填寫）

是否有以下的問題？　　　　　　　有無顯著改進？

　是　　　否　　　　　　　　　　沒有　　有一些　　很多

＿＿＿　＿＿＿　1. 無法保持正常作息　　＿＿＿　＿＿＿　＿＿＿

＿＿＿　＿＿＿　2. 未完成作業　　　　　＿＿＿　＿＿＿　＿＿＿

＿＿＿　＿＿＿　3. 做白日夢　　　　　　＿＿＿　＿＿＿　＿＿＿

＿＿＿　＿＿＿　4. 在教室裡閒晃　　　　＿＿＿　＿＿＿　＿＿＿

＿＿＿　＿＿＿　5. 在教室裡打同學　　　＿＿＿　＿＿＿　＿＿＿

＿＿＿　＿＿＿　6. 在操場上打同學　　　＿＿＿　＿＿＿　＿＿＿

＿＿＿　＿＿＿　7. 吵鬧以吸引他人的注意　＿＿＿　＿＿＿　＿＿＿

＿＿＿　＿＿＿　8. 不跟其他人一起遊玩　＿＿＿　＿＿＿　＿＿＿

＿＿＿　＿＿＿　9. 似乎沒有朋友　　　　＿＿＿　＿＿＿　＿＿＿

＿＿＿　＿＿＿　10.偷竊　　　　　　　　＿＿＿　＿＿＿　＿＿＿

＿＿＿　＿＿＿　11.說謊　　　　　　　　＿＿＿　＿＿＿　＿＿＿

＿＿＿　＿＿＿　12.痛恨權威　　　　　　＿＿＿　＿＿＿　＿＿＿

＿＿＿　＿＿＿　13.對讚美沒反應　　　　＿＿＿　＿＿＿　＿＿＿

＿＿＿　＿＿＿　14.非一般的害羞和退縮　＿＿＿　＿＿＿　＿＿＿

＿＿＿　＿＿＿　15.非常消極的態度　　　＿＿＿　＿＿＿　＿＿＿

＿＿＿　＿＿＿　16.其他　　　　　　　　＿＿＿　＿＿＿　＿＿＿

＿＿＿　＿＿＿　17.＿＿＿＿＿＿＿＿　＿＿＿　＿＿＿　＿＿＿

＿＿＿　＿＿＿　18.＿＿＿＿＿＿＿＿　＿＿＿　＿＿＿　＿＿＿

評語：＿＿＿＿＿＿＿＿＿＿＿　　諮商結束時的評語：

＿＿＿＿＿＿＿＿＿＿＿＿＿＿＿＿　＿＿＿＿＿＿＿＿＿＿＿＿

＿＿＿＿＿＿＿＿＿＿＿＿＿＿＿＿　＿＿＿＿＿＿＿＿＿＿＿＿

---

* 本檢核表已蒙服務於南印地安那心理衛生和諮商中心 Ann Hardman 女士同意轉載。

下面是諮商師在晤談中對問題行為使用問卷的實例：

當事人：我近來心裡覺得很不愉快。

諮商師：妳有這種感覺多久了？

當事人：我猜大概有四個月了，我的男朋友一直在準備律師資格考試，我真希望他能通過考試，那麼他就可以找到工作了。

諮商師：妳心裡感到不愉快與妳的男朋友準備考試有什麼關係嗎？

當事人：哦！我覺得很寂寞，每天傍晚都無所事事，我不喜歡寂寞，而他要準備考試，我就不能常常看到他。

諮商師：妳跟他在一起的時間似乎很有限。

當事人：是呀！我好想跟他講話，我喜歡跟他親近，可是近來即使我跟他在一起，他不是不講話就是彆彆扭扭的。

諮商師：所以妳最關心的是你們在一起的時間變得有限，其次是你們的相處關係。

當事人：是的，我猜我是感到寂寞，我很想找點事做，我也很喜歡和朋友們在一起。

諮商師：所以，除了你的男朋友外，妳也喜歡和他人一起。

在這個案例中，當事人的問題包括希望晚上有更多的社交機會、能多跟男朋友在一起與兩人有更美好的溝通。

在辨識相關的問題癥結後，諮商師可以詢問當事人導致問題行為的情境事件，例如諮商師可以說：「告訴我什麼時候妳真正感覺到心裡不愉快，或告訴我什麼事情令妳不高興。」，簡單地說，諮商師必須設法辨認主要問題與引發問題的情境。

二、選擇當事人最關切的事進行諮商

假如當事人提出幾個不同的問題，諮商師必須決定問題處理的先後次序，決定問題處理的優先次序必須遵循四項準則（Sundel and Sundel, 1975）。

第一項準則，優先處理當事人或相關人士（如家人、朋友等）最關切的問題。諮商師可將條列的問題清單唸給當事人聽或讓他看，然後請當事人選出他最關切的問題。例如一位身為母親的當事人會選擇停止小孩喧鬧為最迫切的事；另一位當事人可能會覺得謀得棲身之職比其他問題更重要，有關這項準則，諮商師可用下列實例作為晤談的題材：

「你最關切哪個問題？」

「你必須先解決哪個問題？」

「我們必須處理的第一個問題是……」

除非諮商師有其他理由必須優先處理另一個問題，否則應該以當事人所選的問題為主，然而在許多個案裡，問題處理的先後緩急尚且需要考慮其他準則。

第二項準則，在決定問題處理的優先次序時要指出該項問題如不立即處理將會產生最嚴重的負向結果（negative conse-quences）。有時當事人會覺得某一特定問題是他最為關心的（如失去朋友），可是另一問題可能造成更不良的結果（如失去工作、婚姻破裂等）。一位學生也許會覺得他需要與同儕和平相處，可是更須迫切

處理的問題是除非他每堂課都出席，否則他即將被學校退學。諮商師可詢問當事人，假如問題沒有解決可能導致的結果，在上述案例中，被學校退學所造成的後果遠比少些朋友來得嚴重，因此更需要做立即的諮商處理。

　　對於負向結果的感受是因人而異的，因為每個人對刺激的忍受程度不同，諮商師可以藉著檢視負向結果對當事人和相關人士的影響，來有效判斷當事人問題行為的嚴重程度。例如小建在教室裡的吵鬧程度可由懲罰的老師來決定，某位老師也許只叫小建「小聲點」，但另一位老師可能會把小建趕出教室。

　　檢視過去類似情境下當事人的行為表現，可幫助諮商師和當事人較易預測當事人行為將會導致的後果，從而權衡輕重程度，例如諮商師可以詢問：

　　「假如這個問題不解決可能發生什麼事情呢？」
　　「這種特定行為發生後結果是怎樣呢？」
　　「假如事情發生了可能對你有怎樣的影響呢？」

　　第三項準則，在判斷行為的後果之後，諮商師必須考慮各方面的資源和限制以確定哪項問題較容易修正。諮商師必須自問：哪些阻力（人物、處境）有礙於問題的解決？哪些資源可以協助解決問題？例如當事人是位受到子女羈絆的母親，她可能以重回學校完成學位為當前的人生目標，然而她的阻力是沒錢雇用保姆，而丈夫也反對，諮商師可以詢問：

　　「什麼事情可能有礙於解決這個問題？」
　　「什麼事情將有助於解決這個問題？」

第四項準則，辨別在其他問題獲得解決前必須先行處理的問題。例如要改善經常缺課者的學業（如完成作業、成績進步）是徒勞無功的；同樣地，兒童要先學會不隨意謾罵才能學習跟同儕相處。諮商師得自問：「假如這個問題得以解決結果將如何？當事人可能會結交更多朋友？成績進步？或覺得自己更好些？」。

三、對問題予以操作化界定

(一)將行為標籤轉換成行為術語

通常當事人會利用標籤來表達關切的行為，例如當事人用「沮喪」或「神經質」來表示他的感覺，而老師則形容學生是「暴戾」或「好鬥」的。雖然行為標籤能指明問題癥結，但其意義卻因人而異，諮商師可以視行為標籤為獲得真正行為意義的起點。例如當事人說她感到沮喪，而其沮喪的意義是不想起床，勉強起床後也不想飲食，更不想更衣梳理整齊。在辨明當事人行為標籤的意義後，諮商師就能確定哪些是可觀察的特定行為，以及哪些是可經由他人證實的特定行為，下面是一些當事人慣常使用的行為標籤：

搗亂	粗魯	焦慮
沮喪	毫無動機	反社會
攻擊好鬥	難以改過	神經質

🎯 實例練習

從下列轉介問題中確認何者使用行為標籤？

1. 當我邀約女孩，她們都拒絕我。
2. 我簡直是可悲，我即使再努力也不會有用的。
3. 我一直都是個神經緊張的人。
4. 小陳會在課堂討論中離開，在教室裡大發議論並在其他同學的作業簿上亂塗鴉。
5. 小張是個欺凌弱小的傢伙。
6. 小雯無法跟其他小孩相處。
7. 小王是個愛出風頭的人。

🎯 答　案

　　案例 2、3、5、7 使用了行為標籤，而案例 1、4 則在描述特殊的問題行為。

　　行為標籤經常在諮商師和當事人或轉介者（老師或家長）的初次晤談中被用到，在開始的時候，諮商師應該讓當事人或轉介代理人用他們的話語說明問題行為，這樣做能幫助建立諮商的投契關係，同時也協助諮商師對當事人的問題與嚴重程度有基本概念。在諮商師對當事人的問題有概念之後，他應該判斷當事人是以行為標籤或是特殊行為來描述其問題，假如當事人是用行為標籤來描述他的行為，諮商師應該把當事人所用的行為標籤轉換成行為術語來敘述。

當行為標籤被使用時，諮商師會不清楚需要改變的特殊問題行為，也不知道當事人或轉介者想要改進的行為，顯然地諮商目標會變得模糊不清。在這種情形下，諮商師應使用行為分析法（behavioral analysis）確認不良行為，指出導致行為持續的原因以及用何種良好行為加以取代。行為分析法因目標設定明確，對諮商師擬定處理計畫有極大幫助。

　　對行為標籤予以操作化處理時，諮商師應該引導當事人說明所用之特定行為標籤的性質並舉出具體實例，例如當事人說自己過分好鬥，諮商師可以詢問當事人所指的真正涵義如「請你舉個例子讓我知道過分好鬥的意思，或是描述在何種情境下你會表現得過分好鬥。」。諮商師繼續詢問當事人這方面的問題，直到他完全了解「好鬥」的意義，「過分好鬥」這個行為標籤的操作化處理如下：

　　1. 當事人會口頭反對意見相左者的看法。

　　2. 當事人責罵意見相左者為「消息錯誤」或「愚蠢」。

　　3. 當事人有時會要求意見相左者「到外面解決」。

　　諮商師和當事人之間的溝通可以促使行為標籤轉換為特定的行為，例如老師將小方轉介給諮商師，因為他在教室裡不守秩序。

老　　師：小方表現得愈來愈糟糕搞得全班秩序大亂，他實在快把我氣瘋了。

諮商師：你說小方搞得全班秩序混亂，你的意思是指什麼？是摔東西、叫喊、打人？告訴我他在班上真正做了什麼事。

老　　師：他常常對周圍的同學很粗暴。

諮商師：嗯，你的意思是他打同學、罵人、擅自拿同學的東西，或是？

老　　師：哦，小方常辱罵同學，假如被罵的同學回嘴，他不是打

人就是說「等放學後我會揍你」。

諮商師：好，我現在知道你的意思了，那麼在小方罵人或打人的時候你如何處理呢？

老　師：哦，我一向要自己忍耐想辦法幫助小方；可是我現在是忍無可忍了，因為小方經常搞得教室亂哄哄的。

諮商師：嗯，但是你做了何種特別處理呢？你帶他到校長室、處罰他或只告訴他停止吵鬧？

老　師：在小方罵人的時候我說「請你不要罵人」；在他動手打人的時候，假如我能夠的話，就抓住他的手不讓他打人；在他窮兇惡極到我無法控制的時候，我就送他到校長室去。

諮商師：好，我大概知道是什麼情形了，現在假設小方在教室裡表現得很聽話，那麼你會做些什麼？

老　師：但願老天幫忙小方能持續保持安靜、不再惹事生非，我會忽視他以免自己說了什麼話使他故態復萌。

🐢 實例練習

就以下的每項行為標籤以兩種能夠直接觀察並能被他人證實的特定行為加以替代：

1.「粗魯」

　　(1)

　　(2)

2.「沮喪」

　　(1)

(2)

3.「焦慮」

(1)

(2)

4.「反社會」

(1)

(2)

5.「搗亂」

(1)

(2)

答　案

1. (1)打斷別人說話。

  (2)插隊時把其他同學都推到隊伍後面。

2. (1)說出「我悶悶不樂」的語句。

  (2)一天至少哭三次。

3. (1)講話很急，速度很快。

  (2)在講到他的家庭時會顧左右而言他。

4. (1)在店裡偷東西。

  (2)上個月破壞公物三次。

5. (1)拿東西丟擲其他小孩。

  (2)把書本用力摔在桌上。

四、辨識影響問題的刺激

在問題行為以行為術語說明並依輕重緩急決定處理順序後，諮商師必須隔離與控制導致問題行為發生的刺激，也就是說，諮商師要設法辨別引發問題行為的刺激，並確認行為發生後的增強或懲罰刺激。例如某位學生很想專心唸書，可是每次翻開書本時就會想到與女朋友爭吵的事情，他的想法是一種懲罰刺激使他無法專心唸書。

(一)確定行為發生的時間

有時諮商師要辨別導致問題行為的前因並非易事，然而諮商師可以察看何事引發問題行為，或行為發生前所發生的事來確定行為發生的時間，例如某位小孩只在他父親想看報紙時吵鬧，而他的吵鬧行為通常會受到父親的責罵，在這個情況下，父親的閱報行為即是引發小孩吵鬧的前因。

問題發生的時間也可視為辨別情境事件的線索，例如妻子向諮商師訴說，丈夫從週一到週五下班回家後就和她少有互動，如果在週末假日恢復彼此的互動，這就表示她的丈夫在平日下班後因疲倦而不喜歡講話。通常，事件發生的時間（如中午、傍晚）與發生的情境（如吃飯時）是有相關的。

㈡確定問題發生的情境

就某些個案來說，問題發生的情境或地方容易引發當事人的問題行為，這些先前情況通常是中性刺激，因與嫌惡刺激相配對而使行為結果受到制約（become conditioned）。例如腳踏車對孩童來說是一種中性刺激，可是每次在他跨上車時就有一些大孩子威脅要拿走他的車，這樣的情況使他只要見到自己的腳踏車就產生害怕的感覺；同樣地有過負向考試經驗的學生會類化（generalize）這種焦慮到所有的考試場合。由此可見，確定問題發生的情境是很重要的事，諮商師可以從問題發生的根源來決定最適當的諮商處理。

㈢確定使問題持續的事物

就操作行為來說如說話與骨骼肌肉系統的運作反應，控制情境本身就是一種增強或懲罰刺激，例如小明在其他小孩面前插隊，倘若因此比其他人先吃到冰淇淋，則插隊的壞行為就獲得正向增強（positively reinforced）；然而在小明插隊時被老師處罰，要等所有小孩都拿到冰淇淋後才輪到他，因此插隊行為就導致嫌惡或懲罰的後果。有時同一種行為會引發既增強又懲罰的結果，在小明插隊的例子裡，小明也許可以比其他小孩先吃到冰淇淋（正向結果）；可是老師告訴小明的家長有關他插隊的事，小明回家後就受到責罵（負向結果）。同樣地，有的兒童為了避免處罰而不承認做錯的事；然而，有的雖然認錯了卻也受到處罰，因此，兒童的說謊或欺騙行為是否持續端視後果而定。當兒童某些不良行為被成年人逮到而受嚴厲的處罰時，就如同使用嫌惡的結果或懲罰，通常可以促使

當事人改正他的問題行為。

　　諮商師可以用下列的問話來獲得使問題行為持續的資料：

「什麼時候問題最嚴重？什麼時候最不嚴重？」

「為什麼這些情況不相同？」

「哪些人與這個問題有關？」

「為什麼問題跟這些人有關而非他人？」

「什麼事情讓問題發生？」

「在問題發生後有什麼好的或正向的事情發生？」

「在問題發生後有什麼不好或負向的事情發生？」

　　諮商師在聆聽當事人陳述後就其內容記錄如下：

「林老師對學生小強尋求注意（attention-seeking）的行為甚有怨言。每當他在課堂裡討論數學問題時小強總是大聲講話，老師叫小強安靜點，但他仍喋喋不休，老師恐嚇要送他去訓導處時他才安靜上課。林老師忽視小強專心上課的行為，只是對小強不再搗亂表示高興而已。不久之後，小強就離開座位站在削鉛筆的地方，老師隨即要他回到座位上，他慢吞吞地走回座位，邊走邊用拳頭敲打其他學生的後腦，老師把小強帶到訓導處單獨隔離，這種情形大約一個月發生五次。」

　　諮商師可將上述個案的陳述就前因（antecedent events）、行為與結果（consequent events）登錄在三行表（three column table）

表 4　不良行為持續模式辨別表

時　　間	前　　因	行　　為	結　　果
9 點 10-15 分	1. 林老師在課堂裡討論數學問題。	2. 小強大聲講話。	3. 林老師說「小聲點」。
9 點 15-25 分	3. 林老師說「小聲點」。	4. 小強仍大聲講話。	5. 林老師說「你會被送去訓導處」。
	5. 林老師說「你會被送去訓導處」。	6. 小強專心上課。	7. 林老師忽視小強。
	7. 林老師忽視小強。	8. 小強去削鉛筆。	9. 林老師說「小強回去坐下」。
	9. 林老師說「小強回去坐下」。	10. 小強打其他學生的後腦。	11. 林老師說「跟我到訓導處去」。
	11. 林老師說「跟我到訓導處去」。	12. 小強去訓導處。	13. 小強被單獨隔離。

（見表 4）上。

　　值得注意的是結果（如林老師說「小強回去坐下」）可以作為下一個行為反應（如小強打其他學生的後腦）的前因。在小強的案例中，其餘行為模式如小強專心上課卻被老師忽視，於是正向行為被削弱不再持續；當老師恐嚇他時，小強的行為表現就更不適宜了。從這個案例中可以發現，重複出現的事件模式可能是造成不良行為持續的條件。

　　在小強的案例中，諮商師可以藉著記錄他的行為與結果來辨別

導致不良行為持續的模式，舉例來說，小強表現出問題行為四次，每次老師都注意到了；此外，小強表現良好行為兩次，而老師不是忽視就是懲罰。諮商師如將林老師這種控制小強的正向與負向行為的情況予以量化計算，將有助於擬定最恰當的諮商處理假設。

實例練習

請辨識下列語句的前因、行為與結果：

1. 小畢在午餐時間丟擲東西，其他人則嘲笑與躲避。
2. 在小傑恐嚇他人之後，他就能比其他人先進入大廳。
3. 小美主動回答老師的問題，老師讚賞她的參與。
4. 在小喬的父母批評他時，他就和朋友外出並吸食強力膠。
5. 當小王想和朋友外出玩樂時，他總是先跟太太吵架，然後假裝生氣的模樣旋風般離去。

答　案

在第 1 案例中，午餐是引起小畢丟擲東西（行為）的前因，而別人的嘲笑與躲避則是結果。在第 2 案例中，比其他人先進入大廳是小傑恐嚇別人的前因，恐嚇行為使他得以先進入大廳（結果）而使行為獲得增強。在第 3 案例中，老師的問題（前因）引起小美的回答（行為），而回答帶來增強的結果——老師的讚賞。在第 4 案例中，父母的批評是導致小喬吸食強力膠的前因，其結果使得他自得其樂或逃避父母。在第 5 案例中，想出外玩樂是引發小王和太太吵架的前因，當他旋風般離家且自覺有理時使這項行為得到增強。

㈣擬定功能性的假設

　　功能性的假設（a functional hypothesis）是指確定控制目標行為的刺激情境，假如特定的刺激情境引發不同的行為，那麼我們可以假設這些情境是使某種行為持續的原因（如林老師增強小強的不適當行為，卻忽視他專注的良好行為）。

　　在諮商師從晤談或初步觀察中對問題達到功能性分析（a functional analysis）後，應針對當事人的行為作進一步觀察以評估所擬定之假設的適當性。有時行為持續的原因可能由幾種前因或結果所導致（如老師和同學的關注），諮商師的下一個步驟是蒐集更多觀察資料來確認擬定之假設的適當性。

五、檢核表、範例與標準化測驗

㈠檢核表

請依序在完成每項處理程序時在「是」項空格內打「∨」。

	是	否	是否完成？
1. 確認所有當事人關切的事。			＿＿＿＿
(1)運用行為問題檢核表。	＿＿	＿＿	
2. 選擇當事人最關切的事進行諮商。			＿＿＿＿
(1)確認當事人最關心的問題。	＿＿	＿＿	

(2)確認目前必須解決的問題。　　　　＿＿＿＿＿ ＿＿＿＿

(3)確認在其他問題獲得解決前
　　必須先行處理的問題。　　　　＿＿＿＿＿ ＿＿＿＿

3. 對問題予以操作化界定。　　　　　＿＿＿＿＿＿＿＿

4. 確定行為發生的時間。　　　　　　＿＿＿＿＿＿＿＿

5. 確定問題發生的情境。　　　　　　＿＿＿＿＿＿＿＿

6. 確定使問題持續的事物。　　　　　＿＿＿＿＿＿＿＿

(1)辨別引發問題的事物。　　　　　＿＿＿＿＿ ＿＿＿＿

(2)辨別問題的良好結果。　　　　　＿＿＿＿＿ ＿＿＿＿

(3)辨別問題的不良結果。　　　　　＿＿＿＿＿ ＿＿＿＿

(二)範例

　　請選擇一或多項敘述正確完成下列問題。

1. 假如當事人說「我很難跟他人相處」，諮商師的反應可能
　　是：

(1)舉個例子讓我知道你所謂很難跟他人相處的意思。

(2)為什麼你很難跟他人相處？

(3)什麼時候你覺得很難跟他人相處？

(4)你做了什麼事讓你很難跟他人相處？

　　第(1)選項是正確答案。因為這樣的反應可以使諮商師明白當
事人的「與他人相處」是指怎樣的行為，你也可以問當事

人：「你認為很難跟他人相處是什麼意思呢？」，這樣的問題促使當事人具體說明問題。第(2)與第(4)選項顯示諮商師已肯定當事人所遭遇的困難，第(3)選項裡諮商師的問題屬於次要性質，除非當事人能以行為或具體方式來敘述問題，否則就算知道問題發生的原因與時間依然於事無補。

2. 在確認所有當事人關切的事時，諮商師通常會遇到的兩項主要障礙是：

(1)當事人提出的問題可能並不是他最關心的事。

(2)當事人沒有適當的問題檢核表可用。

(3)當事人難以描述自身的行為與行為發生的特殊情境。

(4)當事人根本不知道自己的主要問題。

第(1)與第(3)選項是正確答案。第(2)選項暗示在確認所有關切的事時，當事人應該有一份問題檢核表在手上，第(4)選項說當事人不知道他的問題在哪裡，這兩個選項的內容都不正確。

3. 在當事人提出好幾項問題時，諮商師必須確定這些問題的先後處理次序，為了確定當事人最關心的事，諮商師可以詢問當事人：

(1)你想談什麼問題？

(2)問題在什麼地方發生？

(3)我們已經討論過每個問題了嗎？

(4)現在什麼問題對你來說是最重要的？

第(4)選項是正確答案。因為第(4)選項詢問當事人哪一個問題應該優先考慮。另一種決定問題先後緩急的方法是辨別假如不立即處理將會產生最嚴重的負向結果（如諮商師可詢問「假如這個問題不解決可能發生什麼事情呢？」），其餘的

第(1)、(2)、(3)選項與確定最重要的問題無關。

4. 在確認問題行為之後，諮商師必須分辨哪些人或情境是有礙於問題解決的，諮商師可以詢問當事人：

(1)哪些事有礙於問題的解決？

(2)問題是什麼？

(3)造成問題的原因是什麼？

(4)我們要怎樣解決這個問題？

第(1)選項是正確答案。其餘的答案僅是強調問題的本身(2)、前因(3)與可能解決之道(4)而沒有提到什麼會阻礙問題的解決。

5. 從下列的轉介問題中指出何者是以行為術語來陳述的：

(1)早晨無法起床。

(2)感到焦慮不安。

(3)自信心不夠。

(4)沒有完成學校的指定作業。

第(1)與第(4)選項是正確答案。無法起床與沒有完成作業都是用行為術語來說明問題，也就是說，我們可以看見或聽到這種行為，同時也會有很多人同意這些行為的存在。第(2)與第(3)選項並非我們能目睹或耳聞，但是可以確定迴避人際關係的心理狀態是焦慮的。

6. 在問題行為已經用行為術語說明且確定優先次序後，諮商師必須隔離與控制導致問題行為發生的刺激，在下列問話中何者可用來確定使問題行為持續的情境：

(1)在行為發生後有什麼良好的結果？

(2)這個問題在何時發生？

(3)這個問題為何會發生？

(4)在發生這件事時,你想他們的感受是什麼?

第(1)與第(2)選項是正確答案。這兩個選項是辨別問題行為發生前後之控制情境的問話。其餘的問話(3)、(4)雖然問到發生原因或他人感受,但卻無法辨別控制問題的情境。

7. 就當事人的陳述回答下列問題(假如所問的事未在陳述中也請予以說明)。

「小杰總是在宿舍裡對室友小俊抱怨東抱怨西,在小杰考試成績不理想的時候,他抱怨;在宿舍餐廳的伙食不合胃口時,他又抱怨。小杰老是抱怨的習慣實在使小俊吃不消,因為小杰的抱怨常常打擾他讀書。每當小杰開始抱怨時,小俊只好坐在那裡注視正在抱怨的他或是離開房間,然而不管小俊的態度如何,小杰還是對事情抱怨不停。」

問題:

(1)問題在哪裡發生?

(2)問題在何時發生?

(3)問題到底是什麼(以行為術語說明)?

(4)其他人做了什麼事可能引發小杰的問題行為?

(5)使小杰問題行為持續的可能原因?

答案:

(1)在他們的宿舍。

(2)沒有提供資料。

(3)小杰抱怨伙食不好與考試成績不理想。

(4)小俊在讀書的時候小杰會抱怨。

(5)小俊只好坐在那裡注視正在抱怨的小杰或是離開房間。

(三)標準化測驗

請以一或多項敘述或依循指示正確完成下列問題。

1. 假如當事人說「我覺得很沮喪」，諮商師的反應為：
   (1)你常常覺得這樣嗎？
   (2)你說的沮喪是什麼意思？
   (3)什麼原因引起你沮喪？
   (4)在你覺得沮喪時，誰在你的身旁？

2. 通常當事人所講的問題並非是他最關心的事，因此諮商師的下一個步驟應該是：
   (1)確定當事人最重視的問題。
   (2)確定問題在何時發生的。
   (3)決定一項恰當的諮商處理方法。
   (4)確認其他相關的問題。

3. 為了確定最容易處理的問題，諮商師必須詢問當事人：
   (1)問題在何時發生的？
   (2)引發問題的事情是什麼？
   (3)什麼事有礙於問題的解決？
   (4)你如何處理這個問題？

4. 為了確定當事人最迫切關心的事，諮商師可以詢問當事人：
   (1)問題在何時發生的？
   (2)假如這個問題現在不解決可能會發生怎樣的後果？
   (3)你認為是什麼事情引發這個問題？
   (4)你想為什麼會引起這個問題？

5. 諮商師可用下列哪一個問話來確定控制問題的因素：

(1)問題是什麼引起的？

(2)在引發問題的前後發生了什麼事？

(3)假如這個問題沒有解決可能會發生什麼事？

(4)與問題有關的其他問題是什麼？

6. 諮商師可從下列何者確定問題的發生：

(1)當事人想要怎樣解決問題。

(2)什麼事情造成這個問題。

(3)何時應該執行諮商處理。

(4)問題在何處發生。

7. 請就當事人的陳述回答下列四項問題（假如所問的事未在陳述中也請予以說明）。

「小玫是職業介紹所的職員，她似乎從未能將工作從頭到尾完整地做好，上司的報告裡說她常常上班遲到，而每天下班時交來的都是未做完的指定工作。上司詢問小玫為什麼沒有完成指定的工作，小玫總會說是她自己或家人生病了，所以她沒有時間完成工作。她的上司會點點頭，同時告訴小玫，他對她家人的問題深表同情。」

問題：

(1)問題在哪裡發生的？

(2)問題在何時發生的？

(3)問題到底是什麼（以行為術語說明）？

(4)使小玫問題行為持續的可能原因？

㈣第三章標準化測驗答案

1. (2)　2. (4)　3. (3)　4. (2)　5. (2)　6. (4)

7. (1)職業介紹所。

  (2)在早晨與下班的時候。

  (3)上班遲到與未能完成指定的工作。

  (4)藉口與上司的同情。

系統諮商——實務指南

第4章

行為的觀察與記錄

一、選擇觀察方法

　　在諮商師界定問題行為之後，下一步驟就是觀察與記錄行為改變計畫的每個重要部分（見圖4），針對有興趣的特定事件予以系統化觀察是一項有價值且具變化的技術，適用於家庭、學校、醫院甚至臨床與社區機構等生活環境。

　　觀察者可以廣至社區成員（Wahler and Erikson, 1969）到當事人本身（Lovitt and Curtis, 1969），在任何觀察系統實際執行之前，諮商師必須告訴觀察者將觀察什麼與在何處觀察，然而觀察者不只是在家裡或學校觀察當事人而已，諮商師應說明這些環境可能引發的不良行為，裨使觀察者更了解自身所擔負的任務。Wahler和Cormier

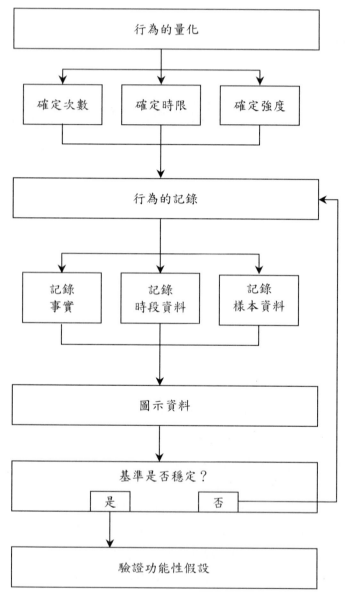

圖 4　行為觀察與記錄摘要表

系統諮商——實務指南

（1970）的初步研究指出，諮商師可藉著和家長、老師與相關人士的系統晤談獲得家庭或學校等環境影響當事人行為的資料。前章的問題辨別檢核表也可當作觀察當事人在家庭、學校或社區環境中行為表現的參考，由於家長、老師或同學對當事人行為表現的報告通常不太可靠，觀察者可利用問題辨別檢核表作為觀察行為的指南使他們的報告更具可靠性。

在自然環境（natural environment）裡觀察行為會有一些特定的問題，通常家長和老師會埋怨在家裡或學校記錄小孩的行為是很困難的；老師會發現一面帶領閱讀一面觀察記錄實在極為不易，如果讓學生默讀並從旁觀察就容易多了。因此，最好選擇較易觀察的情境開始行為的觀察與記錄，在觀察者有能力觀察記錄資料後即可轉換記錄複雜的情境，假如其他人無法在當事人的環境裡實施觀察，諮商師可以教導當事人進行自我觀察。

二、建立基準

當諮商師確認在何處觀察當事人的行為後，緊接著就要建立當事人在一般情況下行為發生的標準，這項記錄稱為行為的基準或基率。了解當事人的行為基準對諮商過程有兩方面的幫助，首先，諮商師可以配合當事人的需要實施諮商處理，例如諮商師可能會接到許多因不良同儕關係而被轉介的學生，他可能經由主動和學生互動（如「嗨，你在做什麼事呀？」），再從反應中（如「不關你的事。」）了解其人際互動狀況。另一位學生的情形是站在遠處觀看同學玩耍而不願靠近，諮商師的最終目標是要使他能夠跟其他學生玩在一起。就達到人際互動的目標來說，兩者的基準顯然是不同

的：一位必須鼓勵去接近同儕；另一位則要教導合宜的社交禮節。

其次，建立行為基準的理由是幫助諮商師和當事人共同觀察行為改變的進展與評鑑諮商的效果，例如當事人想要增加正向自我思考的次數，假如在諮商前已經記錄其行為基準，則這項基準可與當事人接受諮商期間以及結束時的平均數相比較，藉以幫助諮商師和當事人確定諮商處理的效果。

當諮商師在機構中想要蒐集當事人的行為基準時會修改自然情境以利觀察與記錄，例如諮商師請當事人和家長到諮商室，透過單面鏡觀察他們的互動；其後，諮商師可以教導家長如何在家中觀察記錄當事人的行為基準。在晤談接近結束時，諮商師可將當事人的行為表現與其行為基準做比較，藉以客觀地評量諮商的效果；如果當事人的行為甚少改變或毫無修正，則諮商師必須重新評估諮商的處理（請參閱第十一章）。

(一)行為的量化

有三種行為屬性是能夠測量的包括次數、時限和強度：次數是指行為發生的多寡；時限是指行為發生的時間長短；而強度則是行為發生的程度。由於沒有完美的行為測量方法，能否有效運用這三項屬性來測量行為端視觀察的行為類型、時間長短與發生情境而定，有些研究結果建議運用多種測量行為的方法要比使用單一方法更為完善（Eyeberg and Johnson, 1974）。

1. 確定次數

次數成為普遍使用方式的原因有三（Froehle and Lauver, 1971）：

(1)只需數計出現的次數。

(2)在問題情境中的次數是最重要的屬性。

(3)可在任何地方進行觀察毋須儀器。

次數可以用三種方法來記錄與表示：總次數、每單位時間的次數或百分比，一般來說，總次數的使用不如每單位時間的次數（行為的發生率）與每單位時間的出現機會（行為的百分比）。

許多問題可以用行為出現的比率來說明，行為的表現過度（藉口）或表現不足（極少讚美配偶）都代表行為的發生率，此外如約會的次數、錯別字的次數與順從父母要求等用百分比是最好的表示方式。假如家長關心孩子不順從行為的比率，她可以記錄行為如表5所示。

計算行為出現的比率只需以行為出現的次數除以時間即可，如表 5 所示的資料，在三天裡行為出現的比率是 2、$2\frac{1}{4}$ 與 3。假如觀察者認為所觀察的行為比率因時而異，那麼他就應該在每天的同一時間進行觀察記錄。

表 5　行為比率確認表

日期	觀察時間	觀察時長	目標行為次數	比率
10 月 4 日	p.m.6:00-8:00	2	4	
10 月 5 日	p.m.5:00-9:00	4	9	
10 月 6 日	p.m.4:00-9:00	5	15	

2. 確定時限

時限是指測量行為發生的時間長短，像小孩的哭泣、睡眠或讀書等行為最好使用時限來測量；然而有時行為發生的標準包括次數

與時限兩者，例如哭是指「哭出聲」，哭的次數是依次計算，但哭的行為則以秒或超過五秒為一次；同樣地，了解某人在閱讀是重要的事，但知道他讀了多久更為重要。

下面實例是諮商師和一位大學生討論觀察閱讀行為的方法：

當事人：我到圖書館就不容易安靜坐著看書。

諮商師：你能坐著多久呢？

當事人：嗯，我不知道，也許十分鐘，也許十五分鐘。

諮商師：今天的諮商時間已經差不多了，我們談到有關你不能安靜坐著看書這件事。我想在下次晤談之前，請你用這隻碼錶記錄每次坐下看書的時間，只要你離開座位就停止碼錶並記下坐著的時間，在這張表格上，請寫下你起立離座時發生的事或正在思考的事。

表 6 是當事人自行記錄行為的表格，它不僅顯示當事人的行為發生次數也記錄閱讀的時限，此外諮商師能從這張表格看出當事人在想什麼或別人做了什麼使他無法專心讀書。

表 6　當事人自我觀察之次數、時限與狀況確認表

日期＿＿＿＿＿＿＿＿＿＿

	開始的時間	停止的時間	備註
1.			
2.			
3.			
4.			
5.			
6.			
7.			

3. 確定強度

　　通常要正確測量行為的強度需要使用電子儀器，雖然目前有記錄緊張狀況的生理測量器，但因價格昂貴不適用於開業諮商師。諮商師在無法使用電子儀器前，可用便宜且具效度與信度的工具來評量行為的強度，例如諮商師可以自編測量恐懼、沮喪或其他內隱行為的評定量表，讓當事人或相關人士定期記錄以輔助諮商處理。

　　在諮商過程中使用評定量表是十分有價值的，特別是在其上加註連結至特定情境之重要事件的曲線變化。圖 5 顯示在評定行為時的加註方式，諮商師可以利用此種加註記錄來假設控制問題的事件，如圖 5 顯示當事人被丈夫批評體重過重與小孩從學校帶回很糟的成績單時感到特別沮喪，諮商師可以鼓勵當事人進行每日記錄來獲得與問題有關之重要事件的資料。

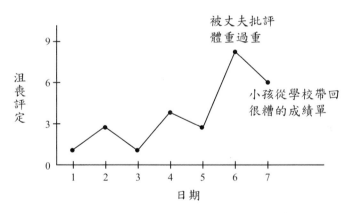

圖 5　聯結至特定情境的行為評定量表

　　其他有關的顯性（salient）行為也可以依據出現時間圖示之，

例如：

---

(1)當事人感到焦慮不安的程度

　　　1　　　2　　　3　　　4　　　5　　　6　　　7　　　8　　　9

　無焦慮　　　　　　　　有點焦慮　　　　　　十分焦慮

(2)當事人覺得別人了解他的程度

　　　1　　　2　　　3　　　4　　　5　　　6　　　7　　　8　　　9

　不了解　　　　　　　　有點了解　　　　　　十分了解

(3)當事人感到悲傷或沮喪的程度

　　　1　　　2　　　3　　　4　　　5　　　6　　　7　　　8　　　9

　不悲傷　　　　　　　　有點悲傷　　　　　　十分悲傷

(4)當事人覺得被人欣賞或喜愛的程度

　　　1　　　2　　　3　　　4　　　5　　　6　　　7　　　8　　　9

一點也不被喜愛　　　　有點被喜愛　　　　十分被喜愛

在某些實例中強度是確定目標反應之意義的重要因素，例如 Hart 等人（1964）對哭（crying）與啜泣（whining）在意義上作了明顯的區分，觀察者必須在五十呎外都能聽到啜泣聲才記錄為哭。

(二)行為的記錄

當諮商師注意並記錄當事人的行為時，他已經實際在從事觀察記錄了，行為的記錄有三種主要的方法：

(1)記錄事實（evidence）。

(2)記錄時段資料（interval data）。

(3)記錄樣本資料（sample data）。

對當事人的問題來說，這三種行為記錄的方法至少有一種適用，諮商師應該知道這三種方法的不同，選擇當事人最適用的方法。

1. 記錄事實

有些在學校發生的問題可藉著數計行為事實來衡量問題的嚴重程度，學生的作業錯誤是可以計算的，而其次數與百分比則顯示犯錯的程度。學生上課的出席情形、成就測驗得分、未完成試題的百分比、未完成作業的次數與沒看完指定閱讀的頁數等均被評量為技巧層次低、學習能力差或學習動機低。對類似的問題，諮商師最好指定當事人每天做相同的工作與同等分量的事，然後連續數天記錄他每天表現不盡理想之處。

實例練習

請指出下列實例中具有行為事實的項目：
1. 正向思想。
2. 破壞公物。
3. 積極和人互動。
4. 抽菸。
5. 負向言詞。
6. 完成作業。
7. 焦慮不安。

答　案

第 2、4、6 項是正確答案，因為這三者都顯示出問題的行為事實。

行為事實的取得必須容易且不影響當事人在某一情境內的反應，例如諮商師直接在教室內進行記錄勢必影響學生的平常表現；相反地，諮商師可從學生完成作業的狀況與成績來推論其學習行為，而學生也無法覺察自己的行為正受到觀察。這個實例同時使用非干擾測量（unobtrusive measurement）（成績、作業完成量等）與干擾測量（obtrusive measurement）（學習行為）是最佳的運用方式。

實例練習

請指出下列實例何者在評量過程中可能造成觀察上的偏見：

1. 諮商師想要確定小林在座位做作業的狀況，她坐在教室角落面對小林，並在他每次不做作業時予以記錄。
2. 老師記錄小林完成作業的次數與正確情形。
3. 老師每小時檢查小林是否在做作業。
4. 心理衛生中心的諮商師到小林家觀察他和母親的互動情形。

答　案

第 1 與第 4 的實例是正確答案。第 1 個實例顯示諮商師使用的干擾測量可能造成觀察上的偏見，第 4 實例也屬於干擾測量，因為

諮商師在場可能使母子間的溝通變得不自然。在第 2 實例上老師記錄早已存在的事實，小林不可能覺察老師對他的特別注意。同樣地第 3 實例中，除非老師對小林的注意特別明顯，否則他不可能知道老師正在觀察他。

2. 記錄時段資料

　　以時段記錄資料的好處在於能夠顯示所觀察之行為的出現次數與時限，每個觀察節次（session）都可以區分為相同的時間段落，讓觀察者以時段記錄當事人的行為發生情形。圖 6 表示觀察者記錄某位學生在兩分鐘觀察時段裡有無做功課的行為：假如該生在每十秒的時段中未做功課就記錄不做功課；相反的情形則記錄做功課。通常，時段記錄方法的主要缺點是觀察者必須專心注意隨時可能出現的行為。

　　一般來說，時段的長短從五秒到一分鐘不等端視(1)反應的速率與(2)單一反應的平均時限而定（Gelfand and Hartmann, 1975），對於出現頻率高的行為（如每小時出現二十到三十次）應縮小時段，使兩個反應不會在同一時段中出現；此外時段也應與單一反應（如社交互動）的平均時限長短相同。三到五分鐘長度的時段，可能會低估目標行為的出現率與當事人的行為改變狀況。

　　＋：做功課
　　－：不做功課

圖 6　記錄時段資料的範例

使用時段記錄有兩種資料劃記方法，目標行為可以(1)根據時段的比率計算，如在時段的一半時間內出現記錄（ˇ）或（是）；或(2)在時段的任何時間內出現就記錄（ˇ）或（是）。第(2)項方法毋須觀察者過多的判斷是較可靠的方式（即使是兩位以上的觀察者對行為的出現與否都會有較一致的記錄）。

3. 記錄樣本資料

這項方法與時段記錄類似但不需要作連續性的觀察，資料抽樣法（data sampling）或時間抽樣法適用於記錄不常出現卻持續相當長時間的行為。許多行為（說話）是連續性的難以區分何時開始或何時結束，觀察者（諮商師、督導、老師）在問題行為出現時不可能都在現場，但卻可以在固定時段內作行為抽樣以記錄行為反應的發生情形。

時間抽樣法或資料抽樣法依行為出現率有不同的記錄方法：對於出現率低的行為如打架或遺尿每項行為可作完整事件記錄；對於出現率高的行為如說話或和別人玩耍則採其他方法記錄。觀察者可以在每單位時間內簡單記錄所觀察的行為是否發生，換句話說，觀察者（諮商師、老師、其他人）可以在每十秒內觀察記錄該項行為的存在與否（如圖 7 所示）。

	秒	10	20	30	40	50	60
和別人玩耍	是						
	否						

圖 7　時間抽樣法的行為記錄

上述時間抽樣範例只要事件出現的時序不同，觀察者就可以在同一時段中觀察不同的事件，換句話說，假如三項行為（如哭泣、打人與喊叫）一起出現，要同時正確記錄每種行為比分開單獨記錄更為困難。倘若兩項或兩項以上的行為同時出現，觀察者也許將這些行為界定為反應較為適當；然而，單一反應類型（和某人談話）的記錄比多重反應類型（打人、丟東西與喊叫等攻擊行為）的記錄更為可靠。

㈢圖示資料

具體行為通常可以記錄在設計好的表格內並於行為出現時予以劃記，這種圖表類似圖 7 的形式，圖表應包含日期、當事人姓名、目標行為的操作定義、觀察時間、時段長度與目標行為的頻率或時限。

在記錄行為資料若干時段後可將這些資料構成圖形，第一步驟是畫水平與垂直兩條線交叉成直角如圖 8 所示。

第二步驟是在空白軸線上設計記錄資料的時段，初始的時段在

圖 8　行為資料製表的軸線

最左端，結束的時段在最右端，通常先標示時段的分類（如分、時、日、月等）再標明數量如圖 9 所示。

　　觀察者必須確定在記錄期間目標行為出現的最多次數，例如觀察者記錄當事人第五天的目標行為是十七次，而其餘日子的出現率皆低於此數，因此十七就是標示在縱軸的最大次數，以軸線的最上端為十七依次降至底線為零如圖 10 所示。

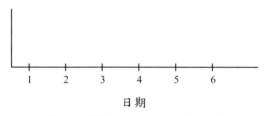

日 期

圖 9　橫軸加入時段資料記錄

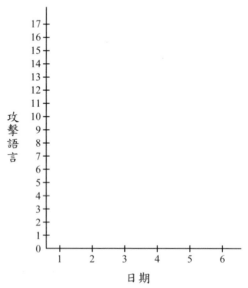

日 期

圖 10　縱軸加入數字與目標行為

垂直軸線的左側應標示目標行為（如攻擊語言），最後的步驟則是在圖上登載資料。在代表觀察時段數字上方以點登錄在此時段出現之目標行為的相對次數，點置於行為次數與時段的交叉點。同樣地，第二次觀察的記錄也以點表示，依此類推直到所有時段的行為資料登錄結束。圖 11 顯示目標行為出現率分別為 10、12、15、13、17 與 11。

　　在各項資料用點在圖上標明之後，各觀察點間應予連線，假定此項資料為對當事人處理前的觀察，通常會在線狀上方標示基準或基率。

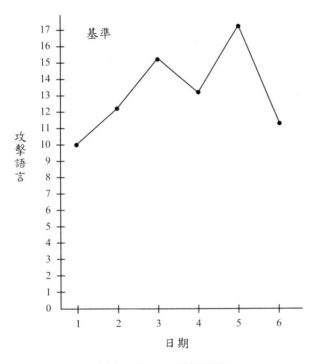

圖 11　行為資料標記圖

實例練習

請檢查下列圖形並回答問題：

1. (1)圖 12 的評量單位為何？

　(2)時間評量的長度為何？

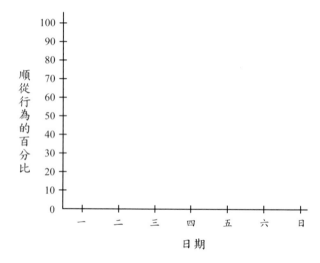

圖 12　評量單位（問題 1）

2. 根據下列資料在圖 13 上面登錄資料並在軸線上予以標示。

「小陳星期一抽 10 支菸，星期二 8 支，星期三 9 支，星期四 14 支，星期五 11 支，星期六 8 支，星期日 11 支。」

圖 13　標示與劃記（問題 2）

答　案

1. (1)順從行為的百分比。

(2) 7 天。

2.

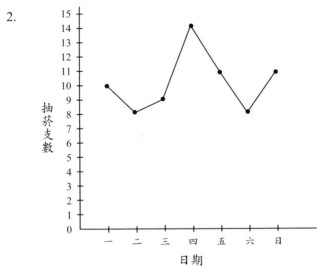

圖 14　標示與劃記（問題 2 答案）

行為的觀察與記錄方法已詳述於前，諮商師在觀察時務必要建立當事人在諮商處理前的行為基準，予以圖示，以利評定其問題行為的改變狀況。基準的建立是根據行為評量與時間評量資料，藉圖示法呈現其間的關係。例如，諮商師想建立當事人在三週內做作業的行為基準，他利用圖示法登錄有關資料構成三個基準圖如圖 15、16 與 17 所示。

　　當事人在第一週內不做作業的行為變動幅度很大（如圖 15 所示），星期二的行為從 80% 驟降到 20%（屬於能接受的範圍），星期四維持平穩後星期五又突然回升到 70%。由於星期一與星期五的變動幅度太大，因此這項基準是不適當的。此外，當事人不做作業的行為從星期二到星期五呈現上升的趨勢，假如諮商師想要獲得當事人平穩的行為表現率就必須繼續觀察記錄（如圖 16 所示）。

　　在第二週裡當事人的行為基準呈現下降走向，這種情形通常會在當事人開始自行記錄行為時呈現。當事人自行記錄行為（如抽

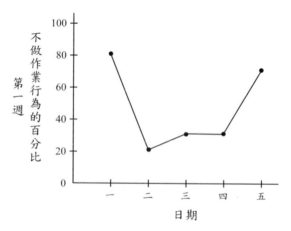

圖 15　建立基準的記錄（第一週）

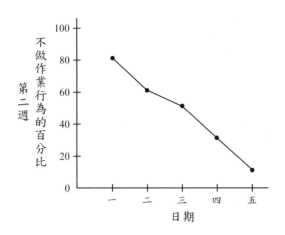

圖 16　建立基準的記錄（第二週）

菸、吃東西、閱讀等）的作法會幫助他自我覺察，而其自我期望則使行為產生減少或增多的現象。事實上，自我觀察（self-observation）的反應效果可充作減低問題行為的處理方式，然而，諮商師仍需繼續觀察直到當事人的行為呈現穩定的狀態。

　　當事人的行為在第三週終於達到穩定的狀態，換句話說，他每日的行為反應趨近平均數並沒有驟然上升或下降的現象（如圖 17 所示）。

　　圖中的虛線表示當事人不做作業行為的平均數是 40%，這可視為目標行為的可靠頻率，在這項合理的基準建立後，諮商師、老師、當事人或相關人士才能決定要如何處理。在此提醒讀者注意，由於諮商師常常會受到他人（校長、家長、司法機構等）的壓力，催促立即處理或減緩當事人的問題，因此上述實例僅說明不同的行為資料取向，並不意味諮商師都能用三週的時間建立行為基準，那是不切實際的想法。

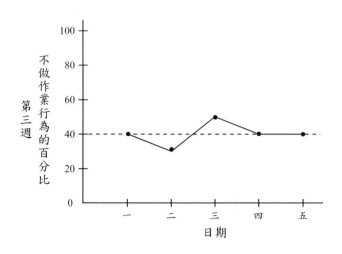

圖 17　建立基準的記錄（第三週）

　　誠如上述的行為問題，諮商師用五到七天來建立當事人的行為基準是合宜的，至於其他可能隨時間變動的行為基準就可能較不穩定，打架、負向批評或酗酒行為因受到當事人周遭環境的影響而需要較長的基準時段與更多的行為抽樣。行為基準的觀察應記錄至當事人的問題行為頻率趨於穩定為止（Tharp and Wetzel, 1969）。

三、驗證功能性假設

　　在行為基準趨於穩定後，諮商師和當事人應驗證所訂定的功能性假設，換句話說，假如前因（如學生愛說話）與後果（如老師處罰）發生不只一次，那麼所作假設（如學生不做作業的行為是由於和同儕說話與受到老師斥責所致）應是有事實根據且能加以驗證

的。然而，在某些案例中諮商師可能只觀察到當事人目標行為的結果而無法斷定先前事件（如刺激），如果假設未能得到驗證，諮商師仍應繼續觀察，否則就應另行擬定新的假設。

四、檢核表、範例與標準化測驗

(一)檢核表

請依序在完成每項處理程序時在「是」項空格內打「ˇ」。

	是	否	是否完成？
1. 行為的量化。			————
(1)確定次數。	————	————	
(2)確定時限。	————	————	
(3)確定強度。	————	————	
2. 行為的記錄。			————
(1)記錄事實。	————	————	
(2)記錄時段資料。	————	————	
(3)記錄樣本資料。	————	————	
3. 圖示資料。			————
4. 建立穩定的基準。			————
5. 驗證功能性假設。			————

(二)範例

請以一或多項敘述或依循指示正確完成下列問題。

1. 在下列何種狀況下自我觀察最為有效？

   (1)當事人能正確分辨有問題與沒有問題的情境。

   (2)別人無法觀察到當事人的行為。

   (3)當事人要觀察自己的行為。

   (4)該項行為使當事人感到興趣。

   第(2)選項是正確答案，因為這是必須的條件，其餘選項均不重要。

2. 小王在第一個月約會 3 次；第二個月約會 5 次；第三個月約會 2 次；第四個月約會 2 次，請問他的約會行為比率為何？

   (1)每月 3.5 次。

   (2)每月 3 次。

   (3)每月 4 次。

   (4)每月 4.5 次。

   第(2)選項是正確答案。行為比率的計算是行為發生次數（12次）除以時間數（四個月）。

3. 記錄行為強度的最簡易方法是教導當事人：

   (1)尋求最適宜的電子儀器。

   (2)記錄行為次數。

   (3)評定行為等級。

   (4)描述行為。

   第(3)選項是正確答案，因為等級的評定較易列表呈現。雖然電子儀器可精確測出問題的嚴重性(1)，但所費不貲且不易覓

得，第(2)與第(4)選項僅能間接評量行為的嚴重性。

4. 在下列何種情況下資料抽樣（或時間抽樣）是優先考慮的記錄方法。

(1)行為屬於連續性。

(2)問題的時限是主要考量。

(3)必須實施評鑑。

(4)情況不允許連續觀察。

第(1)與第(4)選項是正確答案。在行為的開始與結束難以決定(1)或觀察者無多餘時間觀察該項行為(4)時，時間抽樣是適當的記錄方法。第(2)與第(3)選項與時間抽樣無直接的關聯。

5. 圖示法的優點在於：

(1)提供口語陳述無法發現的訊息。

(2)驗證行為改變的重要性。

(3)驗證資料的可靠性。

(4)驗證資料的有效性。

第(1)選項是正確答案。圖示法呈現行為的變化狀況是口語描述所不能及的，其餘三個選項都與圖示法無直接關聯。

6. 列舉建立當事人問題行為基準的兩項重要因素：

(1)

(2)

答案：

兩項重要因素為：(1)確定行為出現的頻率；和(2)比較基準與處理階段的行為變化以確認處理效果。

7. 請列舉三項理由說明何以次數是最常被使用的觀察方法：

(1)

(2)

(3)

答案：

三項理由是：(1)只要數計即可；(2)是最重要的問題屬性；與
(3)不需要使用到儀器。

8. 請列舉三項可以被評量（可觀察與記錄）的行為屬性：

(1)

(2)

(3)

答案：

三項可被評量的行為屬性為：(1)次數；(2)時限；與(3)強度。

9. 根據下列資料請圖示之：「黃小姐常常頭痛，第一週頭痛 5
次；第二週 4 次；第三週 10 次；第四週 3 次；第五週 5
次。」。

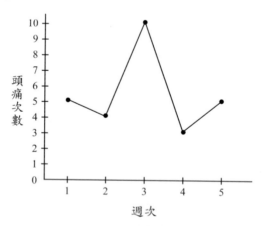

圖 18　頻率劃記（問題 9 答案）

10. 根據問題 9 的資料，請判斷是否須繼續建立基準，理由為
何？

答案：

應繼續建立基準，因為黃小姐的頭痛次數在第三週（10次）到第四週（3次）有劇烈變化。

(三)標準化測驗

請選擇一或多項敘述或依循指示正確完成下列問題。

1. 在他人無法觀察當事人的行為時諮商師可以：

    (1)設定諮商目標。

    (2)設計諮商處理。

    (3)教導當事人如何觀察自己的行為。

    (4)結束諮商。

2. 小王在第一週打架6次；第二週8次；第三週4次；第四週4次；第五週5次。請問他的打架行為比率是：

    (1)每天打架4.6次。

    (2)每週打架5.4次。

    (3)每週打架4.8次。

    (4)每月打架2.7次。

3. 用量表評定行為的方法主要用於評量行為的：

    (1)次數。

    (2)時限。

    (3)強度。

    (4)比率。

4. 當行為不連續時最常用的方法為：

    (1)記錄事實。

    (2)時間抽樣。

(3)記錄時段資料。

(4)記錄基準。

5. 以圖示法來說明行為的優點在於：

(1)提供口語陳述無法發現的訊息。

(2)提供信度與效度的評量。

(3)行為的描述。

(4)行為的量化。

6. 請列舉建立行為基準的兩項重要因素：

(1)

(2)

7. 請列舉三項理由說明何以次數是最常被使用的觀察方法：

(1)

(2)

(3)

8. 請列舉三項可以被評量（可觀察與記錄）的行為屬性：

(1)

(2)

(3)

9. 根據下列資料請圖示之：「小陳經常感到焦慮，在 0（低焦慮）到 10（高焦慮）的焦慮量表評量下，星期一的焦慮程度為 6；星期二為 4；星期三為 7；星期四為 4；星期五為 6。」

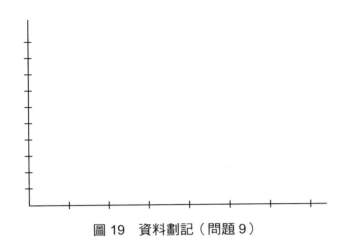

圖 19　資料劃記（問題 9）

10.上述行為基準是否繼續建立？原因為何？

回答：

㈣第四章標準化測驗答案

1. (3)　2. (2)　3. (3)　4. (2)　5. (1)

6. (1)確定行為出現的頻率。

(2)比較基準與處理階段的行為變化以確認處理效果。

7. (1)只要數計即可。

(2)是最重要的問題屬性。

(3)不需要使用到儀器。

8. (1)次數。

(2)時限。

(3)強度。

9.

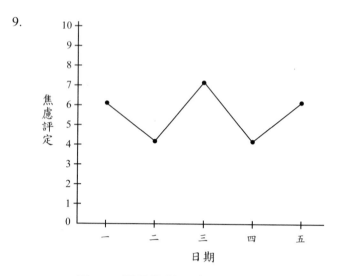

圖 20　標示與劃記（問題 9 答案）

10.諮商師應停止建立小陳的焦慮基準，因為焦慮行為已無大幅
度的變動。

第5章

擬定處理目標

　　第三章敘述諮商師如何協助當事人將關切的事做操作化陳述，也就是用行為術語描述問題行為，本章則是協助諮商師確定當事人需要或不需要學習的行為。換句話說，第三章專注於當事人的行為是什麼，而本章則對焦（focus）在當事人應該有的行為，圖 21 顯示擬定處理目標的步驟。

　　當事人實際的行為表現與應有的行為表現之差異有兩種形式：⑴當事人未能履行自己預期的行為；或⑵當事人未能履行他人預期的行為。第一種情形，當事人可能因不滿意自己未能達到預期表現而尋求協助；第二種情形，當事人因自己未能達成他人的期望而尋求諮商。

　　後者通常與目標設定（goal setting）有關，因為當事人與轉介者的目標可能相異，然而只有在雙方期望一致時才會有良好的行為改變。換句話說，當事人可自訂目標不必遷就他人，如此將更能有

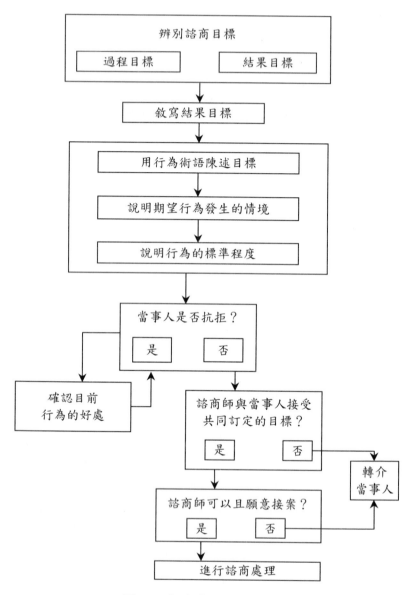

圖 21　擬定處理目標之摘要

效達成訂定的目標。無論如何，針對上述兩種情形，諮商師必須明確界定當事人的期望行為並取得一致的共識，才能有效協助當事人。

在擬定處理目標的過程中不僅要確定「諮商的方向」，更須說明有效達成諮商目標的標準，諮商師可明確界定次目標與目標，作為評量當事人週間進展的依據。可評量的目標提供諮商一個依循的方向，同時避免諮商師宣稱諮商有效卻缺乏佐證資料（Hackney, 1973）。

一、確認過程目標與結果目標

諮商目標分為兩種形式：過程（process）與結果（outcome），過程目標意指治療的條件（therapeutic conditions），主要與諮商師的責任有關；結果目標是指當事人尋求幫助而想要達成的特定行為改變，也是諮商師和當事人一致同意訂定的共同目標。

🌀 實例練習

請確認下列情境中可能的諮商目標，並依過程與結果目標加以分類。

「當事人是一位十九歲的女孩，自稱尋求諮商是因為在協助朋友方面需要一些建議。她擔心她的已婚女友跟其他男人搭訕，不僅傷害自己也會連帶傷害她的丈夫，然而在晤談進行中，當事人透露自己從未有約會的經驗，同時對其存有衝突的情緒。她很樂意約會但又害怕不知該說什麼或做什麼，雖然在人群中她會回答某些問題

但從未主動與異性交談。她認為自己是缺乏吸引力且超重的女孩，她還說看見許多失敗的婚姻後，不確定自己是否想要結婚。雖然當事人暢談好一會兒卻隨即顯得沉默，且只回答某些特定問題。」

答　案

可能的處理目標如下：

1. 增進當事人的自信心。

2. 改善當事人的社交技巧。

3. 減低對異性的懼怕。

4. 解除當事人的衝突感受（對異性的趨避衝突）。

5. 能主動約會的行為。

6. 建立使當事人能暢談的諮商關係。

上述五項為結果目標，最後一項為過程目標，換句話說，前五項與當事人在接受諮商後應該表現的行為有關；而第六項則為諮商期間諮商師應該提供的情境。

二、敘寫結果目標

諮商師在確定諮商目標後的任務是協助當事人訂定諮商處理的明確結果目標，諸如在諮商完成時當事人應該做什麼，做到怎樣的程度以及在何種情境下表現，有關結果目標的各項觀點，將在下面作詳細介紹。

㈠用行為術語陳述目標

在行為目標確定之後，將目標轉換為可評量的特定行為對諮商過程是有幫助的，換句話說，諮商師必須自問：在當事人表現什麼行為時可以證明他已經達成目標。

在諮商處理中不良行為會被減少或消弱，而取代的期望行為則應該被確認，例如有位父親抱怨八歲大的兒子當別人在門口時就會開始敲擊地板，這位父親所敘寫的行為目標是當別人在門口時小明不再敲擊地板；然而，諮商師應要求父親詳細說明在那個時刻小明應該做什麼（如安靜與姊姊玩耍、閱讀雜誌）。

在諮商情境中，通常用特定的終點行為（terminal behaviors）來描述當事人在諮商結束時的表現，敘述模糊的終點行為（如變得有動力、有效發揮能力等）是不被採納的，因為無法有效加以評量。例如，如果當事人的目標是和他人交談，則目標應該清楚說明，在諮商結束後他和友人的交談內容或共同參與的活動（去看電影或打保齡球等）。

建立行為目標在針對特定當事人選用諮商技術時扮演重要的角色，諮商若缺乏可見聞於當事人行為目標的明確陳述時，對特定當事人的個別諮商將變得困難。遺憾的是模糊不清的諮商目標長期影響傳統的諮商治療，導致諮商師使用相同的方式治療所有當事人。諮商師的主要職責在於決定最適切的處理方式以達成每個特定的行為目標，因為諮商師要嘗試配合當事人，而非期望所有當事人適應一種諮商方式（Thoresen, 1972）。

⚽ 實例練習

請將前述實例的處理目標轉換為特定的操作目標：

1. 增進當事人的自信心。
2. 改善當事人的社交技巧。
3. 減低對異性的懼怕。
4. 解除當事人的衝突感受（對異性的趨避衝突）。
5. 能主動約會的行為。
6. 建立使當事人能暢談的諮商關係。

⚽ 答　案

1. 當事人將減少負向的自我語言且對自己有較多正向的表達。
2. 當事人能先在角色扮演的情境與後續的真實生活中，主動和異性交談並持續話題至談話結束。
3. 當事人將於下週主動和＿＿位男士做＿＿次的交談。
4. 這項目標與第 2、第 3 項目標密切相關，當達成這兩項目標時這項目標就能迎刃而解。
5. 當事人將於往後的＿＿週間有＿＿次的約會。
6. 諮商師表現了解當事人的感受，諮商師在 Carkhuff（1969）同理心量表上至少有 50%的反應在層次三或以上時，就能達成此項目標。

(二)說明期望行為發生的情境

　　一旦諮商師和當事人都同意所訂定的目標後，下一步驟就是說明在何種情境下將會出現目標行為，期望行為的情境通常有其環境的特殊性，例如，小孩容易和自己的兄弟說話，卻較難跟坐在前面的其他孩子談話，因此目標的訂定應先和自己的兄弟說話，然後才和同儕交談；同樣地，要學生接受單獨考試遠比和一群人一起考試來得容易。這兩個例子顯示，一組情境（a set of conditions）可作為連續步驟（sequential steps）或目標（objectives）用以達成期望行為。

　　行為在何種情境下出現清楚說明行為在何處發生，例如，老師會希望學生在早上向她說聲「早」；但卻不樂見學生在清晨五點打電話問安；同樣地，老師不願意強迫學生全部順從且齊聲說「老師早」，但只要在早晨進教室時有一位小朋友問安就滿足了。

　　類似的事件，例如某位小朋友希望和其他孩子玩耍，這是值得讚許的行為，但需要進一步的特定資料以確定行為在何處發生，例如：

　　　　「你想和誰一起玩？」、「你想在哪裡玩？」

　　顯然地，倘若這位小朋友只想和特定的鄰居小孩玩耍，如此行為發生在能被監督的情境下對當事人是有利的，換句話說，為目標行為所選擇的情境應盡量適合觀察與記錄這項行為。

㈢說明行為的標準程度

　　當目標以行為表現的術語說明且行為發生的情境也確定後，接著就是建立可能被接受的行為表現程度，這項標準用來說明行為表現的良好程度與頻率。例如，順從父母要求的敘寫方式並非圓滿呈現期望行為的有效指標（indicator），但若將目標敘寫為「在順從父母的十次要求上能達到 80%的符合度」，則諮商師、當事人和其他人就能明白何時目標已經達成，如此敘寫有助觀察者（如父母、當事人等）對目標達成與否產生共識。

　　諮商師在確定達成目標的標準時必須說明當事人的行為與目標的關聯性，例如：

　　　「目標行為出現的情形？」
　　　「非期望行為出現的情形？」

　　這些問題可以協助建立當事人的行為基準（請參閱第四章），行為基準提供一項標準用以評量當事人朝目標邁進的狀況與達到期望結果所需的學習量。初步目標所訂定的行為表現程度應該要求較低，以確定當事人能夠達成且得到酬賞，根據經驗原則，標準的訂定最好偏低而不高估：如果標準過高則期望行為難以出現；倘若太低則諮商師可能錯失嘗試的機會（Tharp and Wetzel, 1969），但總強過讓當事人表現失敗而受到傷害來得好。

　　所謂的標準就是「當事人能否表現這項行為？」的問題，如果能夠，諮商師只要設計導向最終目的之連續步驟或目標即可，舉例說明：學習駕駛汽車，在學會開車前必須能表現一些連續的操作行

為（發動引擎、打開車燈、操縱排檔）；同樣地，對兒童的人際關係發展來說首先要能接近別人，其次是主動和人交談，再者能維續談話，最後才是請別人做某些事。諮商師可運用循序漸進法，透過中介目標（intermediate objectives）協助當事人保持達成最終行為或目標的動機。

三、處理當事人的抗拒

通常與當事人共同訂定目標並非易事，有些當事人對目標設定十分抗拒且會使用許多方式來呈現：有些乾脆改換話題；有些為求心靈平靜只願意談論一般問題；有些對自己的行為避而不談，只談論感到困擾的他人行為。

在當事人產生抗拒時，諮商師務必判斷抗拒的原由與嘗試防禦的事物，例如，某位學生想要和老師相處融洽，但又不願放棄表現不良行為時吸引同學注意的結果；同樣地，酗酒者明知喝酒造成的負向結果，卻仍貪求片刻的享樂。在這種情形下，諮商師的任務就是協助當事人探討抗拒的原因，也就是辨別助長當事人目前行為的增強因素，然後確定達成期望行為的替代增強物。例如，諮商師在處理藥物濫用個案時，可設法使當事人不使用藥物而達到「自然的亢奮」。

四、諮商師與當事人接受
共同訂定的目標

假如當事人無抗拒行為或行為已被妥善處理，接著就是確定諮商師和當事人同意相互訂定的目標。雖然當事人應該積極參與訂定諮商處理目標，但有時諮商師並不會贊同當事人的目標：在當事人的某些行為是犯法（竊盜）、危害自己（吸毒）與社會他人時，諮商師必須考慮法律與社會的制裁。當諮商師不同意當事人訂定的目標時應與其討論所牽涉的問題層面，諮商師可以詢問當事人：

「你知道這樣是不合法的嗎？」
「我無法贊同會危害他人的目標。」

在某些情況下，當事人會設定自我挫敗的目標，例如同儕關係不良的孩子，可能會選擇忽視問題至升上另一年級後再說；也可能選擇規避不愉悅的情境或以不當行為來應付：諸如揍遍班上每位孩子而毋須改善同儕關係。諮商師對這些目標不加制裁的後果，足以增強當事人規避問題或選擇以不當手段來處理困境。為了減少當事人的逃避現象，諮商師可詢問當事人：「你說你對目前的情況感到不高興，我們現在能做些什麼呢？我們能為這週訂定什麼目標？」。

有時，當事人對目標作了錯誤的抉擇，例如，某位聰明的學生選擇唸商業學校只因好友在那裡就讀，雖然諮商師了解學生有權做決定，但顯然地，諮商師可能覺得這位學生選擇就讀職校的理由並

不合理。當諮商師遭遇這種情形時，應該和當事人仔細商討，倘若對目標的訂定仍無法達成共識，則諮商師應該幫助當事人尋求其他專業協助。

五、諮商師可以且願意接案

在諮商師和當事人接受共同訂定的目標後，諮商師必須考慮自己是否具備處理個案的技巧與是否有意願接案，這是在確定共同訂定目標後的重要步驟。諮商師可能會導引當事人設定符合自己處理能力和技巧的目標，而非減緩當事人問題的目標。倘若諮商師拒絕針對問題擬定諮商處理，意指諮商師逃避學習協助當事人解決問題之必備的重要技巧。

有幾件事是諮商師應該做的，用以決定自己是否具備技巧來幫助當事人達成目標：首先，諮商師必須熟悉有效減緩特殊問題的技巧；其次，熟悉有關問題行為的諮商處理；再者，諮商師藉著教材範例、參加有督導的研習以及與同業研究特殊個案的處理等來檢視自己的技巧。如果諮商師自覺有能力接案，則諮商處理應與當事人的特定目標相連結；倘若諮商師自覺無法接案，則應將當事人轉介他處。

六、檢核表、範例與標準化測驗

㈠檢核表

請依序在完成每項處理程序時在「是」項空格內打「∨」。

	是	否	是否完成？
1. 辨別諮商目標。			_____
(1)確認過程目標。	_____	_____	
(2)確認結果目標。	_____	_____	
2. 敘寫結果目標。			_____
(1)用行為術語陳述目標。	_____	_____	
(2)說明期望行為發生的情境。	_____	_____	
(3)說明行為的標準程度。	_____	_____	
3. 當事人是否抗拒？			_____
如果有抗拒行為，			
(1)確認目前行為的好處。	_____	_____	
如果無抗拒行為，			
(1)諮商師與當事人接受共同訂定			
的目標？	_____	_____	
(2)諮商師可以且願意接案？	_____	_____	
4. 進行諮商處理。			_____

㈡範例

請選擇一或多項敘述正確完成下列問題。

1. 目標應以行為表現術語加以陳述，下列目標中何者具備這種
   敘述方式？
   (1)能和同儕更有效地互動。
   (2)減少教室內的動作行為。
   (3)增加作業的完成數量並且繳交。
   (4)減少攻擊行為。
   第(3)選項是正確答案，目標(3)說明自發的期望行為。第(1)、
   第(2)和第(4)選項的內容不夠明確具體，無法讓多數人同意已
   經達到目標，此外，第(2)和第(4)選項也未說明替代不良行為
   的期望行為。

2. 請指出下列目標中何者說明行為出現的場合或情境：
   (1)當事人將在下次的歷史課裡主動發表四次感想。
   (2)這位學生每週都準時出席。
   (3)當事人每天至少主動和人交談三次。
   (4)當事人在往後的兩週內，每天在圖書館裡閱讀心理學課程
      四十五分鐘。
   第(1)與第(4)選項是正確答案。「在下次的歷史課裡……」與
   「在圖書館裡……」都指出期望行為發生在何處。目標(2)並
   未說明學生的去處也不知道何謂「準時」，同樣地，目標(3)
   也沒說明當事人和何人、在何處主動交談三次。除非能確定
   終點行為的情境，否則無法知道行為是否已經出現。

3. 行為目標的陳述包含三項訊息：

(1)情境、時間與地點。

(2)表現、情境與標準。

(3)表現、時間與標準。

(4)表現、情境與百分比。

第(2)選項是正確答案。雖然其他選項包含良好行為目標的某些元素，但並不完整，除非知道要達成的行為或事件並詳述行為表現的時間、地點與確定行為的表現程度，否則無法達成行為的精確評量。

4. 以適當之行為目標的三項基本標準來看，下列選項何者符合？

(1)小王到五月前每天將會發表五個或以上的正向自我思想。

(2)這位學生將準時到教室上課。

(3)學習者面對受過訓練的當事人，在十五分鐘的晤談中練習至少十分鐘的專注行為。

(4)學生在數學科將有進步的表現。

第(1)與第(3)選項是正確答案。這兩選項都包含行為表現、情境與標準的說明。第(2)選項只有行為表現（學生準時）與情境（教室），缺少標準（多少次）。第(4)選項缺乏說明學生如何在數學科有進步的表現與進步的程度。

5. 以「你喜歡擁有更多朋友或是經常受邀遊玩」為催化（facilitate）產生期望行為的特殊情境，諮商師可以說：

(1)「這要看你跟他人互動的行為表現而定。」

(2)「現在他們為何不理你呢？」

(3)「其他孩子不理你使你感覺很糟，對嗎？」

(4)「你能說出最想受邀遊玩的孩子姓名與何時想被邀請？」

第(4)選項是最佳的反應，因為問話的內容是與目標有關的人

物與時間。第⑴選項是一項判斷性的問話，並沒有說明目標的情況。第⑵與第⑶選項同樣與目標無太大的關聯，第⑵選項僅是引導可能的訊息而第⑶選項則為情感反應。

6. 下列有關訂定行為目標的標準中何者正確？

⑴得到好成績。

⑵成績有進步。

⑶在第二次考試期間各項成績都是 A 與 B。

⑷直到學期終了成績表現都達到個人的能力水準。

第⑶選項是正確答案，因為他說明成功的標準，同時也以行為表現術語陳述目標。第⑴與第⑷選項並沒有使用行為表現術語，而「好成績」與「表現都達到個人的能力水準」的詮釋會因人而異。

7. 有時諮商師會不同意當事人自訂的目標，在下列目標中何者可能不被諮商師接受，原因為何？

⑴增加作業的完成數量並且繳交。

⑵在班上揍人顯示自己不是娘娘腔。

⑶與低年級孩子交往而不理會班上同學。

⑷減少發脾氣的次數。

第⑵與第⑶選項是正確答案。第⑴與第⑷選項都是有價值且可接受的目標。第⑵選項是有問題的，因為有危害他人或自我挫敗的心態，而且當事人可能打不贏班上的某些同學。第⑶選項也顯示當事人的自我挫敗心態，由於被同學拒絕使上學變得無趣，當事人在放學後與低年級孩子做朋友可能對他有幫助，但這種作法使當事人逃避自己的問題。

㈢標準化測驗

請選擇一或多項敘述正確完成下列問題。

1. 以適當之行為目標的三項基本標準來看，下列選項何者符合：

    (1)小瑛每天主動和她的丈夫談話三次。

    (2)這位學生將每天聽老師說話五次。

    (3)當事人將準時接受諮商。

    (4)這對夫妻將花費時間相聚。

2. 下列目標何者以行為術語來陳述？

    (1)這位學生將表示感激之心。

    (2)這位學生將較不感到焦慮。

    (3)當事人將有進步的表現。

    (4)當事人將主動和他人交談。

3. 下列標準的說明何者是可以接受的？

    (1)在四週內完成平均80%的作業數量。

    (2)成績進步。

    (3)在80%的時間裡當事人的焦慮有所減輕。

    (4)在60%的時間裡當事人會聆聽他人說話。

4. 請指出何者包含行為目標的三項標準：

    (1)目標、百分比與情境。

    (2)表現、時間與地點。

    (3)表現、情境與時間。

    (4)表現、情境與標準。

5. 請指出下列當事人的目標中何者可能不被諮商師接受：

⑴避免不愉悅的人際情境。

⑵減少和他人打架的次數。

⑶主動和他人交談。

⑷準時到校。

6. 請指出下列目標中何者說明事件發生的場所或情境：

⑴這位學生將和他人更有效地互動。

⑵這位學生將準時到教室上課。

⑶當事人將發表三個正向的自我思想。

⑷當事人將主動和他人作兩次的交談。

㈣第五章標準化測驗答案

1. ⑴　2. ⑷　3. ⑴　4. ⑷　5. ⑴　6. ⑵

　系統諮商──實務指南

第6章

決定適當的諮商處理

在確定諮商目標後，諮商師必須決定使用的諮商策略，也就是說，諮商師在選擇一或多項目標行為後，必須決定做什麼事才能達成目標，尤其重要的是，諮商師需要確定所選用之特殊技術的理論依據。London（1972）認為有關系統處理的重要問題在於：諮商處理應與個人顯現的問題及其後的生活相契合。綜合言之，諮商師必須自問「對有特殊問題的個案來說，應由哪位諮商師在什麼情境下以何種方式處理最有成效？」（Paul, 1967），圖22顯示決定適當諮商處理的步驟。

就特定諮商理論而言，諮商師幾乎都能根據該理論基礎建立處理多種問題的諮商策略，舉例來說，當事人中心治療師能夠輕易找出理由以持續使用此派方法來處理多數問題；同樣地，行為、理性情緒與精神分析學派的治療師也能這樣做，然而，諮商經驗應該符合當事人的目標而非諮商師的個人理論偏好（Hackney and Nye,

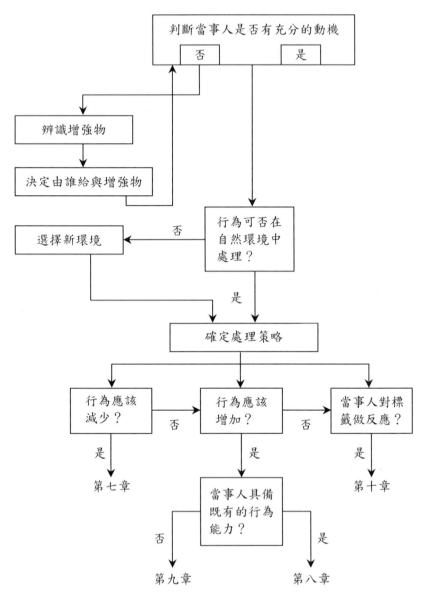

圖 22　決定適當的諮商處理摘要表

1973）。例如，不同的諮商取向視處理的問題而有不同效果，運用系統減敏感法來處理恐懼症不僅最有成效也沒有任何替代症狀；而針對飄忽不定的焦慮個案來說，理性情緒取向卻是最佳的治療方法（Lazarus, 1971）。

諮商師有時可針對問題採取多種處理方法來達成期望的結果，例如，處理害怕和人互動的當事人需要先實施鬆弛訓練以減低恐懼，在當事人克服恐懼後再以特定情境教導必要的社交技巧。

決定諮商處理的最基本要求是諮商師必須對產生行為的脈絡（context）作徹底的分析；換句話說，在訂定適當的諮商處理前諮商師應該掌握下列的問題：

1. 問題為何？是否經常發生？問題的急迫性？
2. 問題行為對當事人和他人（如老師、朋友、父母等）產生的後果為何？
3. 在當事人的環境中有何促使行為改變的資源？
4. 當事人的行為改變對本身和他人的影響為何？

一、判斷當事人是否有充分的動機

在決定進行諮商處理前，諮商師必須先確定當事人是否有充分的動機來達成結果目標（Winborn, Hinds, and Stewart, 1971），除非當事人有參與諮商過程的強烈動機，否則諮商處理將毫無成功的機會。

當事人缺乏充分的諮商動機有若干原因：首先，當事人或諮詢者（如父母、老師、雇主）常常不知如何使用增強物；即使有可使用的增強物也可能無法適當使用，例如，學校校長可能對想在班級

中運用獎賞制度的老師面有難色；又如，丈夫可能會讓減肥的妻子感到氣餒，因為他無法從妻子的減肥中得到任何好處，卻因苛刻的批評她而引人注目。

引發當事人動機的秘訣在於提供增強物的人士要不斷增強當事人的目標行為，如果妻子的減肥計畫有助外表的改善，則丈夫就可能給與正向評論，同樣地，假如妻子善理家務或和丈夫參加活動（游泳、打網球等），那麼丈夫會更加支持她的減肥計畫。

二、辨別能否在自然環境中 進行諮商處理

在很多情況下當事人的行為無法在自然環境中（學校、家庭等）獲得增強。家長可能擁有增強物且同意在當事人行為發生時予以增強，然而卻因他們的婚姻關係或其他問題而無法執行。當事人處在酗酒、吸毒或婚姻失和的環境裡，獲得的全是矛盾或不一致的暗示，例如，孩童的父親不准他外出，但母親卻說沒關係，如此不一致的管教方式會造成不良影響，導致孩童成為婚姻問題的代罪羔羊，在這種情形下，可能需要將孩童安置於新環境中做諮商處理。

諮商師同時處理當事人與其家庭的問題是很合宜的作法，例如許多社區有再教育（Re-Ed）或替代學校（alternative schools）協助孩童就讀，條件是家長必須接受婚姻諮商（marital counseling）或父母訓練。倘若當地沒有這類型的學校，諮商師可從社會機構，例如社會福利處、煙酒勒戒所或中途之家（half-way houses）獲得有效援助，因此，了解特殊機構與其服務項目對諮商師是很有幫助的。

三、決定處理策略

在提供適當處理指南時，切忌暗示處理某項特定問題只能用某種特定取向的方法，事實並非如此，特定處理方法在改善特定行為問題上雖已證實比其他方法更有效；然而，在改變行為問題時某些處理方法的效果會有所重疊。雖然本章對每種策略會分開探討，但在實際諮商中可能會使用一種以上的處理方法來幫助當事人（Gottman and Leiblum, 1974），例如，系統減敏感法可用來減輕考試焦慮，但可能會同時實施學習技巧方案以及與老師和同儕溝通的肯定反應訓練；同樣地，諮商目標可能在減低孩童的攻擊行為，但是決定替代攻擊行為的期望行為（讀書、和人交談）同樣重要。完整的處理策略涵蓋不同取向的方法，包括反應的遞減、反應的增加、反應的獲得到認知重建。

(一)判斷行為應否減少

某些行為的出現在頻率、強度與時限上有過度或不恰當的現象而必須減少，例如，操作行為的偷竊、打架、爭吵與欺騙；過度反應行為則如恐懼與焦慮。在另一方面，有些當事人可能對適宜的反應行為過度執著，他們知道在特定情境下應做的事與該說的話，但卻因過度反應而令人厭惡，例如，某人不斷地尋求協助或當事人為取消晤談一直道歉。

在辨別出當事人的過度行為後，諮商師必須詢問過度行為發生的情境是否有助行為的維續；如果是，則教導其他人（朋友、老

師、父母等）予以忽視（消弱），除非目標行為（打架、哭喊以引起配偶注意）獲得增強，否則不良行為將隨時間而遞減。

在運用消弱前諮商師必須察看下列問題是否獲得滿意的答案：

1. 能否暫時容忍這項行為？
2. 能否容忍這項行為的增加？
3. 非期望行為能否被模仿？
4. 能否區辨行為增強物？

除非諮商師、老師、父母等都能一致忽視當事人的非期望行為，否則就應考慮其他處理方法，例如，移除增強的情境（教室、監房等）或剝奪當事人喜愛的增強物（酒類、代幣、記點）。

當行為在控制的情境下發生（如恐懼或焦慮反應），運用系統減敏感法可以減少當事人的焦慮思想促進適應行為的產生，然而在使用系統減敏感法前，諮商師必須釐清當事人的焦慮是否合理，或只因缺乏因應問題的技巧而藉以逃避。如果兼具上述兩種情況則不宜使用系統減敏感法，可以教導當事人以鬆弛反應面對想像的焦慮情境，由於焦慮與放鬆無法相容（incompatibility）因而能減少當事人的焦慮情緒。

㈡判斷行為應否增加

當事人所表現的行為早已存在既有的行為能力（repertoire）中但並不完備，只要給與技巧訓練就能完美展現，例如，需要增強的行為有：微笑、注意聽講及與他人互動等，當事人有行為缺陷時常會表現負向主觀的態度包括焦慮、沮喪或缺乏自信。

諮商師在初始階段可以運用自然環境中的增強物（如關注、贊同與稱讚）來強化當事人既有的行為能力，這些增強物是容易給與

的，並且在自然環境控制下所發生的行為也較易類化與維持。如果稱讚或贊同不能掌握當事人的行為，那麼就可以嘗試使用活動（activity）或實質（material）的增強物，對幼童或少年罪犯而言，如果不適用社會增強物（social reinforcers）那麼就必須運用實質或活動增強物。

(三)辨別是否具備既有的行為能力

當事人無法表現期望行為（和人合宜的互動、完成作業等）是因為並未具備這些行為，這是需要教導的。諮商師為了選擇最適合的方法來教導當事人新行為，必須察看環境中是否有示範期望行為的楷模（models）；如果有，則大可不必積極教導當事人新的行為模式，因為當事人藉由觀察他人的行為就能象徵性地達成學習。當事人透過觀察楷模的行為表現與行為結果，會抑制或釋放（disinhibit）過往的學習反應如同學到新的行為一般。

假如示範無法奏效或是要學習的行為過於複雜時，諮商師可以運用行為塑造法，也就是將期望行為區分為一連串的步驟，而這些是達到熟練終點反應的必要步驟，當事人的每項細微行為反應都受到增強直到他能加以控制，逐漸地，在當事人表現近似正確的終點反應時才予以增強，這樣的過程持續至當事人學到整個反應為止。例如，教導孩童和他人互動，起初當孩童站在別人旁邊時就給與增強；其次是主動和他人交談時；再者是能從他人獲得訊息；最後是能提供他人訊息；又如，對畏懼求職的當事人可以先進行工作晤談的角色扮演，然後完成申請表的填寫，繼之以電話詢問工作情形，最後前往正式面試，諮商師在當事人完成每個步驟時都要予以增強。

協助當事人學習新行為的第三種有效方法是角色扮演，角色扮演或行為演練（behavior rehearsal）適用於不同的治療脈絡（therapeutic contexts），例如團體、家庭或實驗室，它提供當事人自我修正與回饋的機會來練習與預期新反應的可能性。通常，有社交互動困難之當事人的主要問題並非不知道如何表達，而是在於不知道應該表達什麼或做些什麼，在初始階段，諮商師讓當事人簡要寫出在不同情境中想說或想做的事對當事人是有幫助的，然後，使用行為演練法提供一個安全的媒介讓當事人練習新的行為。

㈣分辨當事人是否對標籤做反應

個人的內在反應影響外顯行為，也就是個人告訴自己的話會影響其感受與行為表現，不切實際地預期負向事件（negative events）的發生將導致個人無法因應（to cope with）而變得軟弱焦慮。對於這類當事人應該教導思考事情的適當方法，不是教導行為的減少或增加，亦非學習新的外顯行為。通常，當事人的情緒反應是對情境所做標籤的回應並非針對情境本身，因此，雖然他們的情緒反應與情境標籤相合，但基本上情境標籤可能是不正確的，例如，某人在自己標籤為災禍的情境中感到沮喪，事實上是情境標籤不適宜而非他的反應不當。

行為不當的人通常是因為他的思想是非理性的，例如，他會告訴自己是不同於他人的、每個人都應該愛他等等，然而事實並非如此，因此他感覺憤怒或焦慮，憤怒與焦慮使人無法建設性地因應所處的情境，問題的產生可能導因於個人對他人行為的解釋而非行為本身。

諮商師的任務就是協助當事人將非理性思想轉換為理性思想，

例如，當事人認為：「小陳不喜歡我，他應該喜歡我，因為他不喜歡我，所以我覺得很糟糕。」。諮商師教導當事人重整（restruc-ture）想法為：「小陳表現得好像不喜歡我的樣子令我失望，我看看要如何來處理。」，後面的想法比前者引發較少焦慮，容許當事人建設性地思考替代作法。

此外，對情境下錯標籤的當事人通常會感到挫折與焦慮，前述的系統減敏感法雖然能夠減少當事人的焦慮，但研究證實它對特定情境焦慮的個案更為適合，從另一方面來說，教導當事人對標籤不予反應（認知重建）的作法最適合處理廣泛性焦慮（generalized anxiety）個案。

四、檢核表、範例與標準化測驗

㈠檢核表

請依序在完成每項處理程序時在「是」項空格內打「∨」。

　　　　　　　　　　　　　　　　是　　　否　　是否完成？

1. 判斷當事人是否有充分的動機。　　　　　　＿＿＿＿＿

2. 辨別能否在自然環境中進行處理。　　　　　＿＿＿＿＿

3. 決定處理策略：　　　　　　　　　　　　　＿＿＿＿＿
　　⑴行為應該減少？　　　　　　＿＿＿＿＿
　　⑵行為應該增加？　　　　　　＿＿＿＿＿

(3)需要教導新技巧？　　　　＿＿＿　＿＿＿

(4)當事人對標籤做反應？　　　　＿＿＿　＿＿＿

(二)範例

請選擇一或多項敘述正確完成下列問題。

1.在決定適當的處理前諮商師必須詢問的問題為？

(1)對當事人和其環境來說問題行為的立即與長程（long-term）結果為何？

(2)與問題有關的因素為何？

(3)在當事人所處的環境中能促使行為改變的資源為何？

(4)當事人對問題的想法為何？

第(1)與第(3)選項是正確答案。了解問題行為持續的原因(1)與有助問題解決的資源(3)是很重要的事。第(2)選項是不恰當的，因為當事人早已確定問題為何，而第(4)選項則與題目無關。

2. 在下列何種狀況下使用消弱是合宜的：

(1)當事人有非理性的陳述。

(2)當事人外顯行為的比率過高。

(3)當事人未具備既有的行為能力。

(4)當事人行為出現的時限與頻率不足。

第(2)選項是正確答案。打架與哭鬧通常是過度的行為表現應予消弱，其餘選項適用其他的處理。

3. 在考慮運用系統減敏感法來處理焦慮行為前，諮商師應該自問：

(1)當事人的行為是可以容忍的。

(2)問題行為應該減少。

(3)問題行為應該增加。

(4)當事人因缺乏必要技巧而迴避特定情境。

第(4)選項是正確答案。系統減敏感法適用焦慮個案，然而，假如當事人缺乏必要技巧時，實施完整的技巧訓練會是適當的處理。我們假定焦慮行為應該減少(2)而當事人也不願增加(3)或容忍(1)問題行為。

4. 在下列何種狀況下使用正向增強策略是適當的：

(1)當事人的行為表現不足。

(2)當事人未具備某些既有的行為能力。

(3)當事人有強迫思想。

(4)當事人覺得沮喪。

第(1)選項是正確答案。當事人已具備既有的行為能力但不完備，需要運用策略加強之，其餘選項與增加適當行為沒有直接關聯。

5. 如果當事人的環境不能改變，諮商師應該考慮：

(1)聯繫適當的社會服務機構以獲得支援。

(2)在另一環境中處理當事人的行為。

(3)結束個案處理。

(4)重複諮商處理。

第(1)與第(2)選項是正確答案。假如環境造成當事人的不良行為且無助於行為改變，那麼應該決定在新環境中處理，並聯繫適當的機構以改善不良的環境。結束個案處理(3)或重複諮商處理(4)無法改善當事人的問題。

6. 如果缺乏行為楷模或需要學習的行為過於複雜，則適當的處理應為：

(1)禪宗治療。

(2)角色扮演。

(3)行為塑造。

(4)系統減敏感法。

第(3)選項是正確答案。將複雜的行為細分為若干步驟，增強每項反應至當事人能自我掌控，直到學完整個行為模式為止，其餘選項對教導複雜行為沒有效果。

7. 在下列何種狀況下重整當事人的內在反應模式（internal response patterns）是有效果的：

(1)當事人不喜歡舊有的行為。

(2)當事人的非理性或自我挫敗思想模式影響外顯行為。

(3)當事人抗拒行為的改變。

(4)當事人未具備既有的行為能力。

第(2)選項是正確答案。在當事人的不適宜或自我挫敗想法造成不良外顯行為時，認知重建是有效的處理方法。假如當事人未具備既有的行為能力(4)，則教導這些行為是應當選用的方式。在當事人不喜歡自己的舊有行為(1)並且抗拒(3)時，認知重建未必比其他方法來得適用。

8. 在運用消弱處理個案前，何者是諮商師應先行確定的？

(1)輕度懲罰是否適宜？

(2)能否暫時容忍行為的增加或這項行為能否被模仿？

(3)期望行為與非期望行為互不相容？

(4)消弱能否強而有力地減少非期望行為？

第(2)選項是正確答案。雖然第(3)與第(4)選項也有其適當性，但能否暫時容忍個人的行為或他人能否模仿這項行為，是實施消弱前的重要議題。

9. 假如當事人有失敗的危機，最妥當的處理方法為：

(1)認知重建。

(2)系統減敏感法。

(3)團體治療。

(4)角色扮演。

第(4)選項是正確答案。角色扮演提供當事人在比自然環境威脅性低的情境中練習新反應的機會，其餘技術無助於當事人學習新的外顯行為(1)、(2)也未提供練習新行為的模擬情境(3)。

(三)標準化測驗

請選擇一或多項敘述正確完成下列問題。

1. 當事人外顯行為的出現比率過高時，諮商師應先使用：

(1)認知重建。

(2)角色扮演。

(3)消弱。

(4)行為塑造。

2. 在確定適當的處理前，諮商師應先詢問：

(1)諮商處理應從何時開始？

(2)當事人的問題對諮商師重要與否？

(3)對當事人和其環境來說問題的立即與長程結果為何？

(4)在當事人所處的環境中能促使行為改變的資源為何？

3. 當事人已具備既有的行為能力但不完備時，諮商師應使用下列何種技術來協助？

(1)角色扮演。

(2)認知重建。

(3)系統減敏感法。

(4)正向增強。

4. 系統減敏感法在下列何種情況下最為適用：

(1)當事人為特定情境焦慮者。

(2)當事人的行為被結果所控制。

(3)當事人因缺乏必要技巧而迴避問題情境。

(4)當事人的自我意象甚差。

5. 在當事人有失敗危機或無法使用示範或行為塑造來處理時，最適宜的處理方法可能是：

(1)鬆弛訓練。

(2)角色扮演。

(3)洞察治療（insight therapy）。

(4)系統減敏感法。

6. 消弱處理適用於：

(1)問題行為不能被容忍。

(2)問題行為能加以觀察。

(3)問題行為無法模仿。

(4)無法確認期望行為的合宜增強物。

7. 在當事人所處的環境中無法增強期望行為時，諮商師可以考慮：

(1)在其他環境中處理當事人的行為。

(2)確定問題。

(3)結束個案處理。

(4)聯繫適當的社會服務機構以協助當事人。

8. 在當事人的非理性或自我挫敗思想模式影響外顯行為時，最

合宜的處理方法是：

(1)技巧訓練。

(2)行為塑造。

(3)認知重建。

(4)角色扮演。

9. 如果缺乏行為楷模或需要學習的行為過於複雜，則適當的處理應為：

(1)行為塑造。

(2)角色扮演。

(3)認知重建。

(4)系統減敏感法。

㈣第六章標準化測驗答案

1.(3)　2.(3)、(4)　3.(4)　4.(1)　5.(2)　6.(3)　7.(1)、(4)　8.(3)

9.(1)

系統諮商──實務指南

第 7 章

行為的減少

一、運用消弱處理減少外顯行為

　　如果當事人想要減少自己的問題行為，諮商師有多種處理方法可以幫助他（見圖 23 的處理步驟），最簡易的處理方法大概是運用消弱或輕度的懲罰，例如讓當事人喪失權利或某些增強物。消弱處理是扣留習慣給與當事人的增強物以減低行為出現的可能性，例如，在確定某位學生是因為同儕的注意而維持班級的攻擊行為時，諮商師可以鼓勵其餘同學不予理會藉以消除這項行為。如果注意是攻擊行為的酬賞，唯有消弱才能真正有效，簡單地說，消弱無非是忽視非期望行為（undesirable behavior）或不予增強；如果能有效運用消弱方法則非期望行為將隨時間進展而逐漸減弱，且最終消失在

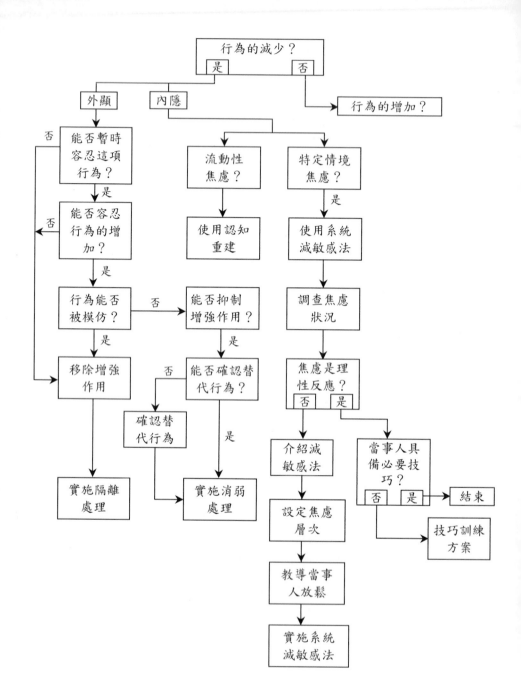

圖 23　行為的減少摘要表

當事人既有的行為模式中。

　　消弱是人們經常使用的方法，父母、老師、諮商師和夫妻都可能使用消弱而不自知，例如，丈夫專注觀看籃球賽而忽略妻子的談話；老師忽視某位舉手的學生；諮商師忽略當事人的不當言論等。上述實例中不論有意或無意，行為正經由消弱被消除中。

　　假如諮商師想要有效運用消弱可以與其他方法合併使用，當非期望行為被忽視且同時增強期望行為時，則當事人的非期望行為將加速減少。例如 Krumboltz 和 Hosford（1967）指出，諮商師在團體中，能有效增加五位成員的言語參與狀況並減少非期望的言語互動，他忽視離開團體的成員或不適當的批評，卻對言語參與者給與專注和有趣的立即增強。

運用消弱前應先詢問的問題

1. 能否暫時容忍這項行為？

　　假如選用的處理方法是消弱，諮商師必須詢問一連串的問題以確定使用消弱能有最大的成效。倘若諮商師想減少非期望行為就必須先讓當事人與他合作，同時要確定當事人和（或）他人能否暫時容忍目前行為的出現比率（Benoit and Mayer, 1974）。

　　除非當事人的行為太有爭議（如毆打他人），否則經由觀察與記錄行為發生的真實比率將有助諮商師做正確決定。

　　打架、酗酒或嗑藥行為帶來的嫌惡結果是不容易被忽視的，在這種情況下，諮商師可以運用輕度懲罰或當機立斷的作法，配合消弱來減少這些非期望行為。

　　非期望行為不易被忽視的另一個原因是周遭他人難以忍受當事

人的問題，例如，老師寧可懲罰或責罵學生的錯誤行為而不願加以忽視（遺憾的是，即使只是責罵，學生的錯誤行為卻因老師的注意而獲得增強）。當詢問老師能否忽視學生的行為時，她可能回答：「假如我容忍他，其他學生將會仿效。」；同樣地，當孩童無理取鬧亂發脾氣時家長也是難以忽視。

在其他實例中，周遭他人也許樂意忽視當事人的非期望行為，但卻因某人（如老師、校長、鄰居、配偶等）期待施以懲罰控制而無法實行，例如，母親想忽視孩子的口出惡言，但卻因父親懲罰小孩和責罵她而無法實施。

此外，諮商師必須警覺對問題容忍度較低的老師或家長，由於人們的挫折容忍度不同，諮商師必須包容個別差異，否則在實施消弱處理時可能產生抗拒行為。因為消弱處理必須有系統地執行，因此對缺乏耐性或承受巨大壓力的當事人是不適用的。

假如當事人問題行為的出現比率無法暫時容忍或存在其他抗拒現象（他人的期望），那麼，諮商師應該勸誡老師或家長排除使用消弱法，考慮採用其他處理來減少非期望行為。

2. 能否容忍行為的增加？

許多實證指出當事人過去受到增強的行為，在消弱處理的初期仍會頻繁出現，因此問題行為在轉好前會有變壞的現象，例如，易怒者的脾氣會激烈到使人害怕；初始有輕微依賴者可能表現過度依賴；而尋求注意的負向行為可能頻繁到荒謬的程度（Bandura, 1969）。此外，某些挫折行為（如哭泣、攻擊行為）會伴隨或取代當事人的非期望行為，在消除主要的行為模式後，當事人也許會使用過去在相同情境下有成功表現的其他行為，這樣做是沒問題的，除非新行為仍是非期望的（如埋怨、哭泣）。有時諮商師必須同時

消除當事人的問題行為（上數學課和同學交談）與其非期望行為（埋怨）。

老師或父母可以結合運用消弱處理與酬賞反應，以避免因消除一連串不當行為而伴隨產生的問題，例如，當事人不可能一方面讀書又同時哭泣或打架，因此處理目標是酬賞當事人的讀書行為。

3. 行為能否被模仿？

當事人的特定行為可能會被其他觀察者模仿，這是很真實的，因為別人看當事人就如同看到自己，而在問題行為得到酬賞時就更容易被模仿，在這種情形下，無論行為是否具有危險性或可能被模仿都不適用消弱處理。

4. 能否制止增強作用？

有時對當事人的非期望行為難以停止增強，由於增強的過程與增強結果的性質可能使行為持續的原由變得模糊，例如，家長要消除子女受同儕增強的不良行為並非易事；同樣地，辨別使行為持續的增強物，特別是不常出現的增強物也不容易，例如，他人偶然的一顰一笑可能使當事人的行動行為（acting-out）得以持續。通常，某些行為是無法與其增強結果分離的，偷竊、性侵害、攻擊行為以及吸毒或酗酒等是明顯的實例。

諮商師在確認增強物與控制當事人的環境後應和掌控增強物的人合作，例如，如果老師無法持續忽視學生的行為，諮商師可以坐在教室後排，暗示老師何時應忽視非期望行為而增強不相容的期望行為。其後，諮商師應讚賞老師的忽視行為，並以圖示學生之問題行為的減少程度，用此作為進一步的增強物（Sulzer and Mayer, 1972）。同樣的作法可用來讚賞其他忽視非期望行為的同學；假如

這樣的處理無法奏效，諮商師可以嘗試在當事人表現合宜行為時獎勵全體學生，例如，諮商師可以請老師準備一袋糖果，在小莉主動和其他同學交談十五次後，全班學生都能得到一顆糖果，如此同學們會更親近小莉，而且更為友善。除非對不合宜行為的所有增強物都已確定且被制止，否則應考慮運用其他減少行為的方法。

倘若當事人在團體諮商情境中，因發表與主題無關的有趣言論而吸引太多注意時，諮商師和團體成員可以移除（remove）對當事人的增強作用，例如，忽視當事人無關的陳述只注意合宜的言談。

5. 能否確認替代行為？

消弱處理不應該單獨使用，也就是當非期望行為從當事人既有的行為能力中除去時，就應該以期望行為加以取代。因為期望行為與想要消除的非期望行為不相容，而能取代當事人的不良行為，例如，諮商師鼓勵母親忽視小孩的亂發脾氣，但多注意他的合宜會話；老師可以關注在座位做功課的學生，但忽視不依序發言的同學；諮商師專注當事人的自我揭露陳述，但忽視他對鄰居和朋友的批評。諮商師提供當事人替代行為的作法，可以增加消除問題行為或伴隨的挫折行為（如哭叫、埋怨）的可能性，換句話說，要消除不當行為而沒有替代行為時將影響諮商處理的效果。

從下列片段的諮商晤談中，諮商師嘗試酬賞當事人的正向行為並消弱其習慣性的抱怨行為：

當事人：哦！我頭痛不能參加考試，我的背部也很痛。
諮商師：（眼望他處，毫無反應）
當事人：隔天，我覺得好多了就完成一些工作。
諮商師：好極了！你一定感覺很好。

第四章討論過如何選擇當事人替代的目標行為，這裡強調替代的目標行為必須與當事人非期望的問題行為互不相容，例如，某位學生在班上大聲說話（非期望行為），相抗衡的替代目標行為將是增強他的學習行為。但是，如果老師只在學生完成且做對作業時才予以增強，那麼學生會在完成作業後繼續大聲說話。在上述實例中，諮商師應該先了解作業的分量或增強的多寡，以確定目標行為與問題行為是互不相容的。

二、實施消弱處理

移除非期望行為的增強作用並增強期望行為

在前述問題——獲得滿意解答後，諮商師已經準備好實施消弱處理了。諮商師鼓勵所有對當事人的不良行為具有增強作用的人士，停止增強當事人的非期望行為，這個作法就是在當事人反應不良行為後（或反應時）隨即停止增強事件的發生，但不適用在問題行為發生前已經存在的事件。例如，假如老師告訴學生要讀書，但在未使用消弱處理下，讀書行為反而降低，這是因為老師在學生行為發生前事先告訴他們要讀書，所以老師的提醒並不具有增強作用。在先前事件導致某項反應增加時，事實上消弱尚未開始產生作用，例如，母親告訴小孩不要抱怨，小孩停止抱怨，母親對小孩的要求為先前事件，故無法將它視為消弱，然而倘若母親忽視小孩的抱怨，而抱怨減少甚至停止，則消弱處理即發生作用；因為，在抱怨之後的增強事件已被制止。

同樣地，諮商師在晤談中想要消除當事人的非期望行為，他可以對當事人的特定行為給與不同的增強，藉著忽視非期望行為並增強期望行為來達成。在當事人以行為術語陳述問題時，諮商師可以選用視線接觸、點頭或其他臉部表情來反應；在當事人的陳述含糊不清時，諮商師可採取忽視並要求明確的訊息。

　　請注意下面晤談中諮商師所要消除的當事人的行為：

當事人：喔，我有時會和別人談話。

諮商師：好，你可以舉例說明何時會發生？

當事人：我不知道。

諮商師：（眼望他處，沒有說話）

當事人：有一天小英跟我說話，但我沒有跟他談話。

諮商師：（點頭）很有意思，你可以告訴我，那是怎樣的情形嗎？

　　在上述實例中，諮商師嘗試消除當事人與問題無關的陳述，對其加以忽視並增強有關的談話。

🌀 實例練習

　　請辨識下列練習中正在被消弱的目標行為（假如問題中並未消弱任何行為也請指明）：

1. 小美總是在父親閱讀報紙時問問題，父親偶爾會回答，但回答的內容都是與問題無關的批評。過一會兒，小美跑去搖嬰兒床，父親會叫她停止，一陣子過後，小美不再問父親問題，但卻繼續搖嬰兒床。

2. 周老師花許多時間管理學生，只有學生安靜做功課時她才不

再教訓他們。在期末評定學期成績時，周老師赫然發現學生的成績是逐漸退步的。

3. 當父母將小珍放在床上時她就會哭，有時父母會忽視她，有時他們會把小珍從床上抱起來她就不哭了，然而這種哭鬧情形一直持續著。

4. 小傑常常罵人，有些人在他罵人時會威脅要打他，在這種情形下他會暫時不再罵人。

5. 何老師常向黃諮商師批評學校的政策，當她批評學校時黃諮商師會低頭用餐，在何老師改變話題談論班上同學的正向行為時，黃諮商師會點頭並詢問問題。

6. 林太太幾乎在每次晤談中向諮商師陳述她不能改變生活狀況的原因，每當這個時候諮商師會轉過去翻閱檔案，直到林太太停止抱怨與責備時，諮商師才面對她並對她的話有所反應。

✿ 答　案

1. 小美的問題。
2. 安靜讀書與學生的成績。
3. 沒有任何被消弱的行為。
4. 沒有任何被消弱的行為。
5. 對學校政策的負向批評。
6. 抱怨與責備。

有兩點值得複述的是，諮商師應持續制止增強非期望反應（與主題無關者）並增強期望行為（與主題有關者），偶爾增強非期望行為適足以持續這項行為，諮商師和其他人士不妨準備記事卡，提

醒應該忽視與增強的特定行為，如此將使消弱處理有更大的成效。

　　圖24顯示在晤談中當事人逐漸減少與主題無關的陳述，圖中呈現諮商師持續使用消弱處理消除當事人非期望行為的過程。在第六次晤談裡，諮商師因為疏忽專注於當事人有趣但與主題無關的故事，因此非期望行為明顯增加，諮商師從晤談錄音帶發現自己的錯誤，在第七、八次晤談中忽視當事人與主題無關的陳述使得非期望行為減少。值得注意的是，除了第六次晤談諮商師專注於當事人的無關陳述外，其餘專注於有關陳述的行為頻率都逐次增加。

🌀 實例練習

　　在圖25中辨認正在被消弱的行為並說明原因。

🌀 答　案

　　圖25顯示諮商師已經消除當事人的正向自我語言。我們從圖中可以發現，諮商師對當事人的正向自我語言毫無間歇增強（intermittent reinforcement）（專注）導致行為與時遞減，同樣地，諮商師也不太關心當事人談論他人，直到第六至第八小時，當事人的行為獲得增強才有大幅度的增加。行為的消弱是持續對該項行為不給與增強的結果。

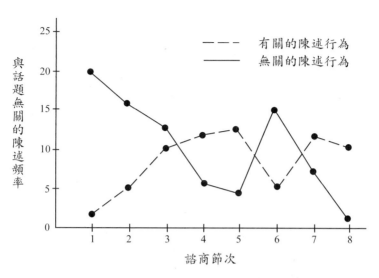

圖 24　諮商過程中無關陳述的行為頻率

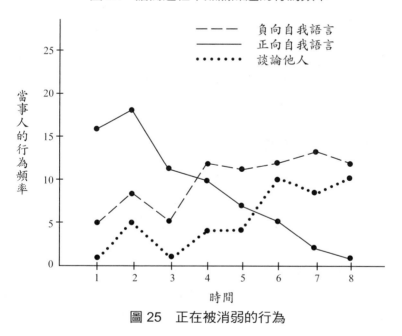

圖 25　正在被消弱的行為

三、如果消弱無效則使用移除增強法：隔離（time out）

移除增強是諮商師和老師促使學生放棄非期望行為最常用的方法。移除增強物與消弱處理是不同的，後者是指當事人在表現不良行為後不再像往常給與增強；而前者是指剝奪當事人的特殊權利而達到懲罰的結果。例如，孩童的打架行為會受到同儕的喝彩與笑鬧而獲得增強，假如諮商師和老師決定使用消弱來減少不良行為，他們只須忽視孩童的打架伎倆，並要求其他同學也這麼做，如此維持不良行為的增強物就被移除了。

(一)實施隔離前應先詢問的問題

假如移除增強物無效則可將當事人從增強情境中撤離，這種方法稱為隔離，在使用前應先詢問下列問題：

1. 行為是否危及當事人或他人？

前述的孩童打架行為可能導致某人受傷，而其他可能造成傷害的行為有：在馬路上玩耍、偷竊、嗑藥或酗酒等，假如出現這類行為，最簡易的處理方法就是撤離當事人的增強物（酒或藥品等），而非將當事人自環境中（酒吧、撞球場等）隔離。如此處理為要移除引發當事人非期望行為的區辨刺激（discriminative stimulus），然而運用此種方法必須取得當事人所處環境的重要他人（significant others）（酒吧、朋友等）的合作並同意不再提供增強物。

2. 能否忽視問題行為？

前面提及在當事人的行為危及自身或他人時是不容忽視的，然而誠如先前所言，某些老師或父母會比一般人更能容忍某些行為；當遇到挫折容忍力較低者時，即使行為未危及他人，諮商師也應該建議老師或家長讓當事人從環境中隔離，不再繼續增強問題行為（嘲笑他人、亂講話等）。

3. 能否立即將當事人隔離到無酬賞的中性環境？

隔離最適用於有制度的環境（家庭、學校、醫院），顯然地，在這些有制度的情境之外難以觀察行為的發生。我們如何能隔離和鄰居打架的小孩或使酗酒者遠離酒吧？隔離的運用切莫使當事人產生恐懼與迴避現象而減低嫌惡控制（aversive control）的功效，它必須在審慎控制的情況下執行。

老師、家長等應該備有免受干擾或吸引的小型隔離空間（time-out area）。假如從團體中隔離不是懲罰而是增強將無法改變當事人的行為，倘若學生在隔離情境中仍然可以和經過的同學交談或看見教室裡的同學而嬉笑，那麼隔離將成為酬賞經驗而非對不當行為的懲罰；同樣地，如果孩童被母親關進寢室仍能看書或遊戲，那麼隔離即成為脫離不愉悅情境的方法。理想的作法是將當事人置於一間單調且無刺激的房間或角落，室內擺設一盞燈與一把椅子。許多老師抱怨因為沒有獨立的房間所以無法實施隔離，但事實上並不一定需要設置特定房間，有些老師有效運用屏風（screens）隔離學生，屏風放置教室後面使其餘學生看不見當事人，只有老師可以看見；有些老師將當事人隔離在牆壁與櫥櫃中間，2×3呎的空間對孩童而言是很適宜的。

4. 當事人是否已從增強情境中被隔離？

　　隔離措施必須將當事人從增強情境中撤離才能發揮效用，假如將學生從使其感覺失敗且被老師斥責的教室隔離，適足以讓當事人逃避難堪的處境。事實上，孩童會經常做一些事來逃避環境，例如，擾亂行為在某些情境（考試、口頭報告）可能大幅增加，因為他感到害怕或無法成功。然而，孩童若能在隔離情境中因適當行為而有機會得到酬賞，那麼隔離處理將更有效地減少非期望行為，通常在教室中只要藉著增強活動或物品即時增強當事人的適當行為就能達成目標。運用隔離若效果不彰，應歸因於對正確反應的獎勵不足所致。

　　假如上述四項問題都能獲得解決，諮商師即可建議實施隔離處理；否則就應鼓勵老師或家長移除當事人的增強物而非將他置於隔離空間。

□實施隔離處理

　　首先，執行隔離處理的老師或家長應該表現堅定，如同讓孩童經歷不當行為的合理結果是應該的，老師、父母或照顧者在此時應避免責罵以免增強非期望行為。例如，老師可以說：「你不看書卻用尺打小傑」，切勿再苛責，孩童知道自己為什麼被隔離，也明白應該要怎麼做；如果事先已經說明不當行為的結果，則孩童犯錯後會靜候處置。

　　其次，老師、家長或照顧者在執行隔離前可以使用語言（verbal）或非語言（nonverbal）的訊號。例如，老師在小明拿尺打小傑前對小明說「別動」，假如小明聽見且這項行為（用尺打人）並非

經常出現，則老師的喝阻就足夠抑制行為。

再者，如果可能，諮商師應該鼓勵老師或家長監督孩童在隔離空間的行為，在允許孩童重回現場前，他應該能夠表現良好的期望行為。在孩童哭鬧時讓他離開隔離空間只會增強非期望行為；犯錯者應被隔離五至十分鐘，在表現良好行為後才准許出來，隔離時間過長，會妨礙孩童在一般環境中學習適當行為反應的機會。

🌀 實例練習

請決定下列實例是否適宜使用隔離處理：

小艾通常會比其他同學先做完作業，當他做完作業就會離座和他人交談，老師對小艾說：「回到你的座位做功課」，雖然他會回到座位但卻繼續和同學說話，在這種情形發生時，老師會將小艾從座位揪起帶到櫥櫃後面。

🌀 答　案

雖然小艾的行為是非期望的，老師和同學似乎都可以忽視他，然而小艾完成作業卻未獲得增強，也許老師可以給他更多功課，並給與在完成後可在遊戲區和其他同學交談的特權。在當事人的行為危及自身或他人且所處環境獲得增強時，將當事人從增強環境中隔離是適宜的處理。

隔離與消弱相異之處在於隔離能快速減低問題行為的比率，誠如 Benoit 和 Mayer（1974）所言隔離處理是利弊參半的，弊端在於某些老師發現隔離的效果，因此用以處理所有問題行為而不願嘗試

消弱方法，諮商師應該協助老師與家長分辨這兩種處理方法的差異，隔離遠比消弱更有嫌惡結果的成效，由於隔離在教室外會導致學生失去學習的機會，因此，唯有在不適用消弱時才考慮隔離處理。

🌀 實例練習

請閱讀下列對話並回答問題：

諮商師：從觀察來看似乎小羅仍然會咬小美，我認為我們應該嘗試減少這種行為，妳讀過那份隔離的講義嗎？

母　　親：讀過了，這可能是個好方法，因為我叱罵他也於事無補。

諮商師：首先，我們要在這間房屋內找個好地方來孤立他，你看臥室如何？

母　　親：好啊，那是個好地方。

諮商師：好的。請妳把我們將要做的事記下來，妳可以讓小羅看也可以和先生討論，首先妳得告訴小羅妳要他停止咬小美，然後再告訴他妳有辦法。

母　　親：他不會聽的。

諮商師：等到他注意聽的時候要他停止咬小美，告訴他妳會說：「停止！」來警告他；假如他仍然要咬妹妹，那麼妳會把他關在房間五分鐘。帶他到房間去，告訴他妳的作法，同時讓他知道什麼時候才能出來，拿定時器出來訂定給他看。

母　　親：要關他多久呢？

諮商師：將定時器設定五分鐘，鈴響後才能出來。

母　　親：他如果繼續咬妹妹，我該怎麼辦？

諮商師：妳應該說：「你又咬妹妹囉，回你的房間禁閉五分鐘。」，不要責罵他，然後堅決地牽著他的手帶到房間關起來。

請回答下列問題：

1. 諮商師和母親討論的隔離地方是否為中性場所？原因為何？
2. 有沒有約法三章使小羅明白為何要被關禁閉？
3. 諮商師有沒有提供警告小羅的訊號？

答　案

1. 不是。選擇小羅的臥室因為那是他個人的房間，房間裡可能有玩具或遊戲可以玩，因此隔離空間對小羅來說具有增強作用，最好是在不受干擾的中性環境。無論小羅的房間是否有增強物，只要將他逐出原來的環境就是懲罰了。
2. 有。諮商師討論過他們夫婦應如何向小羅說明處理方法。
3. 有。諮商師要母親說「停止！」來警告他，如果他繼續咬妹妹就會被關禁閉。

四、如果其他處理無效則使用反應代價法（response cost）

在無法隔離當事人到中性場所或非期望行為無法被忽視時，移除當事人的增強物或使用反應代價法是最佳的處理。反應代價法是一種懲罰形式，將當事人先前獲得的增強物（如食物、菸酒、讚賞、活動）因其非期望行為而被剝奪，無論忽視當事人的非期望行為（消弱）或移除可獲得增強的環境（隔離），反應代價法的不同處在於要求當事人在出現不良行為時就喪失某些權利。回顧前述孩童因同學臉部表情而持續打架行為的實例，老師無法增強所有學生來忽視當事人的行為；同樣地，在行為危及他人時是不適用消弱處理的，然而老師可以在發生打架行為時取消全班一天的下課休息權利，這種懲罰方式的效果端視學生對喪失權利（下課休息）的重視程度而定。

㈠確定有力的增強物

諮商師在採用反應代價法時應該詢問下列問題：

「剝奪正增強是否比給與增強更能抑制當事人的目標行為反應？」

前例孩童的打架問題，我們用喪失權利（下課休息）與維持行為的增強（同儕驚嚇的表情）相抗衡。移除使用晚餐的權利遠比姊

妹的嘲笑更能抑制孩童的打架行為。在實施這項方法之前的重要問題是諮商師必須確定所剝奪的權利對當事人的重要性（見增強物的確認），被剝奪的增強物應該是真實的增強物且是當事人努力爭取的。

假如無法確定最能控制個人行為的增強物而僅能辨別維持非期望行為的增強物時，不妨對當事人施以輕度的懲罰，否則移除增強作用或採反應代價法也是適當的處理。

㈡訂定合理的酬賞代價計畫（earnings-cost program）

某些指南提供諮商師在執行移除增強作用時有所依循：首先，完整的酬賞代價計畫不應包含可被輕易替換的項目，要取代下課休息時間並不容易，特別是距離下次休息還要兩個小時；然而如果某人有三小時的休息時間，那麼失去十分鐘並無太大損失。合理的結果勝於武斷的結果，諮商師和老師應該避免武斷的指定懲罰（如不准參加舞會或集會活動、縮減休息時間或午餐時間）而採用合理的結果如「假如你沒有完成指定功課那就成為回家的作業」或「假如你打翻食物就得收拾乾淨」。這樣的代價或結果很實際，並不致使當事人無力處理或身處困境，當得與失的比率成為赤字時，例如當事人失去的代幣遠多過獲得的，則當事人想要得到酬賞的誘因將會減少，而此制度也可能瓦解。

反應代價法需要清楚說明每一項非期望反應與懲罰的關係，例如諮商師可以對當事人說：「你取消晤談又未另定時間，所以今天不能進行晤談。」或是老師可以對學生說：「你在桌上寫字必須把它擦乾淨」或是「你說髒話必須要道歉」。反應代價法如同其他處

理方法必須用在當事人能夠以正向行為替代非期望行為，例如老師可以對學生說「記住，假如你做完功課就可以到教室外面去，否則你必須待在教室裡直到做完功課。」，老師的話提醒學生正向與負向的行為結果。在諮商師提醒當事人行為的後果時，運用反應代價法的效果將會大幅提升。

雖然如此，無論在何種情況，諮商師需要謹慎使用反應代價法，假如某生因不當行為而沒有好成績將可能導致放棄學習；然而如果他的成績不錯且有其他的獎勵，那麼即使被扣分仍能維持獲得良好平均成績的機會。又如諮商師因當事人未完成答應做完的家庭作業而拒絕晤談時，當事人很可能因沮喪而結束諮商；相反地，如果諮商關係非常穩固且當事人也體驗到自己的進步，她很可能帶著完成的家庭作業再回來見諮商師。

🌀 實例練習

依據下列當事人的問題辨別可能導致的自然結果：
1. 小畢拿了小傑的棒球手套並將它遺失了。
2. 小陳喝醉酒連續三天沒有上班。
3. 小明和小華打架把小華的眼鏡打破了。
4. 小林錯失應徵工作的晤談。
5. 小美說小莉看起來很邋遢。

🌀 答　案

1. 小畢買一副新手套賠小傑。
2. 小陳被扣薪資三天。

3. 小明賠小華一副眼鏡。

4. 小林依舊失業。

5. 小莉不邀請小美參加她的生日宴會。

五、選擇減少內隱行為的方法

截至目前為止，探討的行為都是外顯且易於辨識的，但是，許多個人功能上的問題卻是由於過度的內隱或內在行為（如思想、感覺、信念與意見）所引發，過度的內隱行為有恐懼、焦慮與沮喪，然而運用減少外顯行為的技術於這些行為上是難有成效的。

假如要減少內隱行為，諮商師必須使用其他更適當的策略來處理，因為只有當事人知道自己的思想與感覺以及環境事件之間的關係。許多內隱行為呈現無力的焦慮，而不良社交關係、學業失敗與無價值感則為焦慮的結果。

(一)調查焦慮狀況

為了確定減輕內隱問題（如焦慮）的方法，諮商師和當事人必須共同探究與當事人焦慮聯結的特定情境，此外諮商師也應詢問當事人恐懼心理的發生時間以及在何種情況下恐懼的多寡，雖然並沒有標準的晤談問題，但諮商師可以參照前述的次系統模式（見第三章確認所有當事人關切的事）來協助蒐集資料。

下列對話描述諮商師如何開始辨認當事人的焦慮狀況〔如果必須使用內隱減敏感法（covert desensitization），晤談方式是將當事人的模糊抱怨予以層次結構〕：

諮商師：妳要開始講話似乎有點困難。

當事人：是的，我就像凍僵了一樣。

諮商師：妳說的凍僵是什麼意思呢？

當事人：我只是很緊張。

諮商師：（沉默）

當事人：我就是什麼也說不出來。

諮商師：常常這樣子嗎？

當事人：不！只有在學校會這樣。

諮商師：再多告訴我一些。

當事人：喔！當我看到這群女孩時，我就好像不會講話了。

諮商師：妳跟其他人在一起時也會這樣嗎？

當事人：不會，我通常都能跟別人交談。

諮商師：為什麼妳能跟別人談話卻無法跟這群女孩交談呢？

當事人：呃！我害怕她們會告訴我她們有其他事情。

諮商師：聽起來妳害怕她們會拒絕妳？

當事人：對！她們似乎從不和小團體外的人打交道。

諮商師：妳曾經害怕別人會拒絕妳嗎？

當事人：沒有。

諮商師：那麼，妳為什麼害怕這群女孩會拒絕妳呢？

當事人：因為她們真的很漂亮，而且是學校裡最受歡迎的。

諮商師：最近一次妳有這種感覺是在什麼時候？

　　假如諮商師難以辨認當事人的焦慮來源可以要求當事人填寫恐懼調查表（fear survey schedule）（Wolpe and Lang, 1964），這是一份五點評量表，從「完全沒有」到「非常多」，當事人針對問卷所列事物與事件引發的恐懼比率予以作答（見表 7）。

表7　恐懼調查表（FSS-III）*

本問卷的下列事物與經驗可能引發個人的恐懼或不愉悅的感覺，請勾選每個項目對你目前的困擾程度。

	完全沒有	很少	有些	很多	非常的多
1. 吸塵器的噪音	☐	☐	☐	☐	☐
2. 傷口	☐	☐	☐	☐	☐
3. 獨處	☐	☐	☐	☐	☐
4. 身處陌生地方	☐	☐	☐	☐	☐
5. 吵鬧的聲音	☐	☐	☐	☐	☐
6. 死人	☐	☐	☐	☐	☐
7. 面對大眾說話	☐	☐	☐	☐	☐
8. 穿越馬路	☐	☐	☐	☐	☐
9. 看起來瘋癲的人	☐	☐	☐	☐	☐
10. 跌倒	☐	☐	☐	☐	☐
11. 汽車	☐	☐	☐	☐	☐
12. 被人嘲弄	☐	☐	☐	☐	☐
13. 牙醫	☐	☐	☐	☐	☐
14. 雷鳴	☐	☐	☐	☐	☐
15. 警鈴聲	☐	☐	☐	☐	☐
16. 失敗	☐	☐	☐	☐	☐
17. 走進人們都已坐定的房間	☐	☐	☐	☐	☐
18. 陸地高處	☐	☐	☐	☐	☐

	完全沒有	很少	有些	很多	非常的多
19. 身體殘缺的人	☐	☐	☐	☐	☐
20. 蟲	☐	☐	☐	☐	☐
21. 想像的生物	☐	☐	☐	☐	☐
22. 打針	☐	☐	☐	☐	☐
23. 陌生人	☐	☐	☐	☐	☐
24. 蝙蝠	☐	☐	☐	☐	☐
25. 旅行：					
(1)坐火車	☐	☐	☐	☐	☐
(2)坐巴士	☐	☐	☐	☐	☐
(3)坐汽車	☐	☐	☐	☐	☐
26. 感到生氣	☐	☐	☐	☐	☐
27. 有權勢的人	☐	☐	☐	☐	☐
28. 會飛的昆蟲	☐	☐	☐	☐	☐
29. 看別人打針	☐	☐	☐	☐	☐
30. 突然的聲音	☐	☐	☐	☐	☐
31. 陰霾的天氣	☐	☐	☐	☐	☐
32. 群眾	☐	☐	☐	☐	☐
33. 廣大的空間	☐	☐	☐	☐	☐
34. 貓	☐	☐	☐	☐	☐
35. 某人欺負某人	☐	☐	☐	☐	☐
36. 外型粗暴的人	☐	☐	☐	☐	☐
37. 鳥類	☐	☐	☐	☐	☐

	完全沒有	很少	有些	很多	非常的多
38.看水的深處	☐	☐	☐	☐	☐
39.工作時被瞪著看	☐	☐	☐	☐	☐
40.死的動物	☐	☐	☐	☐	☐
41.武器	☐	☐	☐	☐	☐
42.穢物	☐	☐	☐	☐	☐
43.爬行的昆蟲	☐	☐	☐	☐	☐
44.看人打架	☐	☐	☐	☐	☐
45.醜陋的人	☐	☐	☐	☐	☐
46.火災	☐	☐	☐	☐	☐
47.生病的人	☐	☐	☐	☐	☐
48.狗	☐	☐	☐	☐	☐
49.被人批評	☐	☐	☐	☐	☐
50.奇怪的形狀	☐	☐	☐	☐	☐
51.在電梯裡	☐	☐	☐	☐	☐
52.看開刀手術	☐	☐	☐	☐	☐
53.憤怒的人	☐	☐	☐	☐	☐
54.老鼠	☐	☐	☐	☐	☐
55.血液：					
(1)人類的	☐	☐	☐	☐	☐
(2)動物的	☐	☐	☐	☐	☐
56.和朋友分離	☐	☐	☐	☐	☐
57.封閉的地方	☐	☐	☐	☐	☐

	完全沒有	很少	有些	很多	非常的多
58.開刀手術的情況	☐	☐	☐	☐	☐
59.感覺被人拒絕	☐	☐	☐	☐	☐
60.飛機	☐	☐	☐	☐	☐
61.藥味	☐	☐	☐	☐	☐
62.對別人不贊同的感覺	☐	☐	☐	☐	☐
63.不會傷人的蛇	☐	☐	☐	☐	☐
64.墳墓	☐	☐	☐	☐	☐
65.被忽視	☐	☐	☐	☐	☐
66.黑暗	☐	☐	☐	☐	☐
67.心律不整	☐	☐	☐	☐	☐
68.(1)裸體的男人	☐	☐	☐	☐	☐
(2)裸體的女人	☐	☐	☐	☐	☐
69.閃電	☐	☐	☐	☐	☐
70.醫生	☐	☐	☐	☐	☐
71.犯錯誤	☐	☐	☐	☐	☐
72.看起來笨拙	☐	☐	☐	☐	☐

* 轉載已蒙同意。出自 Wolpe, J.和 Lang, P. J.合著的《行為治療的恐懼調查表》（*A fear survey schedule for use in behavior therapy*），刊載於一九六四年的《行為研究與治療期刊》（*Behaviour Research and Therapy*），頁 228-232。

㈡確定當事人的焦慮為理性反應

　　在確定當事人緊張的原因和情境後，諮商師和當事人必須辨別緊張心理是否為對真實情境的理性反應，通常僅僅是紛擾的焦慮並不足以使用減敏感法處理。假如某位和同儕遊玩有困難的孩童是因為他想像其他小孩不喜歡他，如此使用減敏感法訓練就十分合宜，但是，倘若同儕不僅取笑他且以髒話為他取綽號，那麼只用減敏感法而無輔助處理對問題解決的幫助是有限的。換句話說，在當事人的焦慮是理性的且需要改變行為或環境時可以使用減敏感法，例如，某病患害怕自己得了不治之症，而體檢結果顯示他罹患嚴重的心律不整，那麼這位病患的恐懼就是理性的反應。

㈢如果當事人缺乏技巧則選用訓練方案

　　在使用系統減敏感法前，諮商師應確定當事人是否因為過度焦慮或缺乏因應環境的必備技巧而迴避某些特定情境，在害怕和同儕遊玩的案例中需要先確定當事人是否具備和他人遊玩的技巧，例如是否知道如何主動和人交談、如何得到與提供訊息以及如何結束等，此外，當事人也許需要學習如跳繩與踢球的特定遊戲技巧。

　　同例，某位學生害怕考試，而諮商師發現她在家裡沒有讀書的地方，因此考試焦慮應解釋為行為的缺乏，她的焦慮是因為缺乏必備知識所致。在處理時，諮商師和當事人應討論問題解決的方法，確定如何才能重新調整當事人的環境。另一當事人對接任新職務感到極度恐懼，可能是害怕自己技巧不足或對新環境感到膽怯。假如當事人是因未具備應有技巧而焦慮，諮商師應該進行技巧訓練；否

則，就實施減敏感法。

㈣判斷行為是一般的或特定情境的

在決定減少內隱行為（如焦慮）前，判斷焦慮是屬於一般性或特定情境是很重要的，例如有廣泛性（generalized）或流動性焦慮的當事人適用認知重建；而特定情境焦慮的當事人則適用系統減敏感法。

1. 對流動性焦慮症實施認知重建

假如當事人所經歷的是廣泛性焦慮，而非對特定事件的焦慮反應，通常導因於當事人發展的非理性思考模式，換句話說，當事人的焦慮是因為對情境所下的標籤或想法作反應而非針對環境本身，所以認知重建是適宜的處理，請參閱第十章的實施方式。

2. 對特定情境焦慮症實施系統減敏感法

倘若當事人在許多情境中都感到焦慮（如流動性焦慮），則運用認知重建對當事人最有幫助；假如當事人為特定情境焦慮時，則系統減敏感法的效果最好。愈來愈多的研究發現（Lazarus, 1971）系統減敏感法處理單一症候恐懼症（monosymptomatic phobias）具有成效，但對流動性焦慮症卻效果不彰，例如，當事人面對某人會有焦慮時，系統減敏感法是最適當的處理；但是，如果當事人面對一般人都感到焦慮，誠如前述應該考慮採用其他方法。

六、計畫並實施系統減敏感法

系統減敏感法主要是一種反制約（counterconditioning）過程用來協助個人減緩緊張，通常，緊張反應包括呼吸不正常、緊張性頭痛、聲調高亢、聲量愈來愈大、滔滔不絕、坐不安穩與失眠。

系統減敏感法假定個人的緊張可以透過有系統地放鬆骨骼、肌肉而達到自發控制，當骨骼、肌肉放鬆後，人體內部的肌肉如胃、腸與心臟等也可能隨之放鬆。因此，假如諮商師能夠協助當事人在通常會引發焦慮的情境中學習放鬆，則情境與焦慮反應的學習聯結將逐漸減弱至完全消除（Hosford and de Visser, 1974）。

(一)介紹系統減敏感法

在確定當事人的恐懼是非理性或缺乏必要技巧時，諮商師就可以開始介紹系統減敏感法的處理過程，介紹的方式有很多種，諮商師可以這麼說：

> 「看來有好幾種情況你會感到緊張，我想幫助你適應這些情境。首先，我們要協助你學習因應比較不緊張的情境，在你學會後再面對比較緊張的情境，你要學習的就是放鬆自己。假如我們能教會你在這些情境中如何放鬆，你就不會那麼緊張了。學習放鬆就如同學習其他事物一般，只要多練習就會變得很簡單（舉個適當實例如打籃球、開車與約會等），只要你學著做就會感到愈來愈容易。」

在諮商師簡介完後可以詢問當事人是否有問題，或討論曾有過愈學愈容易的經驗。

(二)設定焦慮層次

1. 運用適宜的向度（relevant dimensions）與行為術語

諮商師向當事人介紹系統減敏感法的過程且雙方都覺得滿意後，即可將引發焦慮的情境依嚴重程度排序，在焦慮層次（hierarchy）的向度項目包括：時間、與壓力事件的距離、牽涉的人士以及在情境中當事人或他人所做的事。

焦慮層次可能包含多至三十個情境，視情況需要可以再增加，通常某特定焦慮（如考試焦慮）的層次會囊括幾個項目，這些項目應該盡量具體使當事人能夠真實的想像那個特定的情境（Gold-fried and Davison, 1976）。每個項目的適宜向度都要以行為術語加以陳述，如此可讓觀察者對行為的發生達成共識，例如「接近講台，放置講稿，並注視聽眾」，遠比只用「演講」的陳述來得恰當。

🐾 實例練習

請辨別在下列項目中，何者包含適宜向度且以行為術語陳述。

1. 去看牙醫。
2. 你正走出後門去搭巴士。
3. 當上司在場時，你會害怕犯錯。
4. 在出遊的早晨，你正把襪子與內衣放入旅行袋中。

5. 你在室內等候電話。

答　案

　　項目 2 與 4 含有以行為術語陳述的適宜向度。項目 1 沒有說明為何或何時去看牙醫，同樣地，項目 3 也未說明害怕犯何種錯誤，項目 5 沒有說明怎樣的房間（寢室、客廳）與等誰的電話。焦慮項目務必包含適宜的向度且以行為術語加以陳述。

2. 訂定情境等級並填補其間空隙

　　建立焦慮刺激情境的層次最常用的方法是：讓當事人訂定寫在 3×5 吋卡片上的焦慮刺激情境，當事人根據卡片來評定焦慮刺激的高低。諮商師也可以變化方式，請當事人針對每項情境從 0（最少）到 100（最高）評定焦慮分數。

　　諮商師大聲唸出每項焦慮情境，讓當事人依刺激程度評定高、中、低，在區分所有焦慮情境後，諮商師請當事人以低焦慮刺激（0 至 33 分）、中焦慮刺激（34 至 66 分）與高焦慮刺激（67 至 100 分）來評定每個項目（Goldfried and Davison, 1976）。從焦慮評分上，諮商師和當事人常會發現各項目之間應予填補的空隙，常用的填補方法是：加入減輕事件壓力的項目、介紹勇敢的楷模或延長焦慮刺激的時間或距離等，例如當事人評定「週一，同學們都在巴士站等候搭車上學」為 50 分；而評定「週一，同學們在巴士站候車，巴士開到拐角處」為 60 分，加入項目「週二，當同學們不候車時，我搭車上學」評定為 35 分。

　　如有必要，當事人可自行加填焦慮情境卡，詳述產生特定焦慮的情境，依據一般原則，當評定空隙超過 10 分以上就應該加列新項

目。前例因評分空隙超過 10 分以上諮商師應在週二搭車上學（評定 35 分）與週一搭車上學（評定 50 分）間增加新項目，或許諮商師可以增列「週一早晨，在自己家門前等候巴士上學」來減少焦慮刺激的時間與距離，假如當事人評定此項在 35 至 50 分間，則此項目就可以減少情境間的空隙。

當事人的真實焦慮層次因其特定的恐懼與情境的覺察而有所差異，例如某人害怕他人「在背後議論他」，可能描述許多引發不同焦慮程度的刺激情境。

針對當事人的特定恐懼，在描述焦慮刺激情境的高低時應在時空向度上有所分別，例如，對數學考試有焦慮的學生可以列出從註冊選課到看見考試成績的情境，實例如下，弧號內為焦慮評定分數：

1. 登記選修數學課。（5）

2. 上第一次數學課聽到規定的作業與考試時間。（10）

3. 抄寫自己弄丟的筆記。（12）

4. 參加每星期一次的複習課。（20）

5. 和一位認為測驗會很難的好學生討論考試問題。（30）

6. 複習考古題看看自己知道多少。（32）

7. 在考前的晚上研讀。（35）

8. 看到時間已晚而尚有許多章節未研讀。（40）

9. 作考前最後複習惡補自己不懂與想懂的地方。（50）

10. 考試那天進入教室。（60）

11. 拿到考卷並寫上姓名。（65）

12. 瀏覽考題發現有些問題無法立即分辨答案。（70）

13. 監考老師要同學們修正試卷的打字錯誤，擾亂了自己的思考。（80）

14.老師出了一個語意模糊的問題，本來自己是一定會回答的。
（82）

15.發現自己僵在某個問題上，卻看到同學們正忙著回答。
（85）

16.注意到那位好學生在三十分鐘後就繳卷了。（88）

17.知道考試只剩五分鐘而自己還有幾題尚未回答。（90）

18.考試後問同學發現他們的答案與自己不同。（95）

19.第二天到班上看考試成績。（100）

　　焦慮層次與特定情境中出現的人物有關，也同時會結合焦慮刺激物的出現時間與距離，例如，對於害怕面對眾人說話的當事人，引發焦慮刺激的項目為：某些聽眾的表情、離開的人以及說話的時間與地點等。唯有審慎的觀察與晤談，諮商師和當事人才能確定焦慮層次中最適宜的項目。

　　在前例中，諮商師和當事人已經辨認當事人對那群女孩有說話的恐懼，在確定何種情境或何時最為恐懼時，諮商師可以說：

諮商師：妳最初感到焦慮是什麼時候？

當事人：在我剛下校車的時候。

諮商師：在妳剛下校車的時候發生什麼事？

當事人：在我下車的時候，她們通常會站在路的轉角處。

諮商師：當妳坐校車上學時有沒有緊張的感覺？

當事人：有的，週一與週三我會緊張。

諮商師：是什麼原因？

當事人：哦，因為那兩天校車會停在路的轉角處。

諮商師：其他天有沒有發生什麼事呢？

當事人：哦，校車會開往大樓後面接學校的樂隊。

在這個案例中，諮商師發覺當事人感到焦慮的時間與地點，緊接著，諮商師需要繼續探究當事人搭乘校車的焦慮刺激情境與感受。

在當事人評定各項焦慮情境的層次後，諮商師和當事人可以排列次序並視需要增加中間項目，重要的是評定為高焦慮的情境項目要很實際。例如，要那群女孩接近當事人並和她交談似乎不太可能；而當事人接近她們並主動交談的情境則較為實際，最後，排序完成的每項焦慮刺激情境應該是當事人容易想像的。

(三)教導當事人放鬆

諮商師緊接著教導當事人某些放鬆方法，這些方法以 Jacobson（1938）發展的模式為主來加以修正，其方式包含對身體特定肌肉作收縮與放鬆的交替運動，當事人藉著學習區辨肌肉的放鬆與緊縮，進而能夠更深度地放鬆（Hosford and de Visser, 1974）。放鬆的基本假定是緊張妨礙個人發揮能力，如果學會控制緊張則個人會更具效能。

諮商師訓練當事人放鬆時應該提供原理原則，然而由於個人的秉賦不同，在解釋的層次與用語上要適合當事人的特殊要求。首先，諮商師應該告訴當事人他準備要教他如何放鬆；其次，告訴當事人要教他學習交替收縮與放鬆相對的一組肌肉，各組肌肉都在收縮五秒後再放鬆，所有收縮過的肌肉都應全部放鬆。在訓練過程中，諮商師和當事人討論身體所經歷的變化對當事人是有幫助的，例如諮商師可以說：「你體會到肌肉的緊張與放鬆的差異了」或是「注意肌肉的感覺……你覺得自在輕鬆多了嗎？」。

實施訓練的場所應該安靜舒適且遠離電話聲、打字聲或其他的

干擾，場地的燈光微暗，直射的檯燈要加罩，地板上可以放置支持當事人腿部與手臂的臥椅、沙發或躺椅。

下列腳本（script）（Froehle and Lauver, 1971）可用作鬆弛訓練的藍本。

㈣鬆弛訓練的腳本*

首先，請你在地板上找到能讓自己全身伸展的地方，除了地板之外不會碰到任何人或其他物品（長時間暫停）。找到地方後請平躺，雙臂放在身體的兩側，兩肘要微微伸直，雙腳分開；假如有枕頭或其他可捲成抱枕者，可以放在你的頭頸下方（長時間暫停）。

在你感覺舒服時閉上雙眼，除了聽我的指示外，請關閉所有外來的感覺。深呼吸，吸氣—吐氣（暫停），吸氣—吐氣。專注你身體的不同部位，注意這些部位的感覺。你的雙手、下臂、上臂有怎樣的感覺？你的頭部與頸部？你的肩膀與上背？現在專注你的胸部、腹部與下背部。最後，你覺得你的臀部、大腿、小腿與腳部有何感覺？（暫停）

現在請你準備做一些練習來放鬆自己，這些練習與你身體的主要肌肉有關，我將請你把肌肉一一收縮，愈收愈緊，然後，請你放鬆，讓你的肌肉輕輕鬆鬆。反覆做到肌肉和神經完全不緊張，同時訓練它們自動放鬆。做完這些練習後，你會感覺全身舒暢，盼望你運用在其他場合時也

---

* 轉載已蒙同意。出自 Froehle, T.和 Lauver, P.合著的《諮商技巧：精選集》（*Counseling techniques: selected readings*），一九七一年印地安那大學出版。

同樣有效。

　　現在閉上你的眼睛，不再注意身旁的事物，也避免任何表面張力的發生，深呼吸，感覺自己重重的（暫停）。再深呼吸，慢慢吐氣……感覺你變得很重而且很放鬆（暫停）。

　　好（暫停）。現在讓我們開始放鬆手臂……放鬆了，現在緊握你的右拳，握緊一點，再握緊一點，請體會這種緊張的感覺。現在緊握你的右拳不放，體會右拳與前臂的緊張……（暫停），現在放鬆你的右拳。讓你的右手指放鬆，觀察你的感受（暫停）。現在讓你自己放鬆，全身放鬆（暫停）。再一次緊握你的右拳，不要放開，注意你的緊張（暫停），現在打開並放鬆（暫停），讓你的手指伸直，再次注意有何不同（暫停）。

　　現在用你的左拳練習一遍，緊握你的左拳，但身體其他部分要放鬆，再握緊一點，感覺這個緊張（暫停），現在放鬆（暫停），再次體會相對的感覺（暫停）。再做一次，緊握你的左拳感覺緊張（暫停）。現在做相反的，放鬆你的左拳，感覺它的不同（暫停），繼續放鬆一會兒（暫停）。現在同時緊握雙拳，握緊一點，兩個拳頭都緊起來，前臂也緊起來，感覺這種緊張（暫停）。現在放鬆，伸直你的手指感覺放鬆，繼續放鬆雙手與前臂，放鬆點，再放鬆點（長時間暫停）。

　　現在彎曲你的雙肘並拉緊雙頭肌，再拉緊一點，體會這樣的緊張（暫停）。很好，現在伸直你的雙臂，放鬆（暫停），再次感覺它的不同，並繼續放鬆（暫停）。再一次拉緊雙頭肌，維持緊張狀態，並小心觀察它（暫

停）。現在伸直雙臂，放鬆，享受雙臂溫暖、沉重的感覺（暫停）。在緊縮與放鬆你的肌肉時，要密切注意自己的感覺並嘗試分辨差異性。

現在伸直你的雙臂，拉直到你覺得雙臂後面的三頭肌很緊。兩臂向旁伸展，感受肌肉的緊張，現在放鬆（暫停）。你的雙臂有舒適的沉重感，因為你允許它們放鬆（暫停）。再做一次，再伸直你的雙臂，直到你感覺三頭肌被拉緊。雙臂向外伸展，感受肌肉的緊張，現在放鬆（暫停）。現在專心放鬆雙臂，不要有任何的緊張，讓你的雙臂舒服，再放鬆一點，不要有任何緊張（暫停）。繼續放鬆，即使你的雙臂已經完全放鬆，再放鬆一點，試著更多的放鬆（長時間暫停）。

接下來是臉部與頸部、肩部與上背部的放鬆練習，需要花費四到五分鐘，讓全身的肌肉放鬆並感覺沉重，讓自己安靜且舒適。現在做臉部的練習。前額往上皺（暫停），再皺緊一些（暫停）。現在停止皺緊前額，放鬆，使它平滑並且放鬆（暫停）。想像你的前額與頭皮，在你愈放鬆時變得愈平滑（暫停）。現在再做一次，兩眉緊皺在一起，感覺肌肉的緊張（暫停），現在放鬆，使前額再次感覺平滑（暫停）。現在緊閉你的雙眼，再閉緊一點，感受肌肉的緊張（暫停），現在放鬆你的雙眼（暫停），舒適地閉上眼睛，注意放鬆。現在再做一次，緊閉雙眼，再緊閉一點，感覺肌肉的緊張（暫停）。現在放鬆雙眼，溫柔舒適地閉上，並注意感覺的差異。

現在收縮你的下顎，咬緊你的牙齒，感覺整個下顎的緊張。很好，現在放鬆下顎，讓你的兩唇微微分開（暫

停），並享受放鬆的感覺（暫停）。現在將你的舌頭緊緊頂住你的嘴蓋，頂緊一點，再頂緊一點，體會這個感覺（暫停）。好，現在讓你的舌頭回到舒適放鬆的位置（暫停）。現在緊閉你的雙唇，閉緊一些（暫停）。現在放開雙唇，放鬆，體會緊閉與放鬆的差異。放鬆整個臉部，放鬆你的前額、頭皮、眼睛、下顎、嘴唇、舌頭與喉嚨（暫停），感覺更深度的放鬆（暫停）。

很好，現在注意你的頭部肌肉，頭部盡量向後仰，感覺頸部肌肉的拉緊（暫停）。頸部轉向右，感覺緊張的轉移（暫停），頸部轉向左（暫停），轉正你的頭並向前彎，下巴緊靠你的胸膛（暫停）。將頭部回復到舒適的位置，感覺放鬆，讓放鬆的感覺出來（暫停）。好了，現在聳動你的肩膀，設法用肩膀觸摸雙耳，維持緊縮（暫停），放下你的肩膀，感覺放鬆。再次聳動你的肩膀使它轉動，聳起雙肩向前推（暫停），然後向後縮（暫停），再向前推，停止不動（暫停），體會你的肩膀與上背肌肉的緊張（暫停）。現在垂下肩膀，再放鬆，讓肩膀與背部肌肉完全放鬆。放鬆你的頸部、喉嚨、下顎與其他臉部肌肉，就像已經全部放鬆了，愈來愈放鬆（暫停），放鬆到底。

下列步驟是胸部、腹部與下背部的放鬆練習，大約需要四到五分鐘。好，首先全身放鬆，就像直到目前你所學會的樣子，感覺舒適沉重的放鬆，緩慢自在地吸氣、吐氣（暫停）。在你吸氣時，體會放鬆的感覺，現在吸氣，感覺你的肺部，深深吸氣，不要吐氣，體會肺部的緊張（暫停）。現在吐氣，讓你的肺部漸漸放鬆，同時自動排出空氣，繼續放鬆，自在和緩地呼吸。很好（暫停），感覺放

鬆並享受它（暫停）。盡量放鬆，再用肺部吸氣，深深吸氣，不要吐氣（暫停）。很好，現在吐氣，同時感受輕鬆（暫停）。現在正常呼吸，繼續放鬆你的胸部，讓你的背部、肩膀、頸部與手臂也都放鬆（暫停），自由自在，並享受完全的放鬆。

現在專注你的腹部肌肉與你的肚子，請收縮你的腹部肌肉，使它變硬起來，體會肌肉的緊張（暫停），然後放鬆，鬆開肌肉，並注意相對的感覺（暫停）。再做一次，收緊你的腹部肌肉，不要放鬆，體會這種感覺（暫停），現在放鬆，體會放鬆腹部肌肉的舒適感（暫停）。現在把肚子往裡縮（暫停），盡量往裡縮，把腹部肌肉往裡收，感覺肌肉的緊張（暫停）。現在放鬆，讓你的肚子伸展出來，享受釋放的感覺。繼續正常自在地呼吸，感覺整個胸部與腹部受到柔和的按摩（暫停）。現在，再把你的腹部往裡縮，不要放鬆（暫停），再做一次，把腹部往裡縮，感覺肌肉的緊張（暫停）。現在，完全放鬆你的腹部，當你愈來愈放鬆，緊張就逐步被分解了（暫停）。在你每次吐氣的時候，注意你的肺部與腹部有節奏的放鬆感，注意你的胸部與腹部是怎樣愈來愈放鬆的。嘗試讓你的身體在任何拉緊的地方放鬆（長時間暫停）。

現在讓你的注意力轉到下背部，弓起你的背部，使你的下背成空，感覺沿著脊椎兩側肌肉的緊縮（暫停）。現在再舒適地伸直，並放鬆你的下背部（暫停）。再弓起你的背部，在你做的時候感覺肌肉的緊縮（暫停）。嘗試讓身體其他部分儘可能放鬆，嘗試只讓下背部肌肉緊張。很好，現在，再放鬆你的背部（暫停），放鬆你的下背部

（暫停），放鬆你的上背部（暫停），放鬆你的腹部、胸部、肩膀、手臂與臉部，讓身體這些部位更為放鬆，完全地放鬆。

接下來是臀部、大腿、小腿以及全身的放鬆練習，現在讓所有緊張的部位放鬆。首先，我們要彎曲臀部與腿部，你的雙腿盡量用力向腳根壓下去（暫停），放鬆，注意感覺（暫停）。伸直雙膝，再彎曲你的大腿肌肉壓向腳根，不要放鬆（暫停），現在只讓臀部與雙腿自然地放鬆（暫停）。很好，現在讓我們來做腳與小腿（暫停），你要曲起雙腳朝向臉部，感覺兩隻小腿的脛骨肌肉抽緊，把你的腳趾往上翹（暫停），好，回復原狀，放鬆，讓全身放鬆（暫停）。放鬆你的雙腳、腳踝、小腿與脛骨，放鬆你的雙膝、大腿、臀部與它的兩側。當你更為放鬆，你會感覺下半身有沉重的感覺。

現在繼續放鬆你的腹部、腰部與下背部，讓這些部位更放鬆點（暫停），感覺全身都放鬆（長時間暫停）。現在要放鬆你的上背部、胸部、肩膀、手臂並一直放鬆到手指頭（暫停），保持更深的放鬆（暫停）。注意不要讓你的喉嚨緊張，放鬆你的頸部、下顎與所有臉部肌肉，讓全身像那樣放鬆一會兒，讓整個人放鬆（暫停）。

現在只要你好好做個深呼吸，並慢慢地吐氣，你就會感受到加倍的放鬆。閉上你的眼睛，使你不會注意周圍的活動與物品，避免任何表面緊張的發生。現在深呼吸，慢慢地吐氣，你會感覺愈來愈放鬆，愈來愈放鬆，現在，你應該感覺完全放鬆了。假如你可以的話，讓自己這樣放鬆幾分鐘；倘若你願意，就讓自己趁機睡一會兒，你醒來時

會覺得很有精神，精力充沛。如果此時無法入睡就保持幾分鐘的完全放鬆，然後慢慢地從五數到一，讓自己回復到完全清醒的狀態。在數到三的時候，開始伸展你的身體，張開眼睛，完全清醒，在數到一的時候，請面對這個燦爛的世界（長時間暫停）。

㈤實施系統減敏感法

最後的步驟是執行系統減敏感法，在開始時先讓當事人花費三到五分鐘放鬆自己，通常，諮商師會要求當事人在覺得焦慮的時候舉起手指。放鬆跟焦慮是相對的，諮商師在當事人放鬆的情形下，請他想像一項最不引發焦慮的刺激情境層次，如果當事人顯示焦慮訊號（舉起手或手指）則停止情境想像並回復放鬆狀態，然後重複呈現這項刺激直到不再引發焦慮反應為止。在當事人學會於想像的焦慮情境出現時保持放鬆，則諮商師可以依序呈現連續的焦慮情境層次，直到當事人能想像最高焦慮的刺激情境而毫不焦慮為止。然而，當事人持續對情境感到焦慮時，諮商師可以呈現控制景象（control scene）（當事人曾提過的快樂情境如躺在暖和的沙灘上），約十五秒後再繼續進行減敏感法。諮商師向當事人呈現每項焦慮層次三到四次，第一次最長的呈現時間是五秒，其後可漸次增長到十秒，焦慮項目是採上升方式呈現，從較低焦慮項目開始，每項焦慮情境呈現過後需要給與當事人放鬆的時間。下面是有學校恐懼症的兒童的減敏感情形，諮商師向當事人說：

「想像你的母親在大清早喊你說：『你最好起床了，否則

上學就會遲到。』（暫停五秒），現在停止想像這個情境……現在想像你正在穿衣服（暫停十至十五秒），停止想像這個情境。現在想像你緊握右拳—放鬆—讓你的手掌漸漸放鬆（暫停十秒）。現在你正在吃早餐，你的母親說：『校車大約再五分鐘就會到了……』（暫停十五秒）。」

在呈現完最後一幕情境時，諮商師通常會要求當事人做放鬆動作，諮商師可以說：

「好，放鬆自己……保持放鬆直到我數到十，當我數到十，張開雙眼並放鬆自己（暫停……）。一……感覺輕鬆……二……很放鬆……三……非常平靜……四……和五……」

諮商師應呈現每個焦慮情境，直到當事人連續幾次都能夠成功不再感到焦慮；相反地，假如當事人在某個情境有兩次失敗時（感覺焦慮），諮商師就要回到前次當事人不感到焦慮的成功情境，再依序進行。如果進階失敗，諮商師在結束晤談時必須停留在當事人成功的情境層次中，使他有正向的經驗。諮商師要偶爾詢問當事人是否某個情境會使他感到困擾，若是，則要再次呈現，如果當事人再度指出感到困擾無法想像時，諮商師應該結束減敏感課程並和當事人討論這項困難與其他困擾。例如，當事人可能對想像某個情境感到困難，諮商師應和當事人討論可以想像的部分，共同重建這項情境使它對當事人更為實際。最後，在使用系統減敏感法後，諮商師應採用真實（in-vivo）減敏感處理，讓當事人在日常生活中面對不同焦慮情境層次而能因應得宜。

七、檢核表、範例與標準化測驗

㈠檢核表

請依序以「是」或「否」於空白處作答：

將要消弱的問題行為：

1.

2.

3.

替代處理方案：

A.外顯行為

1.消弱處理：   是   否

   (1)能否容忍行為？   _____   _____

   (2)能否容忍行為的增加？   _____   _____

   (3)能否移除增強作用？   _____   _____

   (4)能否確認替代行為？   _____   _____

   假如上述回答皆是，採用消弱處理；假如有些回答否，請繼續第2項替代處理方案。

2.隔離處理：   是   否

   (1)行為是否危及當事人或他人？   _____   _____

   (2)行為無法被忽視？   _____   _____

   (3)能否立即將當事人撤離到無酬賞的中性情境？   _____   _____

   (4)當事人是否正從增強情境中被撤離？   _____   _____

假如上述回答皆是，採用隔離處理；假如有些回答否，請繼續第
3項替代處理方案。

3. 移除增強作用或反應代價法：　　　　　　　　　　是　　　否

(1)失去的正增強物對制止不良行為，比維
持不良行為的增強物更強而有力？　　　　　　＿＿＿　＿＿＿

(2)在決定移除正增強物時能否運用自然的
後果？　　　　　　　　　　　　　　　　　　＿＿＿　＿＿＿

(3)行為是否具外顯性？　　　　　　　　　　　　＿＿＿　＿＿＿

假如上述回答皆是，採用移除增強作用；倘若(1)回答否，則使用
輕度的懲罰；如果(3)回答否，請繼續系統減敏感法或認知重建。

B. 內隱行為：

4. 系統減敏感法：　　　　　　　　　　　　　　　是　　　否

(1)當事人是否感到焦慮？　　　　　　　　　　　＿＿＿　＿＿＿

(2)焦慮是否為非理性反應？　　　　　　　　　　＿＿＿　＿＿＿

(3)焦慮是否具有特定情境性？　　　　　　　　　＿＿＿　＿＿＿

(4)當事人是否具有因應問題情境的必要技巧？　　＿＿＿　＿＿＿

假如上述回答皆是，採用系統減敏感法；倘若第(1)、(2)、(4)選項
回答是，而第(3)選項回答否，使用認知重建；如果第(4)選項回答
否，則需要提供當事人技巧訓練。

㈡範例

請選擇一或多項敘述正確完成下列問題。

1. 當事人有流動性焦慮時認知重建對他是有利的；倘若當事人
對特定情境產生焦慮則下列何者最有成效？

(1)洞察諮商（insight counseling）。

(2)系統減敏感法。

(3)關係諮商（relationship counseling）。

(4)折衷諮商（eclectic counseling）。

第(2)選項是正確答案。系統減敏感法似乎對情境焦慮的當事人最具成效，其餘三個選項的處理雖然適宜，但在減緩情境焦慮上卻效果不佳。

2. 系統減敏感法能有效減緩緊張有助於當事人：

(1)為自己所做的事負責任。

(2)在引發焦慮的情境中放鬆自己。

(3)在社交場合中肯定自己。

(4)放鬆。

第(2)選項是正確答案。當事人僅是放鬆(4)並不足以減低緊張，在焦慮刺激出現時放鬆自己(2)才能奏效，在當事人的緊張減緩時才能學習自我肯定技巧(3)並為自己的行為負責任(1)。

3. 減敏感法的實施有若干步驟，第一個步驟是諮商師和當事人：

(1)排序焦慮刺激情境。

(2)確定某項焦慮情境。

(3)使用放鬆技術。

(4)調查焦慮刺激情境。

第(4)選項是正確答案。諮商師和當事人必須先辨認所有引發焦慮的情境，當事人不只對一種情境感到焦慮(2)，諮商師在調查焦慮刺激情境後就可以教導當事人放鬆(3)並排序焦慮刺激情境(1)。

4. 在諮商師運用系統減敏感法前必須確定是否：

(1)當事人的焦慮是理性反應。

(2)當事人缺乏必要技巧。

(3)當事人和他人互動良好。

(4)當事人能確立其焦慮刺激層次。

第(1)與第(2)選項是正確答案。當事人的焦慮反應可能是真實的，沒有人能夠減敏感他人使他在混亂的馬路上行走而不感到緊張。當事人也可能缺乏面對某個情境的必要技巧，如考試焦慮的學生可能缺乏通過該項考試的必要技巧。倘若當事人是因為恐懼而無法和他人互動則第(3)選項就有相關，上述三項問題必須得到解決才能建立當事人的焦慮層次(4)。

5. 在諮商晤談或恐懼調查表確定當事人的焦慮刺激情境後，當事人應該：

(1)進行真實減敏感處理。

(2)實施系統減敏感法。

(3)學習新的社交技巧。

(4)設定焦慮層次。

第(4)選項是正確答案。每項焦慮刺激情境應書寫在一張索引卡上，然後依照卡片記載情境的刺激輕重予以排序，在某些案例上，當事人可以針對焦慮刺激從 1（最少）到 100（最多）評定分數。在實施系統減敏感處理(2)或面對焦慮刺激事物(1)前，當事人的焦慮情境就已排序完成，如果社交技巧訓練對當事人是有必要的，應在減敏感處理後再實施(3)。

6. 當事人的焦慮層次建立之後，諮商師應該教導當事人：

(1)放鬆。

(2)辨認焦慮情境的發生。

(3)在感覺焦慮時舉起手指。

(4)因應焦慮刺激情境。

第(1)選項是正確答案。當事人必須先辨認放鬆與緊張的不

同，諮商師的教導過程應視當事人的狀況而定，有關焦慮情境的辨認(2)應在實施減敏感法(3)、(4)前完成。

7. 在介紹鬆弛練習時，諮商師應告訴當事人將教導他：

(1)學習讓相對的肌肉交替地拉緊與放鬆。

(2)如何因應自己的焦慮。

(3)如何迴避焦慮的情境。

(4)在感到焦慮時從 100 開始倒數。

第(1)選項是正確答案。當事人必須學習讓相對的肌肉拉緊與放鬆，並且了解放鬆是一種漸進的過程，放鬆是教導當事人如何因應焦慮(2)的步驟之一，其餘選項(3)、(4)與放鬆過程無關。

8. 在執行減敏感法的最後階段，當事人學習到：

(1)焦慮之後產生的放鬆。

(2)放鬆與焦慮是不相容的。

(3)焦慮之前產生的放鬆。

(4)放鬆是毋須學習的反應。

第(2)選項是正確答案。當事人在放鬆狀況下是不會有焦慮反應的，因此諮商師可以讓當事人在放鬆的情況下想像焦慮刺激層次的每個情境，當事人在面對焦慮刺激事物時必須要能放鬆自己而非之前(3)或之後(1)，放鬆是學習的反應而非不學自會(4)。

9. 在減敏感處理過程中假如當事人感覺焦慮時可以：

(1)舉起手指。

(2)離開房間。

(3)想像自己在遠洋孤島上。

(4)放鬆。

第(1)選項是正確答案。當事人感到焦慮時應給與諮商師訊號，諮商師知道後會撤除引發焦慮的情境維持放鬆狀態，其餘三個選項均無法使諮商師明瞭當事人的焦慮情形。

10. 在當事人暗示連續兩次經驗焦慮時，諮商師應要求當事人放鬆並且：

(1)立即回到控制景象。

(2)回到上次他覺得放鬆的情境。

(3)列舉覺得焦慮的其他情境。

(4)從 100 開始倒數。

第(2)選項是正確答案。諮商師應要求當事人回到上一次他覺得不緊張情境中，假如當事人仍然感到焦慮，那麼最好回到控制景象(1)，讓當事人例舉其他焦慮情境(3)或從 100 開始倒數(4)都無濟於事。

11. 在執行系統減敏感處理後，諮商師應該鼓勵當事人：

(1)在現實生活中面對每項焦慮情境層次。

(2)建立新的焦慮層次。

(3)結束諮商。

(4)指出是否仍然感到焦慮。

第(1)選項是正確答案。唯有當事人能夠接近引發焦慮的事物才能宣稱諮商成功，除非當事人能成功接觸引發焦慮的事物，否則不宜建立新的焦慮層次(2)或結束諮商(3)，第(4)選項是評估當事人焦慮的最佳方法。

12. 針對害怕公開談話的當事人，請辨識其焦慮減敏感層次是否有空隙存在，並請寫出包含適宜向度的新焦慮情境。

(1)演講的前一晚在臥室練習演講。（評分 40）

(2)那天晚上有朋友打電話詢問是否已記住你的講稿。（評分

50）

(3)第二天你正離家上學。（評分 55）

(4)你停車在演講廳前。（評分 70）

在第(3)選項離開家和第(4)選項停車在演講廳前有空隙存在
（評分差距十分），建議插入的項目為：

在上學途中去接一位上演講課的同學。（評分 60）

他問你能否讓他看看你的講稿。（評分 65）

13.列舉評定焦慮情境層次應該包含的向度為：

(1)

(2)

(3)

(4)

正確回答是(1)時間、(2)與焦慮刺激事物的距離、(3)在場的人
數、以及(4)在情境中當事人或他人所做的事。例如，害怕參
加宴會的當事人，在愈接近宴會的時間(1)會愈感到害怕；其
次，參與宴會的人數愈多(3)也會使當事人愈緊張；再者，他
愈接近那些人(2)會愈焦慮；最後，則是他在宴會中與他人的
對話(4)同樣使他感到害怕。

14.列舉在實施消弱處理前必須詢問的五個問題：

(1)

(2)

(3)

(4)

(5)

答案：

(1)能否暫時容忍這項行為？

(2)能否容忍行為的增加？

(3)行為能否被模仿？

(4)能否制止增強作用？

(5)能否確認替代行為？

15. 請指出下列何者是運用消弱的最佳範例：

(1)當事人描述問題時諮商師頻頻點頭。

(2)父親繼續看報紙，小孩漸漸不再問問題了。

(3)老師叫舉手的孩童來協助他。

(4)老師把小孩帶離他打架的地方，但他仍然繼續打架。

上述四項訊息中僅第(2)選項為正確答案。唯有行為被忽視而逐漸終止發生時才能說行為已被消除，其餘三例顯示行為可能正受到增強(1)、(3)或是懲罰(4)。

16. 請辨認下圖（圖 26）中何項行為正在被消除並說明原因。

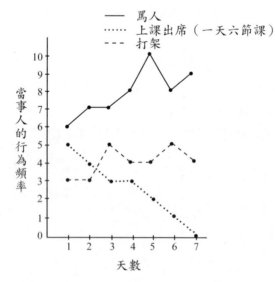

圖 26　正在被消除的行為（問題 16）

從上圖中，當事人的上課出席率被消減至零，從開始至結束，上課出席率的遞減顯示老師對學生的出席率毫無間歇增強（專注），而學生的打架行為與惡言罵人並未遞減，顯示這兩種行為並未停止。

17.指出下列情境何者是運用自然結果的最佳範例：

(1)孩童揍人被罰暫時不准上學。

(2)孩童花費長時間準備考試卻失敗了。

(3)當事人在晤談時間遲到二十分鐘，諮商師什麼話也沒說。

(4)一位母親沒有完成每週的觀察，因此諮商師不讓她參加家長團體。

第(4)選項是正確答案。這位母親因自己的行為（未完成每週的觀察作業）而喪失某項權利，其餘三個選項的行為結果是恣意或無關的。

(三)標準化測驗

請以一或多項敘述或依循指示正確完成下列問題。

1. 何種當事人使用系統減敏感法最有成效？

(1)流動性焦慮。

(2)特定情境焦慮。

(3)非理性思想。

(4)缺乏必要技巧。

2. 接受減敏感法處理的當事人能夠：

(1)解決自己的問題。

(2)放鬆。

(3)在引起焦慮的情境中放鬆自己。

(4)說理性的話語。

3. 如果當事人的焦慮是理性的，但卻缺乏某些必要技巧時，那麼：

(1)系統減敏感法是適當的處理。

(2)認知重建是適當的處理。

(3)行為塑造是適當的處理。

(4)消弱是適當的處理。

4. 實施減敏感法的第一步驟是：

(1)討論鬆弛訓練。

(2)說明兩種不同的焦慮刺激情境。

(3)排序焦慮刺激情境。

(4)調查焦慮刺激情境。

5. 在確認焦慮刺激情境後，當事人應：

(1)依據每項刺激情境引發的焦慮多寡予以排序。

(2)討論鬆弛訓練。

(3)腦力激盪以發掘其他問題的來源。

(4)解釋減敏感處理。

6. 鬆弛訓練的原則根基於：

(1)深呼吸。

(2)觀察與記錄自己的脈搏速率。

(3)相對肌肉做拉緊與放鬆的交替活動。

(4)避免焦慮的情境。

7. 減敏感法根據的原則是：

(1)放鬆是毋須學習的反應。

(2)當事人的困難需要協助。

(3)放鬆與焦慮是不相容的。

(4)放鬆是無牽掛的。

8. 在減敏感處理期間當事人連續兩次表示焦慮，諮商師應要求當事人放鬆並且：

(1)結束晤談。

(2)回到上次他覺得輕鬆的情境。

(3)和他討論減敏感處理。

(4)請他站起來做深呼吸。

9. 當事人在減敏感處理時舉起手指通常表示：

(1)他覺得焦慮。

(2)他期望結束晤談。

(3)他覺得輕鬆。

(4)他準備經歷下一個焦慮情境。

10.在當事人完成減敏感處理後應該：

(1)學習如何放鬆。

(2)學習如何肯定自己。

(3)在真實生活中體驗不同的焦慮情境層次。

(4)發展新的焦慮層次。

11.針對考試焦慮的當事人，請辨識其焦慮減敏感層次中的空隙，並寫出包含適宜向度的新焦慮情境。

(1)考試前一晚正在閱讀。（評分 45）

(2)考試那天早晨鬧鐘不響。（評分 50）

(3)考試當天離家上學。（評分 60）

(4)抵達學校但找不到停車位置。（評分 75）

12.設計減敏感層次的四個向度為：

(1)

(2)

(3)

(4)

13.在實施消弱處理前必須詢問的五個問題為：

(1)

(2)

(3)

(4)

(5)

14.指出下列何者是運用消弱處理的最佳範例：

(1)當諮商師在門口迎接孩童時，他的出席率增加。

(2)在屢次申請工作失敗後，這位男士不再求職了。

(3)當上司說他不負責任時，他就辭職了。

(4)雖然參加戒毒聚會，這婦人依然酗酒。

15.請辨認在下圖（圖27）中何項行為正在被消除並說明原因。

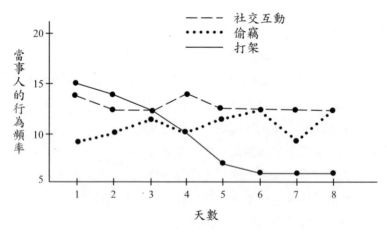

圖27　正在被消除的行為（問題15）

16.指出下列何者是運用自然結果的最佳範例：

(1)孩童偷了二十元應該予以歸還。

(2)孩童偷了二十元被送往拘留所看管。

(3)孩童打架被學校開除。

(4)當事人在晤談時間遲到十分鐘，但獲得諮商師的諒解。

㈣第七章標準化測驗答案

1.(2)　2.(3)　3.(3)　4.(4)　5.(1)　6.(3)　7.(3)　8.(2)　9.(1)　10.(3)

11.在層次(3)、(4)之間評分空隙達 15 分，建議增加新的焦慮情境為：「你的車轉彎後看見一個招牌，上面印有『路易斯維爾大學校本部』的字樣。」。

12.(1)時間。

(2)焦慮刺激事件的距離。

(3)在場的人數。

(4)在情境中當事人或他人所做的事。

13.(1)能否容忍這項行為？

(2)能否容忍行為的增加？

(3)行為能否被模仿？

(4)能否制止增強作用？

(5)能否確認替代行為？

14.(2)

15.學生的打架行為正在被消除中，行為的遞減是因未獲得增強所致。

16.(1)

第8章

行為的增加

一、確定當事人具備既有的行為能力

　　在諮商師使用反應增強處理前，必須確定期望行為已存在於當事人既有的行為能力中，例如老師轉介某位孩童給諮商師是因為「他和同學講話而未能完成作業」，假如孩童偶爾會安靜坐著學習也能完成部分作業，顯然在其既有的行為能力中包含了期望行為，這些行為是可予以增強的；相反地，如果他從未完成作業且所有時間都在做與學習無關的事，那麼要他靜坐寫作業的行為在他既有的行為能力中是缺乏的，顯然地，孩童必須先具備這些行為，然後才能予以增強（見第九章教導新行為）。

　　諮商師想要增強當事人既有行為能力中的行為時，只要運用簡

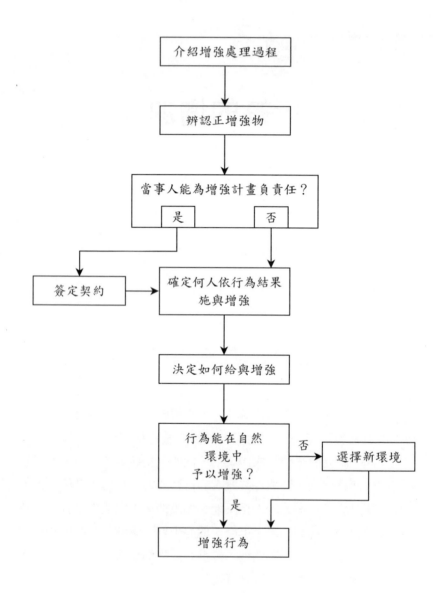

圖 28　行為的增加摘要表

單的增強處理就會得到成效（見圖 28 行為的增加步驟）；然而，如果當事人不具備既有的行為能力，則可以藉由如行為塑造法與示範法的策略來加以訓練。

二、運用正增強增加期望行為

㈠介紹增強處理過程

雖然老師、家長或轉介者會想知道有關行為改變的理念，但對於諮商師的建議卻仍抱持懷疑或抗拒的態度，通常他們已經嘗試過一些作法，如尋求朋友或親人的意見，甚至實行自己的看法，假如這些方法無效，而諮商師又有類似的建議時，可能導致同樣的結果。如果可能，諮商師應提供不同的建議，否則就要說明無法奏效的原因並強調推薦之方法的差別性。範例如下：

諮商師：學生們做了什麼事？

老　師：哦，他們從不帶學用品來上課。

諮商師：（停頓不語）

老　師：我告訴過他們，如果大家都帶學用品來，我會在放學後獎勵他們。

諮商師：結果怎樣？

老　師：有些學生始終不帶來。

諮商師：你是否曾經想過對帶學用品來的學生立即獎勵，並忽視未帶者？

諮商師千萬不可暗示當事人、父母或老師他們是造成非期望行為的主要人物，這是十分重要的，因為這種暗示會引起老師或家長的抗拒，最好避免和他們討論造成行為的原因。

在某些案例中，當事人或諮詢者（如家長或老師）希望使用增強處理，卻因環境中的他人或事物的限制而無法實施（Tharp and Wetzel, 1969）。例如，某位老師會因同事的不贊同而不願意採用代幣來酬賞孩童的行為；同樣地，先生會因妻子只關心小孩的行為，遭到忽略而感到沮喪。在這種情形下，諮商師必須要求當事人或諮詢者在其角色內表現不會受罰的行為，並將增強處理的過程向相關人士（先生、同事）做圓滿的解釋，同時鼓勵他們協同合作，這種作法將使當事人和諮詢者（家長或老師）的行為更能得到酬賞。

(二)辨認正增強物

在實施增強處理時，最根本的是辨認當事人的環境中會促使他表現期望行為的增強物，重要的過程是操弄增強刺激來消除當事人的非期望行為並增加期望行為。我們通常會發現有幾類增強物（如食物、微笑等）對大多數人都有效；而某些增強物則對特定對象有效，例如，對某人來說冰上溜冰是一種增強；對另一人則是滑輪溜冰。諮商師必須辨認比增強當事人非期望行為更有力的增強物，例如，同儕對當事人不當言論的嬉鬧比老師對良好學業表現的讚美更具增強作用；同樣地，家長或校方毋須感到驚訝，因為對某些學生來說，被學校退學比參與學校活動更具有增強作用。

1. 運用晤談和問卷

確定有效增強物的過程並不容易，詢問當事人喜歡什麼是最好

的開始：

> 「你喜歡做哪些事？」
>
> 「什麼時候你感覺自己很好？」
>
> 「你最喜歡跟誰在一起？」

在決定兒童的增強物時，諮商師可以請他們說出三個願望，或要到另一星球長途旅行時想帶的東西，詢問這些問題並不耗時且經常提供有用的訊息，諮商師可從兒童或當事人回答的熱忱狀況判斷行為能否受到增強。Tharp 和 Wetzel（1969）提出其餘問題如表 8 所示。

表 8　增強媒介問卷*

姓名＿＿＿＿＿＿＿＿＿＿＿＿＿＿＿＿＿＿＿＿＿＿＿＿＿＿＿＿＿

日期＿＿＿＿＿＿＿＿＿＿＿＿＿＿＿＿＿＿＿＿＿＿＿＿＿＿＿＿＿

學校＿＿＿＿＿＿＿＿＿＿＿＿＿＿＿＿＿＿＿＿＿＿＿＿＿＿＿＿＿

1. 我最喜歡的大人是＿＿＿＿＿＿＿＿＿＿＿＿＿＿＿＿＿＿＿＿＿

   我喜歡和他做什麼事？＿＿＿＿＿＿＿＿＿＿＿＿＿＿＿＿＿＿＿

2. 任何人能給我的最好獎勵是＿＿＿＿＿＿＿＿＿＿＿＿＿＿＿＿＿

3. 我最喜歡的學科是＿＿＿＿＿＿＿＿＿＿＿＿＿＿＿＿＿＿＿＿＿

4. 我長大以後要做＿＿＿＿＿＿＿＿＿＿＿＿＿＿＿＿＿＿＿＿＿＿

5. 我最喜歡做的兩件事是＿＿＿＿＿＿＿＿＿＿＿＿＿＿＿＿＿＿＿

＿＿＿＿＿＿＿＿＿＿＿＿＿＿＿＿＿＿＿＿＿＿＿＿＿＿＿＿＿＿＿

6. 在學校裡我最喜歡的大人是＿＿＿＿＿＿＿＿＿＿＿
＿＿＿＿＿＿＿＿＿＿＿＿＿＿＿＿＿＿＿＿＿＿＿＿＿

7. 當我把事情做好時，母親會＿＿＿＿＿＿＿＿＿＿＿
＿＿＿＿＿＿＿＿＿＿＿＿＿＿＿＿＿＿＿＿＿＿＿＿＿

8. 我覺得很棒的時候是＿＿＿＿＿＿＿＿＿＿＿＿＿＿＿
＿＿＿＿＿＿＿＿＿＿＿＿＿＿＿＿＿＿＿＿＿＿＿＿＿

9. 我獲得零用錢的方法是＿＿＿＿＿＿＿＿＿＿＿＿＿＿
＿＿＿＿＿＿＿＿＿＿＿＿＿＿＿＿＿＿＿＿＿＿＿＿＿

10. 在我有錢的時候，我喜歡＿＿＿＿＿＿＿＿＿＿＿＿＿
＿＿＿＿＿＿＿＿＿＿＿＿＿＿＿＿＿＿＿＿＿＿＿＿＿

11. 在我有困難的時候，父親＿＿＿＿＿＿＿＿＿＿＿＿＿
＿＿＿＿＿＿＿＿＿＿＿＿＿＿＿＿＿＿＿＿＿＿＿＿＿

12. 我真的想要的東西是＿＿＿＿＿＿＿＿＿＿＿＿＿＿＿
＿＿＿＿＿＿＿＿＿＿＿＿＿＿＿＿＿＿＿＿＿＿＿＿＿

13. 假如有機會，我必定會＿＿＿＿＿＿＿＿＿＿＿＿＿＿
＿＿＿＿＿＿＿＿＿＿＿＿＿＿＿＿＿＿＿＿＿＿＿＿＿

14. 我最喜歡的人為我做的事是＿＿＿＿＿＿＿＿＿＿＿＿
如何做？＿＿＿＿＿＿＿＿＿＿＿＿＿＿＿＿＿＿＿＿＿

15. 我最喜歡和兄弟或姐妹一起做的事是＿＿＿＿＿＿＿＿
＿＿＿＿＿＿＿＿＿＿＿＿＿＿＿＿＿＿＿＿＿＿＿＿＿

16. 我所做使老師最感困擾的是＿＿＿＿＿＿＿＿＿＿＿＿
＿＿＿＿＿＿＿＿＿＿＿＿＿＿＿＿＿＿＿＿＿＿＿＿＿

17. 我最欣賞的週末活動或娛樂是＿＿＿＿＿＿＿＿＿＿＿
＿＿＿＿＿＿＿＿＿＿＿＿＿＿＿＿＿＿＿＿＿＿＿＿＿

18. 假如我在學校有好表現，我希望老師會＿＿＿＿＿＿＿
＿＿＿＿＿＿＿＿＿＿＿＿＿＿＿＿＿＿＿＿＿＿＿＿＿

19. 我願意做任何事來獲得＿＿＿＿＿＿＿＿＿＿＿＿＿＿＿＿

20. 我一定會瘋掉，假如我不能＿＿＿＿＿＿＿＿＿＿＿＿＿＿

21. 在我有困難的時候，母親＿＿＿＿＿＿＿＿＿＿＿＿＿＿＿

22. 在路易斯維爾大學，我最喜歡的朋友是＿＿＿＿＿＿＿＿＿
＿＿＿＿＿＿＿＿＿＿＿＿＿＿＿＿＿＿＿＿＿＿＿＿＿＿＿

23. 我最喜歡和他或她一起做的事是＿＿＿＿＿＿＿＿＿＿＿＿
＿＿＿＿＿＿＿＿＿＿＿＿＿＿＿＿＿＿＿＿＿＿＿＿＿＿＿

24. 唯一我會聽取建議的人是＿＿＿＿＿＿＿＿＿＿＿＿＿＿＿

25. 除了我的父母之外，我會為他做任何事的人是＿＿＿＿＿＿
＿＿＿＿＿＿＿＿＿＿＿＿＿＿＿＿＿＿＿＿＿＿＿＿＿＿＿

26. 我恨我的老師，當她＿＿＿＿＿＿＿＿＿＿＿＿＿＿＿＿＿

＊ 轉載已蒙同意。出自 Tharp, R. G. 和 Wetzel, R. J. 合著《在自然環境中的行為改變技術》
（*Behavior Modification in the Natural Environment*）。一九六九年紐約 Academic Press
出版。

　　這些問題有重複性讓諮商師用以交互檢查當事人的回答，當事人回答某事件具增強的次數可視為增強物強度的線索。諮商師在晤談結束後摘要結果並請當事人排序增強物的重要性，諮商師可以排除對當事人無效的增強物，例如，孩童想要腳踏車而家長無力購置；又如增強活動無法安排，如停課將可能違反學校的政策（見本章後面有效增強物的特性）。

　　另一種特別有效的方法是諮商師在當事人表現期望行為時，給與「增強物明細單」（reinforcement menu）供其選擇，增強物調查

表（Reinforcement Survey Schedule）就是一項增強物明細單的實例（Cautela and Kastenbaum, 1967，如表 9 所示），增強事件分類陳列，並請當事人逐項評定等級。諮商師可依當事人的年齡與所處情境類別，如增強物因學校與家庭而有差異，修正調查表的項目或選用某些特殊項目。

表 9　增強物調查表 *

本問卷所列項目包含使個人產生歡喜或快樂的事物與經驗，請檢視勾選各項目給與你的愉悅感受程度。

	毫不喜歡	很少喜歡	有點喜歡	喜歡	非常喜歡

第一部分：

1. 食物
   (1)冰淇淋
   (2)糖果
   (3)水果
   (4)餡餅
   (5)核果
   (6)餅乾
2. 飲料
   (1)水
   (2)牛奶
   (3)汽水

(4)茶　　　　　　　　　　　　＿＿＿　＿＿＿　＿＿＿

(5)咖啡　　　　　　　　　　　＿＿＿　＿＿＿　＿＿＿

3. 酒類

(1)啤酒　　　　　　　　　　　＿＿＿　＿＿＿　＿＿＿

(2)酒　　　　　　　　　　　　＿＿＿　＿＿＿　＿＿＿

(3)烈酒　　　　　　　　　　　＿＿＿　＿＿＿　＿＿＿

4. 美麗的女士　　　　　　　　　＿＿＿　＿＿＿　＿＿＿

5. 英俊的男士　　　　　　　　　＿＿＿　＿＿＿　＿＿＿

6. 解答問題

(1)填字謎　　　　　　　　　　＿＿＿　＿＿＿　＿＿＿

(2)數學題　　　　　　　　　　＿＿＿　＿＿＿　＿＿＿

(3)理解事物的運作　　　　　　＿＿＿　＿＿＿　＿＿＿

7. 聽音樂

(1)古典　　　　　　　　　　　＿＿＿　＿＿＿　＿＿＿

(2)西部／鄉村　　　　　　　　＿＿＿　＿＿＿　＿＿＿

(3)爵士　　　　　　　　　　　＿＿＿　＿＿＿　＿＿＿

(4)戲劇插曲　　　　　　　　　＿＿＿　＿＿＿　＿＿＿

(5)抒情與藍調　　　　　　　　＿＿＿　＿＿＿　＿＿＿

(6)搖滾　　　　　　　　　　　＿＿＿　＿＿＿　＿＿＿

(7)民俗　　　　　　　　　　　＿＿＿　＿＿＿　＿＿＿

(8)流行　　　　　　　　　　　＿＿＿　＿＿＿　＿＿＿

8. 裸體男人　　　　　　　　　　＿＿＿　＿＿＿　＿＿＿

9. 裸體女人　　　　　　　　　　＿＿＿　＿＿＿　＿＿＿

10.動物

(1)狗　　　　　　　　　　　　＿＿＿　＿＿＿　＿＿＿

(2)貓　　　　　　　　　　　　＿＿＿　＿＿＿　＿＿＿

(3)馬　　　　　　　　　　　　＿＿＿＿　＿＿＿＿　＿＿＿＿　＿＿＿＿

(4)鳥　　　　　　　　　　　　＿＿＿＿　＿＿＿＿　＿＿＿＿　＿＿＿＿

第二部分：

11.觀賞運動

(1)足球　　　　　　　　　　　＿＿＿＿　＿＿＿＿　＿＿＿＿　＿＿＿＿

(2)棒球　　　　　　　　　　　＿＿＿＿　＿＿＿＿　＿＿＿＿　＿＿＿＿

(3)籃球　　　　　　　　　　　＿＿＿＿　＿＿＿＿　＿＿＿＿　＿＿＿＿

(4)田徑　　　　　　　　　　　＿＿＿＿　＿＿＿＿　＿＿＿＿　＿＿＿＿

(5)高爾夫球　　　　　　　　　＿＿＿＿　＿＿＿＿　＿＿＿＿　＿＿＿＿

(6)游泳　　　　　　　　　　　＿＿＿＿　＿＿＿＿　＿＿＿＿　＿＿＿＿

(7)賽跑　　　　　　　　　　　＿＿＿＿　＿＿＿＿　＿＿＿＿　＿＿＿＿

(8)網球　　　　　　　　　　　＿＿＿＿　＿＿＿＿　＿＿＿＿　＿＿＿＿

(9)撞球　　　　　　　　　　　＿＿＿＿　＿＿＿＿　＿＿＿＿　＿＿＿＿

(10)其他　　　　　　　　　　　＿＿＿＿　＿＿＿＿　＿＿＿＿　＿＿＿＿

12.閱讀

(1)冒險讀物　　　　　　　　　＿＿＿＿　＿＿＿＿　＿＿＿＿　＿＿＿＿

(2)神秘小說　　　　　　　　　＿＿＿＿　＿＿＿＿　＿＿＿＿　＿＿＿＿

(3)名人傳記　　　　　　　　　＿＿＿＿　＿＿＿＿　＿＿＿＿　＿＿＿＿

(4)詩詞　　　　　　　　　　　＿＿＿＿　＿＿＿＿　＿＿＿＿　＿＿＿＿

(5)旅遊　　　　　　　　　　　＿＿＿＿　＿＿＿＿　＿＿＿＿　＿＿＿＿

(6)真情告白　　　　　　　　　＿＿＿＿　＿＿＿＿　＿＿＿＿　＿＿＿＿

(7)政治與歷史　　　　　　　　＿＿＿＿　＿＿＿＿　＿＿＿＿　＿＿＿＿

(8)如何操作的書籍　　　　　　＿＿＿＿　＿＿＿＿　＿＿＿＿　＿＿＿＿

(9)幽默讀物　　　　　　　　　＿＿＿＿　＿＿＿＿　＿＿＿＿　＿＿＿＿

(10)漫畫　　　　　　　　　　　＿＿＿＿　＿＿＿＿　＿＿＿＿　＿＿＿＿

(11)愛情故事 　　————————————

(12)心靈讀物 　　————————————

(13)性刊物 　　————————————

(14)運動刊物 　　————————————

(15)醫學雜誌 　　————————————

(16)科學雜誌 　　————————————

(17)新聞報紙 　　————————————

13. 觀看有趣的建築物 　　————————————

14. 觀看美麗的風景 　　————————————

15. 看電視、電影或聽廣播 　　————————————

16. 喜歡唱歌

　　(1)單獨 　　————————————

　　(2)和他人 　　————————————

17. 喜歡跳舞

　　(1)舞廳 　　————————————

　　(2)夜總會 　　————————————

　　(3)芭蕾或抒情舞 　　————————————

　　(4)土風舞 　　————————————

　　(5)民俗舞 　　————————————

18. 樂器演奏

19. 參加運動

　　(1)足球 　　————————————

　　(2)棒球 　　————————————

　　(3)籃球 　　————————————

　　(4)田徑 　　————————————

　　(5)高爾夫球 　　————————————

(6)游泳　　　　　　　　　———— ———— ———— ———— ————

(7)賽跑　　　　　　　　　———— ———— ———— ———— ————

(8)網球　　　　　　　　　———— ———— ———— ———— ————

(9)撞球　　　　　　　　　———— ———— ———— ———— ————

(10)拳擊　　　　　　　　　———— ———— ———— ———— ————

(11)柔道或跆拳道　　　　　———— ———— ———— ———— ————

(12)釣魚　　　　　　　　　———— ———— ———— ———— ————

(13)潛水　　　　　　　　　———— ———— ———— ———— ————

(14)賽車或自行車賽　　　　———— ———— ———— ———— ————

(15)狩獵　　　　　　　　　———— ———— ———— ———— ————

(16)滑雪　　　　　　　　　———— ———— ———— ———— ————

20.採購

(1)衣服　　　　　　　　　———— ———— ———— ———— ————

(2)家具　　　　　　　　　———— ———— ———— ———— ————

(3)汽車零件與用品　　　　———— ———— ———— ———— ————

(4)家庭用品　　　　　　　———— ———— ———— ———— ————

(5)食物　　　　　　　　　———— ———— ———— ———— ————

(6)新車　　　　　　　　　———— ———— ———— ———— ————

(7)新宅　　　　　　　　　———— ———— ———— ———— ————

(8)運動器材　　　　　　　———— ———— ———— ———— ————

21.園藝

22.玩紙牌　　　　　　　　　———— ———— ———— ———— ————

23.爬山或步行　　　　　　　———— ———— ———— ———— ————

24.完成一件困難的工作　　　———— ———— ———— ———— ————

25.露營

26.睡覺　　　　　　　　　　———— ———— ———— ———— ————

27.泡澡 ＿＿ ＿＿ ＿＿ ＿＿

28.淋浴 ＿＿ ＿＿ ＿＿ ＿＿

29.做贏家

　(1)猜對某人在做什麼事 ＿＿ ＿＿ ＿＿ ＿＿

　(2)辯論 ＿＿ ＿＿ ＿＿ ＿＿

　(3)在自己的工作上 ＿＿ ＿＿ ＿＿ ＿＿

　(4)打賭 ＿＿ ＿＿ ＿＿ ＿＿

30.受人讚美

　(1)關於你的外表 ＿＿ ＿＿ ＿＿ ＿＿

　(2)關於你的工作 ＿＿ ＿＿ ＿＿ ＿＿

　(3)關於你的嗜好 ＿＿ ＿＿ ＿＿ ＿＿

　(4)關於你的體能 ＿＿ ＿＿ ＿＿ ＿＿

　(5)關於你的運動才能 ＿＿ ＿＿ ＿＿ ＿＿

　(6)關於你的思想 ＿＿ ＿＿ ＿＿ ＿＿

　(7)關於你的性格 ＿＿ ＿＿ ＿＿ ＿＿

　(8)關於你的道德勇氣 ＿＿ ＿＿ ＿＿ ＿＿

　(9)關於你對他人的體諒 ＿＿ ＿＿ ＿＿ ＿＿

31.喜歡有人找你作伴 ＿＿ ＿＿ ＿＿ ＿＿

32.賣弄風情 ＿＿ ＿＿ ＿＿ ＿＿

33.別人來挑逗你 ＿＿ ＿＿ ＿＿ ＿＿

34.和喜歡你的人談話 ＿＿ ＿＿ ＿＿ ＿＿

35.使別人快樂 ＿＿ ＿＿ ＿＿ ＿＿

36.嬰兒 ＿＿ ＿＿ ＿＿ ＿＿

37.孩童 ＿＿ ＿＿ ＿＿ ＿＿

38.老先生 ＿＿ ＿＿ ＿＿ ＿＿

39.老婦人 ＿＿ ＿＿ ＿＿ ＿＿

40.有人詢問你的建議 　　　　　_____ _____ _____ _____ _____

41.觀看別人 　　　　　_____ _____ _____ _____ _____

42.有人對你微笑 　　　　　_____ _____ _____ _____ _____

43.做愛 　　　　　_____ _____ _____ _____ _____

44.快樂的人 　　　　　_____ _____ _____ _____ _____

45.親近有吸引力的男士 　　　　　_____ _____ _____ _____ _____

46.親近有吸引力的女士 　　　　　_____ _____ _____ _____ _____

47.談論異性 　　　　　_____ _____ _____ _____ _____

48.和朋友聊天 　　　　　_____ _____ _____ _____ _____

49.變得完美 　　　　　_____ _____ _____ _____ _____

50.打賭贏了 　　　　　_____ _____ _____ _____ _____

51.上教堂或廟宇 　　　　　_____ _____ _____ _____ _____

52.祈禱 　　　　　_____ _____ _____ _____ _____

53.有人為你祈禱 　　　　　_____ _____ _____ _____ _____

54.平安和寧靜 　　　　　_____ _____ _____ _____ _____

第三部分──我所喜歡的場合：

請勾選你在下列場合的愉悅程度：

1. 你剛完成一件困難的工作，上司走
   過來高度讚揚你做得很好，並且
   明白告訴你很快就能獲得獎勵。　　　_____ _____ _____ _____ _____

2. 你參加一個熱鬧的宴會，有人從房
   間的角落向你走來，面帶友善的笑
   容說：「真高興見到你，我聽到別
   人對你的誇獎，你有時間跟我談話
   嗎？」。　　　_____ _____ _____ _____ _____

3. 你剛好帶隊贏了勝仗，一位老朋友
   跑來跟你說：「你實在打得太棒了，
   讓我請你吃頓晚餐。」。
   ＿＿＿＿＿＿＿＿＿＿＿＿

4. 你沿著山路走，愛狗跟隨在旁。你
   注意到引人入勝的湖泊、溪流、花
   朵與樹木。你想著：「活著能像今
   天一樣，有機會徜徉在原野鄉間，
   實在太美好了。」。
   ＿＿＿＿＿＿＿＿＿＿＿＿

5. 你和所愛的人坐在火爐旁，唱機播
   放著輕柔的音樂，你們濃情蜜意。
   你心裡想著，彼此相愛、關照體貼是
   何等的美好。
   ＿＿＿＿＿＿＿＿＿＿＿＿

6. 正當你要離開教堂時，一位婦人轉
   頭對你說：「我要告訴你，我多麼
   感激你在我們有困難與不幸的時
   候給與的幫助，現在一切都好轉了，
   我將永遠在禱告中紀念你。」。
   ＿＿＿＿＿＿＿＿＿＿＿＿

第四部分：
請列出你在一天中所做或所想的事：

五次	十次	十五次	二十次
＿＿＿＿	＿＿＿＿	＿＿＿＿	＿＿＿＿
＿＿＿＿	＿＿＿＿	＿＿＿＿	＿＿＿＿
＿＿＿＿	＿＿＿＿	＿＿＿＿	＿＿＿＿
＿＿＿＿	＿＿＿＿	＿＿＿＿	＿＿＿＿

```
_____    _____    _____
_____    _____    _____
_____    _____    _____
_____    _____    _____
```

---

* 轉載已蒙同意。出自 Cautela, J. R.和 Kastenbaum, R.《運用在治療、訓練和研究的增強物調查表》，刊載於一九六七年《心理學報期刊》（*Psychological Reports*），第二十卷，頁 1115-1130。

不同層級的增強物明細單如表 10、11 所示：

表 10　增強物明細單：五到十二歲

---

1. 選玩一種遊戲。
2. 配戴榮譽學生獎章一天。
3. 戴耳機聽錄音故事卡帶。
4. 用卡帶錄音機錄故事。
5. 在班上教導其他同學。
6. 任何時間毋須老師同意，可以自由喝飲料。
7. 擦拭黑板與清潔板擦。
8. 和最好的朋友談話十分鐘。
9. 提早十分鐘離開教室。
10. 出遊看足球賽。

表 11　增強物明細單：十五到十六歲（歷史課）

1. 做額外的作業以提高成績。
2. 用隨身聽聽「偉大的歷史時刻」。
3. 設計二次世界大戰的剪貼簿。
4. 寫封信給地方國會議員。
5. 玩猜字遊戲。
6. 參觀歷史博物館。
7. 導演科學虛幻電影。
8. 設計「你在那裡」的廣播劇。
9. 觀看波茨坦會議影片。
10.提早十分鐘離開教室。

2. 運用正式觀察

　　諮商師確定增強物的另一方法是在自然環境中仔細觀察當事人，諮商師可以記錄當事人所做的事、參與的活動與飲食等，諮商師根據對當事人的正式觀察（如從事某項活動的頻率與時間）來選擇增強活動。經由系統觀察而確定的增強物，遠比諮商師或老師的主觀假設好（Sulzer and Mayer, 1972）。

✿ 實例練習

　　林諮商師想要評估當事人的正向思考狀況，在四次晤談後，他決定在當事人表達正向自我語言後就給與讚美，從圖29中能否假定諮商師的讚美，對當事人使用正向自我語言的頻率有增強的效果？

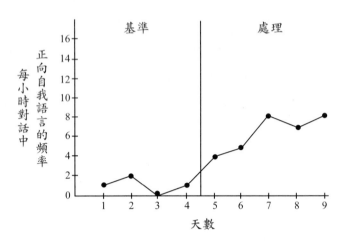

圖 29　當事人正向自我語言的頻率

（圖表座標軸標示：縱軸「正向自我語言的頻率」「每小時對話中」，橫軸「天數」，上方分為「基準」與「處理」兩區）

答　案

　　是的。凡事物能提升目標行為的層次（如正向自我語言）就是具有增強作用，諮商師唯有觀察當事人的反應才能確認刺激物是否具有增強的特性。

　　當事人在某些狀況下無法接觸到刺激活動，而諮商師或老師也不能確定它對當事人的價值時，那麼諮商師無妨讓當事人有嘗試這項活動的機會並從中觀察行為反應。Holz、Azrin 和 Ayllon（1963）發現成人給與兒童觀賞部分影片的機會，他們可能會以良好的表現來博取觀看的酬賞；反之則無。相同地，廣告商贈送有消費潛力的顧客商品樣本，他們希望顧客會在試用後因為喜歡而加以購買。同樣的情形，諮商師或老師必須容許當事人只能先經驗到小部分的刺激，以免減損這項刺激的增強品質。

　　請注意下列有關選擇增強物的實例，諮商師觀察到小傑在上自然課前會花很多時間跟實驗室的動物在一起，他偶爾會問老師他能否清潔籠子或餵食，小傑經常無法完成作業，每當他做完功課老師就會叫他清洗試管，請從圖 30 中判斷清洗試管是否對小傑有增強作用。

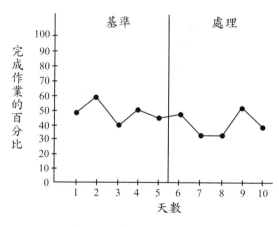

圖 30　完成作業的頻率

答　案

　　否，清洗試管對小傑不具有增強作用。在這個例子中，老師或諮商師應該要觀察到小傑對餵食動物或清潔籠子的微妙暗示並將它選為增強物，最實在的作法是告訴他在圓滿完成作業後即能餵食動

物，如果完成作業的次數增加了，就能確定餵食動物或清潔籠子對小傑具有增強作用。由於諮商師是受過專業訓練的觀察者，他能有效幫助老師或家長分辨獨特且吸引當事人的行為用以作為增強物。

㈢選擇有力的增強物

1. 根據增強物的特性來評估

在諮商師發現許多刺激事件可作為增強物後，他必須確定哪些增強物比較容易處理，Gelfand 和 Hartmann（1975）對有效增強物的特性描述如下：

⑴在期望行為出現後立即給與增強物

有些增強物只能用在偶爾或固定時間，不適合在期望行為出現時立刻給與，例如棒球賽、電視節目、聖誕禮物與溜冰表演等只在特定時間才會有，除非在當事人期望行為出現時能立即給與增強物，否則當事人會覺得諮商師言而無信且未履行諾言。其次，如果在期望行為出現與給與增強的間隔過長時，將難以釐清何項行為受到增強，例如母親允許小孩週五晚上去溜冰，只要他在週三整理自己的房間，對小孩來說，週四不用整理房間，同樣是一種增強。假如諮商師或家長要延後增強作用，最好採用支援增強物（如記點、代幣等）同時解釋原因。

⑵讓處理代理人掌握增強物的給與

增強物的發放是由處理代理人所控制，否則在當事人可任意獲得的情況下將失去效用。假如家長在小孩想吃糖時就給他，那麼糖果就不是適當的增強物，在這個情形下，若要處理計畫生效，諮商師應該鼓勵家長限制糖果的給與。最適宜的作法是選用當事人在一

般情形下無法獲得的事物作為增強物（如晉級、加薪或加分等）。

(3)不使當事人快速厭足的增強物是最有效的

假如當事人對獲得的增強物感到厭足（satiated）或厭倦時，期望行為出現的次數將可能減少，當事人對增強物的厭足可從其評論中得知，例如「我覺得厭煩」或「我對這不感興趣」，這些評語暗示這項活動不再具有增強作用。

諮商師可用一些方法來避免厭足的狀況，首先，諮商師可同時準備幾種增強物作為當事人厭倦時的替代，可以根據增強物明細單或調查表預備多樣增強物以避免當事人的厭足現象。

其次是縮短當事人獲得增強物的時間，換句話說，諮商師可以限制在多長的時間裡當事人就可以獲得增強物，而非整天都在實施增強處理。例如，家長會希望在小孩放學後才給與玩耍的增強；又如，家長或老師會想要在一天的特定時間裡增強孩童的認字學習。諮商師寧願嘗試將時間定在十五到二十分鐘而不做整天的增強，由此限制當事人獲得增強的時間並容許諮商師視情況改變處理方式。

第三是選用不易使當事人厭足的條件增強物（conditioned reinforcer）如金錢或贊同等，條件增強物是某事件與另一增強事件的配對出現，例如老師對學生的微笑或輕拍肩膀能成為增強是因為與其他增強物（如食物、好成績或晉級等）相配合。

(4)增強物與處理計畫應並行不悖

食物或香菸對正在設法減肥或戒菸的當事人不是合宜的增強物；同樣地，對常打架的小孩不應使用攻擊性的遊戲活動作為增強，在這兩個例子裡，增強物與欲改變的當事人行為是相抗衡的。

(5)增強物毋須昂貴

有效的增強物不應昂貴且能轉換為大量的供給品，通常，家長無力購買昂貴的玩具，如迷你腳踏車或小火車，而這些增強物也不

能拆散給與部分增強。假如要使用昂貴的增強物，諮商師應該先使用記點、票券或代幣等用以累積交換支援增強物（如旅行、獎品或獎金）。

 實例練習

請指出下列實例的增強物是否符合有效的標準：

1. 小傑在讀書方面有困難，諮商師建議實施的計畫是，小傑每次在書桌前讀書十分鐘就能看電視三十分鐘。
2. 小美遇見陌生人總會感到不自在，只要小美主動在三位陌生人面前做自我介紹，就准許她選看一部電影。
3. 團體成員都批評小喬太過負向，當小喬對成員表現正向語言時，就得到其他成員的正向回饋同時記點一分。
4. 如果小麥每晚飯後洗碗筷，父母就准許他星期五去游泳。

 答　案

	立即給與增強物	處理代理人掌握增強物的給與	不使當事人厭足的增強物	增強物與處理計畫並行不悖	增強物毋須昂貴
1. 小傑	ˇ		ˇ		ˇ
2. 小美			ˇ	ˇ	ˇ
3. 小喬	ˇ	ˇ	ˇ	ˇ	ˇ
4. 小麥		ˇ		ˇ	ˇ

1. 雖然看電視相對讀書來說是一項有力的增強物，但增強物（看電視）與目標行為（讀書）的比率是 3 比 1。我們可以想像小傑花費大部分時間在看電視而非讀書，或許要求小傑讀書十分鐘才能看電視五分鐘會更好。在此例中並未清楚交待諮商師是否控制增強物的給與，如果家長允許小傑在任何時刻都能看電視，那麼這項增強物就可能無效。

2. 看電影是有效的增強物但經常無法立即給與，而看電影也不是諮商師能直接控制的增強物，或許只要諮商師經常注意小美必能發現她的進步情形。

3. 團體成員的正向讚許是一項條件增強物不易使小喬感到厭足，而小喬正向行為的結果可以比其他成員多得到記點。這個範例達成所有增強物的標準。

4. 游泳這項事件無法在期望行為（洗碗）出現後立即給與，何況當事人也可能感到厭足，因此諮商師可以安排給與代幣，並在小麥每晚洗好碗碟後稱讚他，此外，諮商師應該再確認其他增強物以免小麥對游泳感到厭煩。

🎴 實例練習

請指出下列情境中你會用何種處理來辨認當事人的正增強物：(1)問問題（如許三個願望、你喜歡什麼等）；(2)填寫問卷；(3)增強物明細單；以及(4)觀察當事人閒暇之餘所做的事。情境如下：

1. 一年級的陳老師將小何轉介給諮商師，因為他的作業做了一半就不做了。

2. 小蘇的上學率很差，在學校她特別喜歡下課休息與體育時間，當詢問她喜歡什麼時，小蘇無法分辨並且回答什麼都喜

歡。

3. 小畢是七年級學生，因為膽怯與不常和同學接觸而被轉介，他是位很聰明的學生，你希望能夠找出什麼事物對小畢有增強作用。

🎯 答　案

1. 由於小何只是一年級學生，使用需要閱讀的問卷或調查表對他是不適宜的，觀察(4)是很好的方法可以發現小何喜歡的事物，詢問問題(1)也是有用的方法。

2. 因為小蘇無法分辨喜歡什麼，她可能會勾選增強物調查表上的全部事項，同樣也無法從增強物明細單或口頭詢問上作適當的決定，在這種情形下，觀察(4)小蘇大部分時間在做什麼是最佳的作法。

3. 由於小畢很聰明，閱讀能力可能很好，使用調查表(2)是確定小畢增強物的最快速方法。

㈣確定何人依行為結果施與增強

在增強活動資料蒐集完成後緊接著是決定由誰來施與增強，這人應是和當事人共處且為當事人所敬重的。對某些當事人來說參加聚會是一項增強活動，但通常得視與會者而定，Brown（1975）發現允許學生選擇對象（最好的朋友或老師等）來監督自己的進步情形，並由他們依進步狀況給與獎勵時，學生的學習成就會有所進展。

這裡所說的重點是很多增強活動具有人際性質，而某些增強物

需要由特定的人施與才會成功（Tharp and Wetzel, 1969），具備增強作用的人有兩個條件：(1)他能在期望行為出現時給與當事人高度認定的增強物；和(2)他能依據行為結果給與增強物。例如，某孩童選擇每晚遲三十分鐘就寢用以看電視作為增強時，老師就不能准許給與增強；另一例是某男孩想在放學後打籃球，就需要教練來給與增強。在某些案例中老師不願意也不能施與增強物，諮商師必須找到某人來監督當事人的行為，並依行為結果施與增強物，例如，某位孩童不願說話但聽得見，諮商師首先教孩童看著他並大聲說話，然後只要孩童每三分鐘能大聲說話不再低頭呢喃，在二十分鐘晤談結束後，就可以得到一枚代幣用以換取遊戲或拼圖。在孩童能和諮商師保持視線接觸並表達意見後，這項處理計畫就可轉移給原先對孩童置之不理的老師。無論如何，在確定當事人的增強物後，下一步驟就是決定能依當事人的行為結果施與增強物的重要人士。

實例練習

請依據下列情境說明何時應給與增強並由何人實施：

1. 小任對指定的課堂作業向來延遲不做，然而今日當老師指定作業後她立刻就做。
2. 小方習慣逃學且缺課次數過多，在學校裡對他最重要的事就是打籃球，而教練則是小方最敬重的人。
3. 何先生晚上回家後對工作抱怨不休，何太太想增加先生對工作表現的正向語言。

答 案

1. 在小任立刻做作業時老師應立即給與增強,如「小任,我喜歡你立刻做作業」或「小任,你立刻做作業可以得到一枚代幣」。
2. 只要小方到學校教練就給與增強,教練可以在小方出席的當日就施予增強。
3. 在任何時候何先生說正向言語時,何太太就應給與增強,可以採用忽略負向言語只對正向言語有所反應。

在上述各項情境中,當期望行為維持一段時間後,增強作用可以延宕(delayed)給與之。

依據行為結果施與增強是絕對必要的,酬賞唯有在當事人表現期望行為時才能獲得,且在期望行為發生時立即給與增強。

🌀 實例練習

請說明在下列情境中何以增強無效:

1. 葛老師關心小丹回答問題反應遲鈍,偶爾她會立即回答問題,但大多時候總是低頭不語。某天小丹有兩次很快回答,所以在下課的時候葛老師說:「我要你今天下午做我的特別助理,因為你今天說話了。」,然而,第二天小丹並沒有比以前多說話。
2. 何老師覺得全班行為表現良好,所以給學生三十分鐘的自由時間,除班上兩位學生外,其他人都專心上課並完成作業。

第二天，何老師期待每位學生都能表現良好，但事與願違。

🌑 答　案

1. 增強並未立即施與，且未能依行為結果給與增強，換句話
   說，小丹表現期望行為兩次，但在許多場合並無此表現，如
   果酬賞依行為結果施與而行為表現依然故我，顯示增強物可
   能是無效的。事實上，能增加期望行為的酬賞就是一種增強
   物。
2. 增強並不因期望行為的出現而施與，因為兩名表現不佳的學
   生和其他表現良好的學生同樣獲得增強。

　　當低頻率反應的行為出現時，應依行為結果立即給與增強，誠
如前述行為的反應與增強的間隔過久時，當事人在期間所表現的其
他行為也可能一併獲得增強，例如，老師稱讚作業得甲等的孩童
「做得好」但他卻行為欠佳，在這種情形下，老師應該讓孩童清楚
他的哪項行為（作業做得好）獲得稱讚，如果老師能立即增強孩童
的良好表現就毋須再費心加以區辨。

　　增強物的立即給與和其性質有密切關聯，例如，老師不可能答
應孩童在作業得一百分時立即去參觀藝術博物館；但她可以在孩童
完成作業時立即施與稱讚並給與代幣或記點，當孩童完成作業時可
以豎起小紅旗，讓老師過來檢查作業並立即給與增強。

　　增強施與的時機極為重要，這是促成諮商師必須在當事人的環
境中物色能在期望行為出現時立即施與增強的人，例如雇主、朋
友、老師、手足或父母等。在某些情況下，當事人的行為與行為發
生的場所決定是否有立即增強的必要，例如，學生在校車上的行為

不易監督，因為車箱裡混亂一片，司機無從增強行為適當的學生，但是家長可以在學生上車前先增強行為適當的孩童，而接車的老師也可以在孩童下車後施以增強。行為在不同情境中受到不同人士的增強，這些行為將更可能類化到其他無法獲得增強的情境中。

一旦目標行為在一段時間內呈現穩定狀況，諮商師就可以鼓勵老師、家長或朋友逐漸延宕對當事人的增強，例如，某孩童已經能保持準時到校時，老師可以在他到校五分鐘後說：「你又準時到校啦！太棒了！」，逐漸地，在準時到校和給與增強的間隔可拉長到十、十五、三十分鐘的差距，最後老師可以不定時地讚賞孩童的良好行為。當行為逐漸演變到只需間歇增強時，當事人的行為將不致被消弱了。

㈤決定如何給與增強

讚賞、微笑與其他社會增強物具有共通價值，但卻不具備改變行為的強度，因此，實質增強物通常是必須的。假如將增強物作連續的線性排列，一端可能是有如糖果類的實質增強物，在當事人表現期望行為時立即給與，接著是代幣可換取其他酬賞；其次是用記點、符號等來交換實質增強物；再者為活動獎勵；最終在連續線上的另一端為讚美或社會增強。社會增強物是最易給與且最為廉價的，然而卻不如實質增強物具有的增強力量。假如單靠讚美就能維持良好行為，諮商師應該使用它；反之，除了讚美之外還應配合代幣或實質酬賞，例如，老師可以對學生說：「小蘇，這張代幣是你完成作業的獎勵，我很高興看到你今天做作業的表現。」。

1. 不可選用沒必要的強力增強物

　　諮商師或老師想改變當事人的特殊行為時，千萬不可選用沒必要的強力增強物（stronger reinforcer），換句話說，如果讚美和社會增強對當事人有效就應該使用；假如無效，就運用活動獎勵或給與自由時間；倘若依然無效，則使用實質酬賞。然而，實質酬賞的增強功能會逐漸減弱，而最終會被活動獎勵與言語增強所替代。

　　遺憾的是，當老師讚美常有失敗經驗且被罵愚蠢的孩童「你是個聰明的學生」時，並不能改變他對自己的看法，因為讚美的言詞與過去的經驗有所衝突，在這種情形下，孩童會覺得其他形式的增強物，如糖果或特殊活動或某些權利才是真實的獎勵。因此，諮商師、老師或家長等必須在這類增強物的施與上發展出交換媒介（a medium of exchange）的方式，通常，在學生完成工作而無法立即給與食物和授予權利時，老師可用代幣、記點或證明書等作為交換媒介，而後學生以之換取實物、權利或活動。代幣、入場券或郵票通常對學生具有增強作用，因為它與生活中的正向事物相關聯，但是，若這些交換媒介無法兌現或沒有附帶口語讚美，那麼將難有影響當事人行為的功效。

2. 建立交換制度

　　建立增強物的交換制度（exchange system）有若干指南可供參考（Becker, Engleman, and Thomas, 1975），第一步驟是說明哪些行為可以賺取代幣，然後擬定一份支援增強物清單，繼之訂定換取酬賞的準則，例如，學生表現期望行為時可獲得多少代幣，以及每小時最多可得的代幣總數。第二步驟是在增強物明細單上標明各項增強物的代價，學生可協助決定各項活動的價值，例如，學生最喜歡

的活動將需要較多的代幣來購買，表 12 是增強物明細單的範例：

表 12　增強物代幣價值明細單

活動項目	代幣價值
參觀博物館	30
在活動中心玩十分鐘	20
玩猜謎遊戲	15
製作學校徽章	15
去野餐	15
提早五分鐘下課休息	10

　　訂定交換制度應遵循供需法則，對受歡迎的項目提高價格，而乏人問津的項目則不妨降價，逐漸地，當事人要有更多的工作表現才能換取代幣。假如代幣制度發生作用，也可以針對不當行為訂定懲罰價格，諮商師或老師可以說：「從現在起，未經准許擅離教室者罰五點，你可以斟酌要如何使用自己的記點。」。

　　第三步驟是諮商師或老師應選用輕便且不妨礙當事人行為進行的代幣，此外代幣或記點從施與地到交換處要便利順暢，代幣本身應能辨認是何人所有，且毋須老師或家長做過多的帳務處理，例如，使用積點卡（如圖 31 所示）可在卡上打洞，每一個洞代表一分，所打的洞數可換取其他增強活動。

　　積點卡的打卡可由當事人所處環境中的人士（如老師、校長、家長）負責，無論在走廊、操場甚至鄰近商店均能打卡記錄。其他經常用到的代幣包括在黑板劃記、塑膠籌碼、星形記號、入場券或郵票等。

最後步驟是針對增強物給與的方式做討論。對幼童來說，代幣或記點應立即給與並換取享受物品，這樣的處置可使幼童明白代幣的價值，對年齡較大的孩童只要說明代幣的功用就足夠了。在給與代幣時，老師或家長應告訴當事人為何得到它，例如「你的作業寫得很整齊」或「我很高興，你今天準時來上課」，如此做能使當事人建立對所得的獎勵與其行為表現的關聯；同時，使諮商師或老師能將讚美與其他增強活動配合運用。

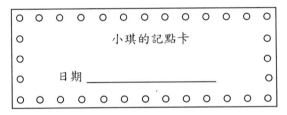

圖 31　增強處理的積點卡

🎨 實例練習

從下面問題中說明使用代幣增強處理的必要性：

小利有點退縮，在學校從不惹麻煩，他說話很輕聲，通常不會回答問題，除非問他兩、三次。

🎨 答　案

首先你應該確定什麼行為可以獲得代幣（如小利說話的聲音要讓別人聽見，並在別人詢問時立即回答）；其次確認小利的支援增強物（如玩撲克牌、擦黑板、佩戴榮譽獎章）；再者決定增強物的

價值與酬賞；最後選擇適用的代幣，小利應該被告知為何獲得記點獎勵。

㈥如果當事人能自訂目標則使用契約

當家長、諮商師、社工師或老師嘗試讓當事人對自己的行為多負些責任時，訂立契約是有效的措施，換句話說，訂定契約對已經覺察行為的負向結果而想要改變的當事人最為有效。契約是當事人對改變自己行為的承諾（Hackney and Nye, 1973）。

訂立契約是一項結構交易形式，明確說明對當事人的期望；諮商師是中介人或仲裁者，促使訂約雙方達成在相互行為、增強物與懲罰上的互換協議。契約的運用在婚姻（Stuart, 1969）與親子衝突（Stuart, 1971）上有顯著功效，有些契約會明定當事人在完成某項工作（如庭院除草）後可以享受的某種待遇（如聽唱片）。

下列指南（Homme et al., 1970）有助於諮商師在訂定契約時的研擬與協議：

1. 契約條款應以正向文字敘述。例如，敘明當事人在教室將專心聽講或更努力做作業，而非當事人將停止在教室裡騷擾別人。

2. 契約應明訂雙方的責任事項。例如，條文說明當事人每天須主動和同學交談五次，在達成目標後，老師會通知當事人的母親准許他晚上看半小時電視。某些案例特別是與家庭有關的個案，每位立約人的行為改變都應敘明在契約上，例如，妻子若同意不再批評丈夫的喝酒習慣，則丈夫同意每天只喝一罐啤酒。各方立約人同意契約所訂的責任義務後簽章為憑。

3. 每項契約應含有一項時間條款。這項條款說明當事人履行契約所需的時間。在上例契約中，當事人每天須主動和他人交談五次，這樣說明契約何時履行與增強物何時給與。同時，契約也應明訂立約雙方何時開始履行義務、何時結束以及何時需要重新協議。

4. 契約內應附帶酬賞或懲罰條款。例如，上例當事人每天主動和人交談五次外，其餘每次談話可換取觀看電視五分鐘，最多累計至一小時；但若每天主動和人交談不到五次，則喪失觀看電視五分鐘。在運用懲罰時，諮商師應注意當事人是否累積足夠的記點可資懲罰，如果諮商師取走記點或特權多於給與的，對當事人無異是一項懲罰。在契約協議初期幾乎全不涉及懲罰條款，違約的結果就是喪失酬賞；然而，唯有在當事人簽了約卻又不履行時才考慮增列懲罰條款。

5. 每項契約應包含重新協議條款。在下列狀況出現時應重新修訂契約：

(1)兩次未通過進步的檢核。

(2)編造藉口來履行契約。

(3)抱怨。

在許多情況中，諮商師、家長和當事人本身可能對當事人在固定時間內完成的工作量有錯誤的判斷，在某些案例中，當事人可能希望對契約訂定的獎賞條例重新協議。契約範例如表 13。

契約提供諮商師一項有用的工具，使行為控制權由諮商師、家長等轉移到當事人本身，在契約訂定初期，當事人可以對所訂目標與增強數量表達意見，在當事人逐漸能夠掌握並規畫自己的行為方案時，諮商師則退居幕後由當事人全然掌控自己的行為。

表 13　契約範例

日期 1977 年 2 月 3-10 日

　　　小美與小傑同意每天討論當日發生的兩件事情，並且彼此同意傾聽對方的敘述。

立約人　　　 ＿＿＿（小傑）＿＿＿　　　獎賞　＿＿＿＿＿＿＿

　　　　　　 ＿＿＿（小美）＿＿＿　　　　　　　＿＿＿＿＿＿＿

　　　本契約將於即日起至一週後予以檢閱。

🌀 實例練習

根據前述 Homme 等人的契約指南為下列情境研擬契約：

1. 小艾沒有做完應做的家務事，他應該倒垃圾並整理房間，但他常常忽略這些事並找藉口自辯。

2. 小麥和小茜有婚姻問題，小茜很難過，因為小麥每天下班後逗留在酒吧直到晚上七點才回家；小麥也感到難受，因為小茜對他所說的話不理不睬。

🌀 答　案

1. 每次小艾倒垃圾並整理房間時就記點兩分；當他累積十分時可換取一場電影，他的父母會帶他去看電影。如果這週小艾每天都得到兩分，就有額外的五十元獎賞。

立約人（簽字） ＿＿＿（小艾）＿＿＿　　日期＿＿＿＿＿＿

　　　　　　　 ＿＿＿（父親）＿＿＿

　　　　　　　 ＿＿＿（母親）＿＿＿　　再議日期＿＿＿＿

2. 我 (小麥) 同意每天下午五點半回到家，如果小麥準時回
   家，我 (小茜) 同意花四十五分鐘聆聽並回應他的談話。
   立約人（簽字）＿＿＿（小麥）＿＿＿　日期＿＿＿＿＿
   ＿＿＿＿（小茜）＿＿＿　再議日期＿＿＿＿＿

三、如有必要將當事人
從原有環境中移離

　　在許多案例中，當事人的行為無法在原有環境中獲得增強，在
這種情形下，諮商師應嘗試將當事人轉移到新環境中。有酗酒、吸
毒或婚姻失和的家庭，當事人的行為應在另一環境中加以處理。在
學校，假如班級老師不願合作與班級秩序不良時，應安置當事人到
另一位老師的班級，如果無法這樣安排，也許要建議當事人轉校就
讀。在諮商師對當事人目前環境（如婚姻失和、毒癮、班級老師無
法控制秩序）所聯結的問題解決無效後才能考慮改變環境。假如不
可能改變環境，諮商師必須尋求社會服務機構如社會福利處、煙毒
勒戒所或中途之家的協助，例如，專為貧窮人民服務的醫療團隊，
視需要可與婦幼機構合作提供親職訓練，諮商師對地區內特殊機構
與其功能的了解有助於諮商的處理。

四、檢核表、範例及標準化測驗

(一)檢核表

請填答下列問題並依序檢視各個項目：

想要增加的行為：

1.

2.

3.

增強物：

社會性	活動	代幣
1.	1.	1.
2.	2.	2.
3.	3.	實物
4.	4.	1.
5.	5.	2.

替代增強處理方案：

1. 社會增強物　　　　　　　　　　　　　　　　是　　否

　(1)社會增強物是否使行為增加？　　　　　　＿＿＿ ＿＿＿

　(2)當事人是否具備必要技巧並有時會表現

　　　該項行為？　　　　　　　　　　　　　＿＿＿ ＿＿＿

　回答「是」請決定由何人施與增強物與運用社會增強物；回答
　「否」請繼續第 2 項處理。

回答「是」：

由何人施與增強物？＿＿＿＿＿＿＿＿＿＿＿＿＿＿＿

2. 活動增強物　　　　　　　　　　　　　　　　是　　　否

活動增強物是否使行為增加？　　　　　　　＿＿＿　＿＿＿

回答「是」：

請決定由何人施與增強物？＿＿＿＿＿＿＿＿＿＿＿＿＿

在何處施與？＿＿＿＿＿＿＿＿＿＿＿＿＿＿＿＿＿＿＿

在何時施與？＿＿＿＿＿＿＿＿＿＿＿＿＿＿＿＿＿＿＿

回答「否」請繼續第 3 項處理。

3. 代幣與實物增強物

如果選擇本項增強物請回答下列各項問題：

(1)將使用何種代幣增強物？＿＿＿＿＿＿＿＿＿＿＿＿＿

(2)支援增強物為何？＿＿＿＿＿＿＿＿＿＿＿＿＿＿＿＿

(3)由何人施與增強物？＿＿＿＿＿＿＿＿＿＿＿＿＿＿＿

如果選用本項，請設計逐漸遞減而回復到第 1、2 項增強物的處理
方案。

4. 訂立契約　　　　　　　　　　　　　　　　是　　　否

當事人能否履行行為改變計畫的責任？　　　＿＿＿　＿＿＿

回答「是」可採用契約處理；回答「否」則選用第 1、2、3 項增
強物的處理方案。

(二)範例

請選擇一或多項敘述正確完成下列問題。

1. 當事人在何種狀況下最適用增加反應的處理：

(1)在既有行為模式中未具備該項行為。

(2)無法訂定目標。

(3)缺乏因應環境的必要技巧。

(4)在既有行為模式中已具備該項行為。

第(4)選項是正確答案。當事人的既有行為能力已具備該項行為時，增加這項行為出現的頻率是最適當的處理。如果當事人未具備行為(1)或技巧(3)時，處理方案的設計應以教導為主，諮商處理通常都應訂定目標(2)，因此這個選項與行為增加無關。

2. 魏老師在小傑每次完成功課時會拍拍他的肩膀，可是小傑做完功課的比率並未改變，這是哪種範例：

(1)增強物。

(2)消弱過程。

(3)增強物無效。

(4)隔離處理。

第(3)選項是正確答案。魏老師認定拍小傑的肩膀會增加完成作業的比率，她可能想過用新的增強物(1)或在小傑做作業時給與關切，消弱(2)或隔離處理(4)只適用在處理與做作業不相合的行為。

3. 如果多數同學在下午放學前做完作業，莫老師會發放糖果給全班同學，這是哪種範例？

(1)正向增強。

(2)非後效增強（noncontingent reinforcement）。

(3)後效增強（contingent reinforcement）。

(4)負向增強。

第(2)選項是正確答案。有些同學未完成作業，卻一樣有糖吃，增強物能更有效增加期望行為的比率端視後效(3)而定，

如果完成作業的情形增加就是正向增強(1)；假如處在不愉快的情境中就是負向增強(4)。

4. 請在下列情境中選擇辨識增強物的最佳方法：

「二十三歲的小麥是高中輟學生涉及法律問題，法院判定拘留三天，在拘留所中幾乎沒有增強活動可言。」

(1)詢問三個願望或你喜歡什麼等問題。

(2)填寫增強物調查表。

(3)勾選增強物明細單。

(4)觀察當事人空閒時間會做什麼事。

第(1)與第(2)選項是最適宜的答案。由於小麥只待在拘留所三天，活動太少無從選擇(3)或無多餘時間進行觀察(4)，諮商師應該詢問小麥喜歡做什麼(1)或要他填寫調查表(2)，這兩種作法有助於設計小麥離開拘留所後的諮商處理方案。

5. 增強作用最為有效在於：

(1)增強物依行為結果且立即施與。

(2)增強物非依行為結果但立即施與。

(3)增強物在行為發生稍後才依行為結果施與。

(4)增強物立即施與。

第(1)選項是正確答案。增強物應在期望行為出現時立即施與，假如在行為發生與增強施與間延遲，當事人的其他行為可能連帶獲得增強。

6. 根據 Homme 等人（1970）的指南就下列情境擬訂一週的契約：

「小羅沒有順服父母的要求，父母的反應是增加更多的指示，有時一天多達三十項。」

建議答覆：

如果小羅順服父母的要求達平均 80%，父母將在週日帶他去遊樂場玩，除此之外，父母的要求每天不能超過十項。

立約人（簽字） _____(小羅)_____ 日期_____

_____(父親)_____

_____(母親)_____

_____(諮商師)_____ 再議日期_____

如果小羅順服要求超出額外的 10%，可以少做任一項家事。

7. 請說明下列情境中處理問題的三項增強方法：

「小喬對完成作業有困難，他不會騷擾別人，他會坐在座位上玩井字遊戲。」

建議答覆：

第一種增強方法是說明何種行為表現可獲得代幣（如小喬專心做作業）；第二種增強方法是確定支援增強物，如准許玩井字遊戲；第三種增強方法是決定獲得酬賞的代價（如完成十道題目就可以玩五分鐘井字遊戲）。

8. 請指出下列情境何時應施與增強並由何人給與：

「小夫是出色的運動員，但會在別人上體育課犯錯時辱罵他們，朋友希望得到他的幫助而非嘲笑。」

建議答覆：

朋友應在小夫不辱罵時給與增強，他們可以鼓勵他幫助別人（從旁提示如小傑哪裡做錯了）並於小夫示範正確動作時立即給與增強。

9. 請指出圖 32 中何種行為受到增強並說明原因。

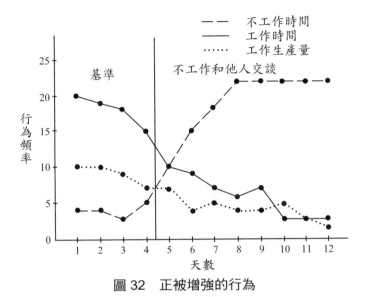

圖 32　正被增強的行為

答案：

圖 32 顯示當事人不工作的行為獲得增強，我們從當事人不工作的行為頻率隨著和他人交談遞增得知，同時，當事人的其他行為如工作時間與生產量也相對遞減。

㈢標準化測驗

請以一或多項敘述或依循指示正確完成下列問題。

1. 當事人希望增加既有行為能力中的某些行為時，諮商師應使用：

(1)反應增加的處理。

(2)反應減少的處理。

(3)認知重建處理。

(4)社交技巧訓練。

2. 羅太太只對先生準備早餐時才說正向的話，這是哪種範例？
   (1)非後效增強。
   (2)後效增強。
   (3)消弱。
   (4)系統減敏感法。

3. 當莫老師專心聽當事人談論與問題有關的行為時，當事人的行為就會增加，這是哪種範例？
   (1)假定增強（presumed reinforcement）。
   (2)增強。
   (3)消弱。
   (4)行為塑造。

4. 請就下列情境選用辨識增強物的最佳方法：
   「瑪莉是社區心理衛生中心的酗酒個案，她單身，朋友也不多。」
   (1)詢問三個願望或喜歡什麼等問題。
   (2)填寫增強物調查表。
   (3)勾選增強物明細單。
   (4)觀察她喜愛的事。

5. 增強物最為有效當：
   (1)期望行為出現時延遲施與。
   (2)期望行為出現時立即施與。
   (3)毋須期望行為就立即施與。
   (4)在固定時間內施與。

6. 請根據 Homme 等人（1970）的指南依下列情境擬定一項日常契約：

「孫太太在諮商中心每週舉辦的親職會議中經常缺席，除此之外，她也常常忘記帶兒子的行為記錄資料。」

7. 請說明處理下列情境的增強方法。

「小夫常常跟兄姊爭吵，他的吵鬧行為包括辱罵、吼叫與打架，期望的行為目標是小夫能和手足和睦相處。」

8. 請指出在下列情境中何時應施與增強並由何人給與。

「小丁的數學作業總是做不完，他會眺望窗外並在紙上塗鴉，下課鈴一響，他就衝出去到社團教室，聽他所崇拜的盧老師談打獵與釣魚的事。」

9. 請指出圖 33 中何種行為正受到增強並說明理由。

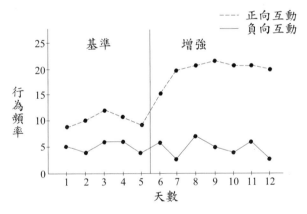

圖 33　正被增強的行為（問題 9）

10.請指出下列實例所用的增強物是否符合有效的標準。

「老王是越戰老兵想像自己快要死了，當老王有正向自我思想（如我的身體狀況很好）時就立即獎賞自己一支香菸，老王在抽菸時覺得悠遊自得且從不厭倦抽菸。」

㈣第八章標準化測驗答案

1.(1)　2.(2)　3.(2)　4.(2)　5.(2)

6. 每次本人參加親職會議可享出席費減免一百元的優待，如果本人繳交兒子的行為報告可額外獲得五十元獎賞。

　　立約人（簽字）＿＿＿＿（孫太太）＿＿＿＿　日期＿＿＿＿＿＿＿

　　＿＿＿＿（諮商師）＿＿　再議日期＿＿＿＿＿＿＿

7. 家庭成員應該忽視小夫的吵鬧行為，對他的和睦行為應立即讚賞。

8. 在小丁做完數學作業時，盧老師才准他來參加社團。

9. 正向互動正在被增強，它的平均比率從基準（平均數等於十）到增強階段（平均數等於二十）呈現增加的現象。

10.對老王來說香菸是有效的增強物，他可依行為結果立即獎賞自己，對於增強物的給與也是老王可以控制的，老王對香菸沒有厭足的抗拒且香菸為不昂貴的增強物。

第9章

教導新行為

　　反應增加策略對增加當事人有時表現的期望行為是有效的，然而對既有行為能力中未具備的行為則有賴新策略的教導（見圖 34 教導新行為的步驟）。在這種情形下，當事人不可能表現期望行為是因為缺乏必備的資訊或技巧，以致無法在所處情境中有適當的反應，例如，某位孩童無法和他人相處，他可能被教導要做什麼（如不說別人的壞話、和他人分享玩具或書籍等）同時也必須實際去做。

　　如果期望行為是複雜的，最好先區分為若干步驟逐項引導至達成期望行為，例如，許多人際關係與學習技巧需要一連串的次級技巧，一位具有社交能力的人必須能進入該情境，提供與接受訊息，然後離開那個情境。由於適應行為會隨情境而有差異，行為可能在某些情境下被接受，而在某些情境則被拒絕，換句話說，多數的行為具有情境特殊性，取決於該情境的預期或要求而定。基於這項理

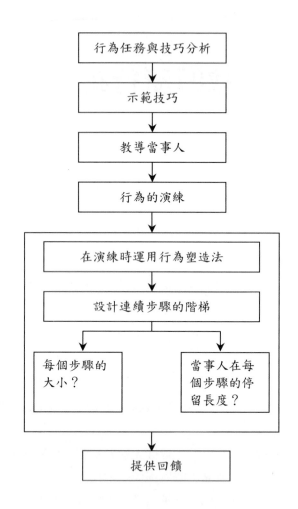

圖 34 教導新行為摘要表

由，我們需要分析情境以確定必備的任務或技巧，才能在這些情境中有效地運作。

一、行為任務與技巧分析

㈠記錄需要的行為

諮商師、老師和他人會用一些方法來界定具有情境特殊性的個人能力，一般最常用卻無效的方法是由權威人士指示他認為什麼對當事人是最好的。父母常會告訴小孩，當他人善待自己時應回報「良善」或「感謝」；同樣地，老師也會認定「坐好」和「安靜」與學生的學業表現有關。

比較適當的方法是做情境分析（situational analysis），諮商師有系統地觀察問題情境並記錄使當事人發揮有效功能的必要行為，假如諮商師在觀察某些必要行為有困難時，他可以晤談其他人士（如同事、老師等）再確定當事人需要學習的必要技巧。

㈡如有必要則確定行為階梯

例如Kifer等人（1973）晤談家長與其子女並觀察親子的衝突，他們發現父母與青少年子女應具備五種行為技巧才能達到關係的和諧一致（如圖35所示），這些行為要素教導親子在衝突情境裡獲得緩和並達成共識。

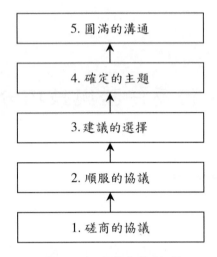

図 35　親子的行為技巧

這個過程與 Gagne（1967）發展的任務分析法（task analysis）相似，將最終行為（terminal behaviors）區分為若干次級任務或技巧依簡單至複雜排列成階梯，例如，當事人缺乏和人積極互動的技巧，行為階梯可以由靠近團體站立到給與他人個人資料的最終行為為止。

當諮商師知道在特定情境中，當事人需要何種行為才能有效發揮功能時就可將他安置在其中；或者是安置在練習情境裡，以確定當事人所表現的期望行為，之後的諮商處理則在教導當事人那些他無法表現的行為。例如，當事人希望學習如何約會，他將被安置在模擬情境中以電話邀約女孩，步驟為：(1)主動交談（喂，妳今天如何？上週一我在小傑家見到你）；(2)閒話家常（今天晚上會有大風雪）；(3)提供個人資料（我很會打網球）；以及(4)邀請約會（你喜歡參加游泳派對嗎？）。如果當事人能夠打電話並且寒暄，但卻無

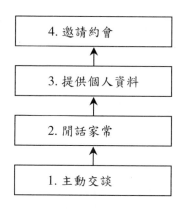

圖 36　約會技巧階梯範例

法閒話家常、提供個人資料或邀請約會，這些缺乏的技巧就應該加以教導。

　　教導技巧的假設由行為階梯方式來呈現（從簡單至複雜），見圖 36，但是，假如當事人能立即提供個人資料卻無法閒話家常時，那麼階梯的順序並不一定要如同前述的狀況，因為閒話家常不一定要在提供個人資料的前面。

實例練習

　　根據下列故事確定維持十分鐘談話的社交技巧階梯：

　　小杰喜歡在宴會裡與人互動，他通常會打招呼並問候「你今天晚上過得如何？」，別人的反應常常是「很好！」或提及當天發生的事（哦，我今天拿到一張罰單）。小杰似乎常聯想到個人的經驗（上星期我也被開了一張罰單或他們對時速五十五哩的限制真是執法嚴格）。小杰也常透露自己的私事（我今晚不能待太久，星期一早上有考試），當談話似乎告一段落或停了一會兒，小杰會改變話

題，詢問關於他們正在討論的事情（我想知道更多關於……）。

答　案

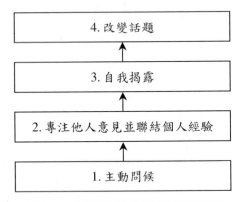

圖 37　維持談話的技巧階梯範例

二、示範技巧

　　協助當事人克服特殊行為表現缺點的第二步驟是示範有待學習的適應行為，也就是諮商師教導當事人適應的行為反應。示範用在教導當事人訊息尋求（Krumboltz, Varenhorst, and Thoresen, 1967）、生涯規畫（Krumboltz and Schroeder, 1965）、學習習慣（Ryan, 1966）、減輕疏離感（Warner and Hansen, 1970）以及增加反毒態度（Warner, Swisher, and Horan, 1973）等成效良好。

　　示範過程通常包含諮商師提供真實或象徵的楷模（如錄音帶、錄影帶），呈現解決問題所需之特殊行為的連續步驟（Hosford and de Visser, 1974）。如果問題屬認知性質，例如訊息尋求或生涯規

畫，使用錄音或錄影的示範特別有效（Hansen, Pound, and Warner, 1976），由於在這種狀況下的楷模僅是示範期望行為，因此與當事人並無互動機會，但錄音示範可能有助於引發當事人朝期望方向來討論問題。雖然錄音與錄影示範最常用在處理當事人的認知問題，但有時也用於教導人際關係問題。

諮商師可能會想為諮商晤談製作示範楷模，例如，諮商師可以製作錄音帶教導當事人下列步驟：(1)開始與人交談；(2)維持談話；(3)結束談話；(4)傾聽；(5)稱讚；(6)感謝；(7)鼓勵；(8)尋求協助；(9)指導他人；以及(10)表達情感（Goldstein, 1973）。在符合當事人的技巧學習程度下，於每次晤談中都可以示範與練習各項技巧，如此每項示範的程序會使練習的行為慢慢趨近終點行為。

(一)根據指南來設計示範課程

在設計示範錄音帶或錄影帶時，下列若干指南將有助於達到示範的期望目標：

1. 對當事人的問題有所了解時示範過程將會最有效果

問題必須界定清楚使當事人確實知道楷模所示範的行為；假如示範過程模糊不清當事人就不可能有任何學習。例如，諮商師不宜向當事人示範「覺察」（awareness）而應以操作方式來示範；又如，教導當事人確認與標記自己的情緒或談話技巧時，可將之分為表達與反應兩部分，再將這兩部分細分為若干次級技巧，如讓當事人學習對憤怒或情感等的表達與反應。

將有待學習的技巧予以操作化呈現對當事人是很有幫助的；也

就是說，技巧的學習是可以「被看見與被聽見的」，在操作界定技巧之後，諮商師可以教導當事人楷模會說的話或做的事以及應該注意什麼。下列錄音手稿提供自我揭露的示範，請留意小杰如何透露個人訊息以維持交談。

小杰：嗨，你有沒有修生物課？

小菲：有啊，有什麼事嗎？

小杰：我只是好奇，你知不知道什麼時候上課？

小菲：我想是十點半。

小杰：我對上這門課很緊張，去年我修普通科學成績很低，我聽說這科比那科還要難（訊息的自我揭露）。

小菲：我不曉得，我這方面的消息不多。

小杰：但願是別人教這門課，我聽說羅老師打分數很嚴格（訊息的自我揭露）。

小菲：唔，上次他真的當過人呢！

小杰：我有上學期修課同學的筆記，如果你有需要，可以借給你看。

2. 楷模的示範要能吸引當事人的注意力是絕對必要的

諮商師只是讓當事人看示範反應並不保證當事人就會密切注意，他可能會從整個複雜的刺激示範裡選擇最適合的事物來學習，如果當事人並未專心注意或不能分辨示範動作的顯著特徵，就無法學會與示範動作相吻合的行為。

有許多控制注意力的狀況會影響當事人決定何種示範行為應該觀察或予以忽視，首先，情境的選擇應該讓觀看者能立即辨認、了

解並引發興趣，研究發現熟悉與類似的經驗最能引起注意並催化學習（Bandura, 1969）；同樣地，楷模的性別、外表或年齡等和當事人相仿時示範通常是最有效的。示範行為應該對焦在當事人的問題，假如當事人對社交情境感到困難，諮商師可以邀請富於社交經驗且和當事人相仿者來示範或說明如何與人交往，諮商師可以說：「我想請你示範給小甘看，當他想要和人交談時應該怎麼做。」，楷模會說出自己在剛開始時的猶豫不決（如我不太確定，但有個辦法可以試試看），並接著示範問題解決或因應對策，這樣的作法有助於引發當事人的關注。

另一種吸引當事人注意力的方法是突顯示範的行為，諮商師可以指示楷模在做特定的相關反應時把動作「說出來」（如「這個遊戲是怎樣玩的呢？」或「你如何知道別人贏了？」）；同樣地，語調與儀態也能吸引當事人的注意。第四章討論過的觀察程序，可以用來評量當事人對學習示範行為的專注程度。

3. 示範行為的保留作用（retention）是觀察學習所關心的另一項基本元素

除非當事人能夠了解並保留示範行為的基本特徵，否則諮商處理將徒勞無功，假如示範的行為特別抽象時，可藉由楷模或諮商師對重要特徵的討論促進當事人對示範行為的保留程度。例如，楷模向一位具有順應社會且害怕拒絕他人的當事人示範社會肯定行為，楷模可以示範如何告訴別人了解他的處境，但卻有自己不同的立場。楷模或諮商師接著說：「這是一項肯定反應的例子：我有權利做我自己並且說出我的想法，縱使他人不同意。當我告訴他人我的立場與為何有這種感覺時，我覺得自己好棒，我在做我自己。」。在當事人聽到諮商師或楷模摘述肯定反應的主要特徵後，將更能記

住控制行為的一般原則且運用在不同的情境中（Marlett and Perry, 1975），諮商師可以請當事人摘要示範行為的主要特徵或一般原則，作為評估保留程度的參考。

🌀 實例練習

　　根據下列對憤怒做適當反應的錄影示範對話回答下列問題：

(1)影片所示範的行為為何？

(2)誰在示範這項行為？

(3)這項行為對他人有何影響（當楷模有此行為表現時，他人有何反應）？

小王：我不相信你居然會那樣做，你實在沒有大腦，為什麼不準時把公文拿來給我呢？

小傑：我知道你會生氣，有點事讓我不得不耽擱，我們到隔壁房間討論這件事吧（對憤怒的適當反應）。

小王：你在開玩笑嗎？他們會責罵我，我可能會丟了工作。

小傑：（平靜的口氣）讓我們到隔壁房間再說吧，我不想被你大聲吼叫，來吧，到隔壁房間去談。

小王：不去！沒有什麼藉口可說。

小傑：我無法在這裡說，讓我們進去裡面心平氣和地討論，你向我大聲吼叫使我很難堪（對憤怒的適當反應）。

小王：除非你向我報告這件事，否則我會繼續對你大叫不休。

小傑：好，那麼我們明天再討論吧，我會處理這件事的（對憤怒的適當反應）。

小王：我們現在就處理吧。

小傑：好，我們到隔壁房間去。

小王：好。

小傑：好極了，也許我們可以為這件事再做點什麼。

🌀 答　案

(1)藉著到隔壁房間去並平靜解釋所發生的事來對憤怒做適當的反應。

(2)小傑。

(3)小王最後決定和小傑去隔壁房間討論。

4. 雖然當事人能專注並且理解示範的行為，但除非他有改變的動機否則依然無法實際仿效

　　諮商師必須給與當事人增強用以鼓勵模仿示範的行為，當事人的模仿行為若無法獲得增強行為就不會持續（De Rath, 1964）；反之，模仿行為會因為得到增強的機會增加而加多，當事人在看見楷模所示範的行為受到懲罰時就不可能模仿這項行為。

　　諮商師可以藉著增強楷模的行為來引發當事人的動機，方法有兩種：首先，諮商師可以安排對楷模的表現給與增強，雖然當事人並未直接獲得增強，但在看見楷模被增強時也會產生替代的經驗。

　　其次，諮商師可以安排情境中的其他角色扮演者給與楷模增強，例如，楷模在表示意見時其他人員可以說：「那是很有趣的看法」或「那是個思考周慮的想法」。在當事人觀察楷模因為表達意見或解決問題而受到增強時，他就學到在該情境下的最有效的行為表現（如最可能獲得增強的行為）。

三、當事人行為演練的實施

㈠教導當事人

在當事人能夠專注並了解示範行為後，諮商師應該在當事人開始練習或嘗試這項行為之前提供教導，諮商師應特別著重示範行為的適當與重要部分，諮商師的教導可用口述或書面方式呈現，或是利用錄音、錄影播放。假如當事人已經能夠依照指示模仿示範行為，那麼諮商師就毋須再經歷冗長的行為塑造過程（Gelfand and Hartmann, 1975），她只需說：「請留意我如何對小畢的要求做反應」（示範適當的行為），「現在請你對小畢的要求做反應」。

在上述實例中，諮商師扮演催促當事人嘗試特殊行為的教練角色，教導通常區分為「做」（do）與「不做」（don't do），而諮商師需要提供許多的特殊範例，例如諮商師教導當事人表達自己的意見，她可能說：「直接注視對方，大聲說出你要表達的看法如『我想……，我覺得……，我相信……』，千萬不要用第三人稱如『有人認為……』。」。

在當事人知道要說什麼卻不知道何時說，諮商師應該和他討論何時可以表達自己的意見（如他人已經表示意見時、有人詢問你的看法時、他人暫停時）。在回顧整個楷模的示範，諮商師和當事人可以針對發生的行為探究原由，這樣的教導可以引導當事人知道在何時應該表現某種特定的行為。

㈡行為的演練

在諮商師教導當事人說什麼與做什麼之後，當事人就可以開始行為的演練，練習是學習過程中的重要部分，因為我們都是由做中學（learn by doing）。當事人經由行為的演練或角色扮演能夠嘗試新行為而無失敗的危險，此外行為的演練也允許當事人預期可能遭遇的困難與因應的方法。

新行為的演練或角色扮演的第一步驟是讓當事人先預備好自己，當事人必須接受演練是發展新社交行為或問題解決的適當方法，假如當事人對這個觀念有所抗拒時，諮商師就應提供演練是有效的實證。演練包括：經驗、預演、複誦、家庭作業與練習等教導方法。

下列對話說明諮商師如何讓當事人預備好進入演練課程：

當事人：在人群中我就是不知道要說些什麼。

諮商師：你似乎想不出要表達的話，但你卻想和他們交談。

當事人：是的，我想辦法和他們談論，可是似乎都不太對。

諮商師：就好像你所談的事與你想談的事之間有極大的差異。

當事人：是的（暫停），我真的不知道應該怎麼做。

諮商師：也許我們可以練習如何與人交談，我扮演你的好友或親人，看看我們的交談情形。如果你想不出要說什麼，我會幫助你，我也有一些交談錄音帶，我們可以聽聽看有什麼想法可以學習。

在這裡的主要重點是，當事人必須體認自己不是在學習一個假造或不實用的角色，因此角色扮演的情境應儘可能實際，而使用的

言語則要使當事人感覺適用。

㈢在演練時運用行為塑造法

新行為的實際演練通常會演變為行為塑造的過程，這種情形的產生不僅是因為運用了階梯，更因為真實反應的本身常常需要逐步練習才能達到近似的程度，然而有許多次級技巧如手勢、聲調、語氣與目光接觸等都直接與當事人的表現有關。諮商師在初始的練習課程上應著重特殊技巧的練習，其後才是次級技巧的練習。

㈣設計連續步驟的階梯

下列步驟應使用於行為塑造過程中：

1. 演練初期的情境應讓當事人在行為表現上毫無困難

這樣的作法將幫助當事人在角色扮演團體中感覺自在，同時協助諮商師來觀察當事人扮演之角色的適宜性，例如，當事人對參與同儕團體有困難，諮商師也許得先讓當事人參加他能夠自然互動的同儕活動，在開始的時候，當事人被要求與同儕打招呼並說：「嗨，你們在做什麼啊？」，或揮手致意或要求和團體中最不具威脅的成員打招呼。假如當事人無法做到，諮商師可以請當事人從事較不具威脅的活動如站立並靠近團體。無論當事人進行何種練習，諮商師都應該從較不具威脅的情境開始。

2. 確定當事人演練的最終行為

諮商師為當事人選擇目標行為的步驟（見第五章）同樣可以運用來訂定最終行為，這也是行為示範的終點行為。承上述範例，終點行為目標應為當事人能夠成功地離開團體，例如，諮商師可以教導當事人「在團體暫停活動時離開」或移動身體離開，或是當事人可以使用常常為人所接受的非語言技巧離開遊戲現場。

3. 將行為區分為若干步驟導引至最終行為

這些步驟在複雜程度上應有所差異且範圍從簡單（如和人打招呼）到最終行為（如離開現場）。請看圖 38，在這個實例中社交互動依困難程度而有所差異，在與同儕打招呼後的第二步驟是主動或參與交談，當事人可以這樣說：「我們下次的球賽在什麼時候？」或「你喜歡上一局的球賽嗎？」，第三步驟是更困難的維持個別交談或團體互動。

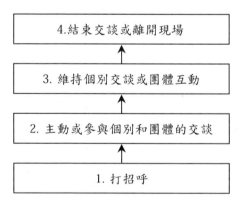

圖 38　社交互動的任務分析摘要表

維持交談的步驟需要當事人：(1)詢問訊息（「你尊姓大名？」、「昨晚我不是在市立棒球場看見你嗎？」）；與(2)提供訊息（「我喜歡芝加哥公牛隊」或「打籃球真有趣」）。上述的每個次級步驟都可以分開教導。

4. 在當事人被困住且想不出該說什麼的時候，諮商師可以給與提示

諮商師可以提供適合交談的句子（如「請告訴我更多關於你的軍旅經驗」），但特別注意唯有在當事人暫停或猶疑（通常約五秒）時才能給與提示，此外，諮商師可以使用手勢來提示當事人提高或降低聲調或示意走近一些。

在當事人能夠扮演好學習的角色或示範行為時，諮商師自然可以減少提示，毋須說：「請告訴我更多關於你的軍旅經驗」，只須說：「請告訴我……」就足夠了。通常，諮商師在當事人能改說提示時就可以開始減少提示了，例如，在諮商師說：「請告訴我更多關於你的軍旅經驗」，而當事人改說：「我想知道更多關於你在軍中做的事」，這時候諮商師應該讚賞當事人能將提示用自己的話來呈現。

在諮商師給與當事人提示時，她應該站立或坐在當事人看得見的位置，無論諮商師提供語言或非語言的回饋，除非當事人可以看到否則將毫無益處，諮商師應該在當事人能看見的旁邊或面前給與提示而非背面。

為了確保每個步驟或情境的難度逐漸增加，諮商師可以請當事人對每項行為從 1（最不困難）到 100（最困難）予以評分，這個作法與前述辨認焦慮層次類似（見第七章），最重要的是每個步驟要比前一步驟稍難且愈來愈接近目標行為。假如當事人評定某情境為

45 分而下一情境為 60 分（超過 10 分），則諮商師應再加入中間步驟如「詢問訊息」或「提供訊息」，諮商師與當事人必須經常檢視練習的階梯是否在難度上逐步增加。

(1)**決定每個步驟的大小**：每個步驟的大小通常無特定答案可以遵循。假如當事人的進步令人滿意，就能假定步驟的大小與練習量是適當的，然而，如果當事人未能完成步驟或開始抱怨時，諮商師就應重新查看自己究竟要當事人做什麼或說什麼，有可能這些步驟還要區分為若干次級步驟（如提供訊息）或增加較小的步驟（如站近他人身旁）。如果諮商師和當事人共同規畫演練課程，他就有理由相信這些步驟是適當的，例如，諮商師可以說：「看起來當小喬想跟別人玩的時候，他會詢問能否替他們拉繩子，你能這樣做嗎？還是你有想到其他的參與方法？」或「你從印地安那州搬到這裡，你要說什麼或做什麼才能進入這個新團體呢？」。在某些情況下，當事人可能會想較不具有威脅的參與方法，但無論如何，最重要的是練習步驟應是當事人自覺可以完成的。假如當事人無法表現期望行為，諮商師必須讓他退回至能夠成功表現的步驟上，倘若當事人依然無法表現期望行為，諮商師應檢視當事人是否疲乏或對增強物感到厭足（見第八章）。在練習新行為時，讓當事人在結束時有成功的表現是很重要的。

(2)**決定每個步驟的長度**：通常，當事人在某個步驟的練習時間的長短並無肯定答案。一般來說，每個步驟都應設立行為表現的標準，諮商師會想要確定當事人能否在特定時間內達成預定的行為，假如當事人能夠表現某種技巧（如打招呼、完成冗長的除法題目）就可以假定每個步驟的大小與練習量是適當的（Sulzer and Mayer, 1972），但是，如果當事人的行為開始退化，就應重新檢視練習步驟的時間長度是否適當。

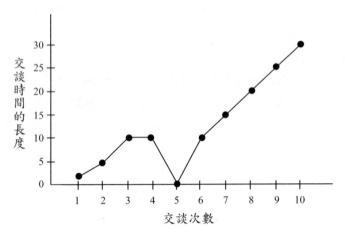

圖 39　在變動標準下維持交談

　　舉例來說，某位女性當事人在實驗室裡練習說話技巧，諮商師
要求當事人能持續與不同的陌生人交談從初始的五分鐘增加至三十
分鐘，圖 39 顯示當事人在變動標準（changing criterion）下的表現
狀況。

　　圖 39 顯示當事人和第一位陌生人交談時，無法達到起始的標準
（五分鐘），在這個案例上，諮商師應該在處理前先確定當事人能
夠持續交談的時間長度（基準行為）。圖中也顯示當事人在第三至
第六次交談時似乎有困難，可能是練習步驟過大或交談者使當事人
感到難以持續談話（如另有約會、不擅言詞或身體不適等）。在這
種情形下，諮商師可以規定當事人在兩次或數次的交談中，維持同
樣長度的時間（十分鐘），如果當事人的行為表現有進步（第八到
第十次的交談）就能假定諮商師在每個演練步驟上選擇了適當的標
準。

實例練習

根據圖 40 回答下列問題：

1. 說明圖中的行為塑造過程。

2. 每個練習步驟的長度是否合宜？

3. 說明替代的練習計畫。

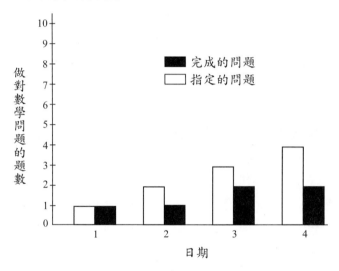

圖 40 行為塑造過程

 答　案

1. 逐日增加一題數學問題。

2. 不適當，因為標準訂得過高。當事人在第一天以後就無法完
   成指定的數學問題。

3. 替代方案為在開始的四或五天內指定做一題數學問題；在當事人能完成問題後，在後續的四或五天內增加第二題，直到達成你要他完成的問題數量。

　　某些案例，有可能行為練習的步驟太小或當事人在某一標準上練習過久，當練習步驟過小時當事人通常會顯得不感興趣（如對練習不專注、不能完成指定作業等）；倘若加大練習步驟而當事人的表現有所改善，那麼這樣的作法就是適當的，簡單地說，諮商師務必針對當事人的能力與表現水準來調整練習步驟的大小。

　　某些範例因為練習步驟的長度太長以致當事人過度學習，過度練習會使當事人難以從一個步驟晉升至下一個步驟。例如，當事人過度練習和友人交談時，可能感到下一步驟（和陌生人交談）非常困難而過度倚賴先前的練習。當事人可能已經學會和熟人分享經驗，卻缺乏維持和陌生人交談的必要技巧（如詢問開放問題、改變話題等），在這種情形下，諮商師可以鼓勵當事人和三位熟悉的朋友持續交談十分鐘，但這三位人士對當事人的威脅性是逐漸增加的，例如第一位不具威脅性，第二位稍具威脅性，第三位則深具威脅性，當事人在這段練習之後就可練習和漸具威脅性的陌生人交談。總之，諮商師務必調整練習步驟的長度以促使：(1)當事人能以最少的練習學到新的行為；以及(2)練習步驟要長到能夠維持當事人的興趣。

四、對當事人提供回饋

　　在當事人演練連續的技巧時應獲得有關個人表現的回饋，了解

自己的表現能提供當事人改進的訊息與誘因，不良表現的訊息對改善當事人行為表現的潛在幫助，就如同正向的行為表現一般。

有關回饋對學習效果的影響因素已於前面章節討論過（見第八章增強的給與），在此增述其他影響因素如下：

第一，回饋通常在當事人請求或演練前允諾效果會更好。諮商師可以說：「我將觀察你的練習情形並提供一些有用的提示」，在當事人否認或不贊同諮商師的回饋（如「我所聽到的不是這樣」）或企圖辯解自己的反應（如「我這樣說的理由是……」）時，那麼，回饋可能並非當事人的請求或演練前的允諾。如果當事人抗拒回饋，諮商師應該加以處理（見第二章抗拒的評論）。

第二，回饋應是描述而非評鑑當事人的反應。例如，諮商師可以重新播放當事人的錄音並指出「這裡你說：『我的母親認為我應該……』，還記得我們協議過你必須說：『我認為我應該……』」。諮商師的回饋話語應盡量避免批評或責備，例如「那聽起來就是不對」或「我不懂為什麼你做不到」，這樣說對當事人是毫無益處的。

第三，有時諮商師會希望藉著增強當事人的某項反應來同時激發類似的反應。例如：

當事人：請多告訴我一些關於你的工作。
諮商師：好。這是一個很好的開放問句，可以使人和你談話。但有時人們會不想談論自己的工作，你能想到其他的問題嗎？
當事人：當然可以。請多告訴我一些關於你的小孩或家庭的事。
諮商師：很好！這些問題都能協助使談話持續。

在上述對話中，諮商師增強當事人的開放問句並同時激發其他

的問句，這樣的回饋不僅幫助且增強當事人在練習情境中使用開放問句，也促使當事人對其他情境與人士產生類化作用。

🌀 實例練習

根據下列摘錄的諮商對話回答問題。小安（當事人）同意在抱怨時用「我」來陳述。

小安：我感到困擾，因為沒有被選上參與你的活動。

小美：喔，我現在要和小杰討論事情。

小安：我知道，但我仍然覺得有些事被忽略了。

小美：你似乎不了解我的處境。

小安：也許我不了解，但你對我來說總是那麼忙碌。

小美：那麼，你對我有什麼期望呢？

問題：

1. 諮商師對當事人的哪些行為應給與正向回饋？
2. 諮商師在增強這些行為上可以怎麼說？
3. 諮商師對哪些行為應給與修正回饋？
4. 諮商師在修正回饋上可以怎麼說？

🌀 答　案

1. 諮商師應對小安用「我」的話語給與正向回饋。
2. 諮商師可以說：「小安，當你說：『我感到困擾』或『我知道……，但我仍然覺得……』，你說得很好。」來增強這些行為（諮商師在此時可以給與簡短的讚美，並指出當事人話

語的特殊性）。

3.諮商師應該對「你」或第三人稱的敘述，做修正回饋（「……但你對我來說總是那麼忙碌」）。

4. 諮商師可以說：「你有一次說：『但你對我來說總是那麼忙碌』，這句話改用『我』來說會是怎樣的呢？」

五、檢核表、範例與標準化測驗

(一)檢核表

請依序在完成每項處理程序時在「是」項空格內打「∨」。

	是	否
1. 行為任務分析。	____	____
(1)確認次級技巧。	____	____
2. 示範技巧。	____	____
(1)描述當事人的問題。	____	____
(2)當事人能專注示範的行為。	____	____
(3)當事人能保留示範的行為。	____	____
(4)當事人能接受示範的行為。	____	____
3. 當事人行為演練的實施。	____	____
(1)提供教導。	____	____
(2)行為演練。	____	____

4. 塑造新行為。 ＿＿＿＿ ＿＿＿＿

  (1)設計最終行為的連續步驟階梯。 ＿＿＿＿ ＿＿＿＿

    a. 從當事人毫無困難的情境開始。 ＿＿＿＿ ＿＿＿＿

    b. 確定最終行為。 ＿＿＿＿ ＿＿＿＿

    c. 將最終行為區分為更小的步驟。 ＿＿＿＿ ＿＿＿＿

    d. 提示期望行為。 ＿＿＿＿ ＿＿＿＿

5. 提供回饋。 ＿＿＿＿ ＿＿＿＿

(二)範例

請選擇一或多項敘述正確完成下列問題。

1. 當事人必須學習新行為，當：

  (1)他們有焦慮。

  (2)他們的既有行為能力中含有期望行為。

  (3)他們的既有行為能力中不包含期望行為。

  (4)他們想要和人有更好的關係。

  第(3)選項是正確答案。假如當事人未具有在某情境中運作的必備行為，諮商師或他人就必須教導他新的行為；否則，諮商師只能增加當事人既有行為的出現頻率(2)。在當事人學到新行為時焦慮(1)會減少並能發展較好的互動關係(4)。

2. 在特定情境中教導當事人新行為的第一個步驟是：

  (1)觀察問題情境並記錄當事人有效運作的必備行為。

  (2)自行決定當事人需要的行為。

  (3)閱讀教科書。

  (4)詢問當事人。

第(1)選項是正確答案。諮商師可以確定「功能良好」（well-functioning）的人在特定情境所做的事，其餘選項均難以斷定要教導的必備技巧。

3. 在示範行為前提供當事人教導的主要益處在於：

(1)減少當事人的焦慮。

(2)鼓勵當事人。

(3)對焦在楷模行為表現的相關部分。

(4)改善示範的行為。

第(3)選項是正確答案。對焦在楷模行為表現的相關部分，當事人將更能針對這些行為加以練習，這些教導並不一定能減少當事人的焦慮(1)或鼓勵當事人(2)，教導當事人不會影響楷模的表現(4)，除非示範是現場的，楷模和當事人同時接受指導。

4. 練習步驟（技巧）可能過長假如：

(1)當事人變得不專注。

(2)當事人達成目標。

(3)當事人能表現新行為。

(4)當事人設定新的目標。

第(1)選項是正確答案。通常一項步驟太長時，當事人會顯得不感興趣或開始抱怨，在這種情形下，就應修正步驟的規模大小（時間的長度）。倘若當事人達成目標(2)或設定新的目標(4)或能表現適當行為(3)時，通常顯示步驟的大小是適宜的。

5. 請就下列「自我揭露」的示範對話回答三項問題：

(1)錄音帶在示範何種行為？

(2)由誰示範這項行為？

(3)這項行為對他人有何影響（當這項行為出現時他人的反應）？

小周：晚上上課有沒有使你的新班級出席率變差？

小王：沒有，似乎沒有影響。

小周：我覺得去年晚上上課影響到學生的出席狀況，在職老師上了整天的課，晚上再來修課，實在太累了，去年我的班有八位退選。

小王：唔，我的班在第一天晚上就有三位退選。

小周：真的嗎！今年我也有三位退選。

小王：我不知道如何解釋這種狀況，小周，你認為呢？

建議答覆：

(1)錄音帶上反映出「自我揭露」的行為有「我覺得去年晚上……」和「我的班有八位……」。

(2)這項行為由小周示範。

(3)在小周示範「自我揭露」時小王也會描述自己班上的情形：「有三位退選……」並詢問小周「你認為呢？」。

6. 根據下列案情描述，請確認有助於當事人學業成就之必要技巧的練習階梯：

「小畢在學校學習有困難，他的學業成績不理想常常無法完成作業，就算完成了也是錯誤百出。此外，小畢還經常缺課或遲到，有時候，在上課過了一半以後才姍姍來遲。」

建議答覆：

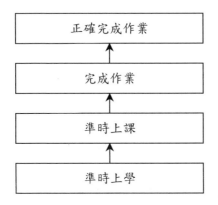

圖41　學業技巧的建議階段（問題6答案）

7. 就圖 42 回答下列問題：

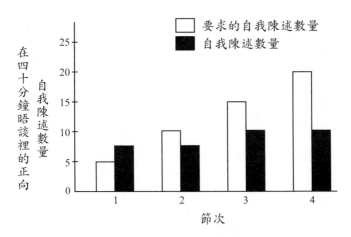

圖42　受到監督的行為塑造過程（問題7）

問題：

(1)說明圖中的行為塑造過程。

(2)每個練習步驟的長度是否合宜？

(3)是否需要替代的練習計畫？如有需要，計畫為何？

建議答覆：

(1)在每次的晤談時間，當事人被要求表達五次額外的正向自我陳述才能得到酬賞。

(2)不合宜，當事人在第二、第三與第四次均無法達成。

(3)需要替代計畫。諮商師也許可以要求當事人在每次晤談時間內，從表達兩次額外的正向自我陳述再儘可能逐步增加至六或八次；或讓當事人在幾次晤談中自訂正向自我陳述的數量。

8.在下列練習實例中，當事人（小喬）在別人面對他或注視他的時候，就會想要介入他人正在進行的談話。

小山：我真喜歡網球。

小克：網球是很好的運動。

小喬：（走進房間，聽到他們的談話）你們倆要不要下去打球？

小山：不！小克，你知道，我們應該加入網球場的新俱樂部。

小克：這主意不錯！（注視小喬）

小喬：會員費是多少呢？

小山：我想一年的會費應該是美金八十元。

小克：那還不算貴嘛！

問題：

(1)諮商師對小喬的何種行為應給與正向回饋？

(2)諮商師在正向回饋上可以怎麼說？

(3)諮商師對小喬的何種行為應給與修正回饋？

(4)諮商師在修正回饋上可以怎麼說？

建議答覆：

(1)諮商師應對小喬合宜的陳述給與正向回饋，例如「會員費
　　是多少呢？」。

(2)諮商師可以說：「好，在小克注視你時，就是你針對主題
　　發表意見的時候。」。

(3)小喬步入房間時的陳述是不合宜的，諮商師應給與修正回
　　饋。

(4)「當你進入房間問小山和小克：『你們倆要不要下去打
　　球？』時，他們沒有反應，這是怎麼一回事呢？」（假如
　　當事人回答，他們沒有看見他或他改變了談話主題，諮商
　　師應該稱讚小喬的判斷）；如果小喬未提及這些事，諮商
　　師應詢問他該說些什麼話（反應合宜就予以稱讚）。

(三)標準化測驗

請選擇一或多項敘述正確完成下列問題。

1. 假如行為不存在於當事人既有的行為能力中，諮商師應該：

　(1)教導當事人新行為。

　(2)教導當事人在焦慮時打訊號。

　(3)教導當事人辨別不合宜的行為。

　(4)教導當事人設定目標。

2. 在諮商師教導當事人新行為前必須：

　(1)與情境中的其他人士討論。

　(2)決定在這個情境中當事人的必須行為。

(3)觀察在這個情境中的成功者的行為表現。

(4)確定「專家」（experts）認為當事人應該表現的行為。

3. 在行為示範前教導當事人可以：

(1)減低當事人的焦慮。

(2)鼓勵當事人演練新行為。

(3)減輕當事人的抗拒。

(4)使示範行為的本質更為適切。

4. 諮商師可藉由下列何者來確定階梯中每個步驟的練習長度是否合宜？

(1)當事人能辨別新的問題。

(2)當事人持續進步且專心一致。

(3)當事人在每次練習時都準時到達。

(4)當事人變得焦慮。

5. 依照「自我讚賞」的示範對話回答下列問題：

(1)錄音帶在示範何種行為？

(2)由誰示範這項行為？

(3)這項行為對他人有何影響（當這項行為出現時他人的反應）？

小金：喂！小喬，想去有氧運動俱樂部嗎？

小喬：好！我想我去了會感覺好得多，我真是需要減肥，前兩週我已經減了五磅。

小金：太棒了！

小喬：我近來覺得很好，我可以穿得下去年無法穿的衣服。

小金：你什麼時候開始減肥的？

小喬：喔！我以前很容易疲倦又不懂得做運動，大概一個月

前我決定嘗試減肥。」

6. 根據下列案情描述，請確認有助於當事人學習做決策技巧的練習階梯：

「小瑞難以決定要選擇就讀哪所大學，他不清楚「SAT」的成績與成功選讀某校的機會，也不了解不同的大學在學業與費用上的要求。此外，小瑞沒有專業目標，也不明白自己擁有什麼人際關係技巧或專業技能。」

7. 看圖 43 回答下列問題：

(1)說明圖中的行為塑造過程。

(2)每個練習步驟的長度是否合宜？

(3)是否需要替代的練習計畫？如有需要，計畫為何？

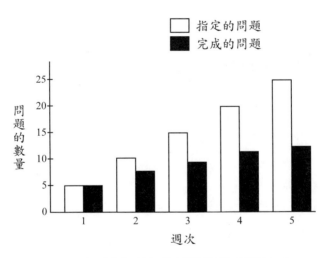

圖 43　受到監督的行為塑造過程（問題 7）

8. 在下面的練習對話裡，當事人嘗試在交談中練習使用開放問句，請回答下列問題：

小威：喂，小貝，近來做了些什麼事啊？

小貝：喔，我近來打打網球而已。

小威：真的！告訴我如何發球，好嗎？

小貝：我得有球拍才能示範給你看，你何不到我家，我會預備好球拍。

小威：你家在哪裡啊？

小貝：離這裡幾條街而已。

小威：你還是住在母親家裡嗎？

小貝：是的。

問題：

(1)諮商師對哪些行為應給與正向回饋？他可以怎麼說？

(2)諮商師對哪些行為應給與修正回饋？他可以怎麼說？

㈣第九章標準化測驗答案

1. (1)　2. (3)　3. (4)　4. (2)

5. (1)自我讚賞（如「我想我去了會感覺好得多，我真是需要減肥……。」、「我近來覺得很好，……。」）。

(2)小喬。

(3)小金讚賞小喬（如「太棒了！」）並詢問問題（如「你什麼時候開始減肥的？」）。

6.

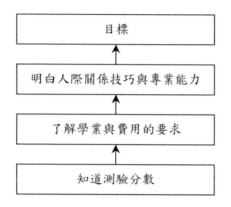

圖 44　作決策技巧的建議階梯（問題 6 答案）

7. (1)第一週，老師指定學生做五個額外問題，之後，每週得完成再多加的兩個問題。

(2)不合宜。

(3)是的。老師可以每週指定兩個額外問題，如果學生連續兩週都達成要求，老師就可以指定做三個額外問題。

8. (1)稱讚小威的開場白（如「喂，小貝⋯⋯」）與閒話家常（如「真的！告訴我⋯⋯」）以及詢問個人資料（如「你家在哪裡啊？」）。諮商師可以說：「你詢問的問題在獲得所需訊息上真的很有效」。

(2)諮商師應在「你還是住在母親家裡嗎？」給與修正回饋，這是封閉問句，諮商師可以說：「小威，你有一個封閉問句，你要如何將它改為開放問句呢？」。

系統諮商——實務指南

第 *10* 章

認知重建

　　系統減敏感法對減輕特定情境焦慮的效果已被證實，但在減低流動性或廣泛性焦慮的成效上卻十分有限，對屬於後者的當事人來說，認知重建應是適宜的處理方式。通常，許多當事人感到焦慮是因為對自我價值、人際關係以及對事物應有的看法已內化為不合理的信念，由於他們根據這些不合理的信念來運作，對自己和他人存有不切實際的期待，並因為期待無法實現而感到焦慮。

一、回顧理性情緒治療法

　　對於上述當事人的有效治療方法是重建他們的認知信念（見圖45 認知重建步驟），Albert Ellis（1962）所創立的理性情緒治療法（rational-emotive therapy）是專為重建非理性認知並減少焦慮的特

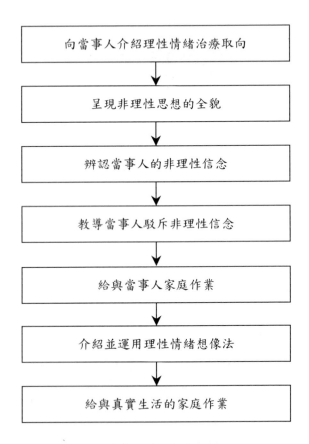

圖45　認知重建摘要表

殊方法。根據Ellis的理論，情緒困擾通常導因於個人過度關切他人對自己的看法，並誤認唯有他人接納、喜歡自己，個人才能接納、喜歡自己的錯誤信念。Ellis 認為當充滿情緒的結果（C）（consequence）跟隨引發事件（A）（activating event）時，人們往往會認為是A導致C的產生，也就是某特定事件造成個人的憤怒、沮喪或其他情緒，然而更有可能的是信念（B）（belief）導致C的產生，即個人對事件的信念形成結果；換句話說，個人對事件所下的標籤做反應而非對事件本身。舉例來說，假設你正穿越大廳，突然有人伸出腿來絆你一腳使你仆倒於地，這樣的事件可能使某人大發雷霆而某人卻不易動怒。這些反應的差異在於個人的信念（B）或自我語言（self-talk）。前者可能對自己說：「那個自私、魯莽的老粗！居然敢絆倒我，他沒有權利這樣對待我，我知道他是故意這麼做的。」；後者也許會告訴自己：「哇！我以後走路要小心點，他不是故意要絆倒我，只是巧合罷了。」。很明顯地，被絆倒這個事件（A）並不會產生情緒反應（C），而是個人的信念或自我語言（B）引發的，值得注意的是，這裡所說的自我語言可能是理性或非理性的，但通常只有非理性信念會造成強烈的焦慮與憂鬱情緒。

Ellis（1962）發現在我們的社會中人們常有的十一種非理性信念，依據這些非理性信念所造成的情緒反應歸類如下。

下列非理性思想易導致驚慌（panic）、自責與自我懷疑（self-doubt）（Ellis, 1973）：

1. 個人獲得周遭每位重要他人的關愛與讚許是迫切需要的（Ellis, 1962, p. 61）。

2. 個人應儘可能在各方面表現得有才能、勝任與有成就才有個人價值（Ellis, 1962, p. 63）。

3. 人類的痛苦是外界造成的，個人無法控制自己的悲傷與困擾（Ellis, 1962, p. 72）。

4. 個人的過往事件是決定目前行為的重要因素，因為過去某些事件曾經強烈影響個人的生命，所以它的影響將是無止盡的（Ellis, 1962, p. 82）。

5. 人類的問題有正確、精準與完美的解決之道，如果找不到完美的解決方法將會是一大災難（Ellis, 1962, p. 87）。

6. 對於可能的危險或可怕的事物，個人應該極度關切並深入思考發生的可能性（Ellis, 1962, p. 75）。

7. 個人應該倚賴他人，人們需要依靠比自己更為強壯的人（Ellis, 1962, p. 80）。

下列非理性思想導致憤怒、道德論（moralizing）與低挫折容忍力（low frustration tolerance）（Ellis, 1973）：

8. 拙劣、邪惡或卑鄙的人應為其惡行接受嚴厲的譴責與懲罰（Ellis, 1962, p. 66）。

9. 當事情不如己意時是恐怖的且為一場災難（Ellis, 1962, p. 69）。

10. 迴避生命的難題與個人的責任比面對它還要容易（Ellis, 1962, p. 78）。

11. 個人對於他人的問題與困擾應該要感到十分難過（Ellis, 1962, p. 85）。

上述非理性信念通常導致個人自憐、憐憫他人或自責、責備他人的情緒，沒有一項反應是具有建設性的。這些信念產生事情不應該是那樣的感覺，只是因為我們不喜歡那樣，或是會讓人覺得自己

是不恰當與無能的。在這兩種情形下，焦慮、憂鬱或不合宜的感覺阻礙當事人以具建設性的方式來改變情況，相對地將所有精力花在憂慮、憤怒或無助感上。因此，認知重建的目的在改變當事人的認知，轉換他的感覺，繼而使行為有建設性地導向改善不良情境或是接納它。

　　有關 Ellis（1962, 1973）實施認知重建或理性情緒治療的特殊技術將在本章其他節次予以介紹，介紹方式將以邏輯次序呈現，開始向當事人介紹這項治療取向，繼而讓他持續經歷完整的治療方案。

二、向當事人介紹理性情緒　　治療取向

　　在當事人發覺她的問題與感覺後，諮商師藉由指出人類有思考與推理能力且通常是由思想引發感覺來介紹理性思考取向，思想產生感覺而感覺導致行動，諮商師可以舉例幫助當事人了解這項觀念。例如：

諮商師：我們經常以為發生在我們身上的事讓我們有好或不好的
　　　　感覺，但實際是我們對發生之事情的看法使我們產生好
　　　　或不好的感覺。假設老師告訴妳，放學後要私下和妳談
　　　　談，如果妳對自己說：「好極了！我肯定老師一定有好
　　　　消息要告訴我。」，妳的感覺可能是什麼呢？

當事人：我會覺得很高興。

諮商師：是的。可是假想妳對自己說：「喔，不！我擔心我惹了

什麼麻煩。」，妳會有什麼感覺？

當事人：我會感到害怕並希望放學後可以溜之大吉。

諮商師：沒錯，那麼，妳明白妳的感覺是如何依賴妳的想法或妳
　　　　怎麼告訴自己的？

當事人：是的，我想我明白了。

諮商師：妳可以舉個例子嗎？

當事人：好，你知道今天年輕人的口頭禪「爛」這個字，其實它
　　　　是好的意思。假如小張對我說：「嗨，小蘇，妳的衣服
　　　　有夠爛。」，當我認為他不喜歡時就會有被侮辱的感
　　　　覺；但倘若我認為他喜歡就會感覺很好。

諮商師：好例子！如果妳告訴自己這是一種侮辱就會感覺很糟；
　　　　如果妳告訴自己這是一種讚美就會感覺很棒。

三、呈現非理性思想的全貌

　　在當事人對思想與感覺的關係有所了解並明白對情境的不同詮
釋會產生相異的情緒後，諮商師就可以向當事人介紹 Ellis（1962）
列舉的一般非理性思想，有許多不同的介紹方式，其中一種是要求
當事人填寫問卷。由於 Ellis 舉出的非理性信念是以極端的方式來作
陳述，當事人可能會給與負向的回答，下列的修正版將幫助當事人
更誠實地作答：

1. 當他人不喜歡你做的事或你發現他人不喜歡你時，你會感到
　　挫折嗎？

2. 當你犯錯或做事成效不如你的朋友或同儕時，你會感到挫折

嗎？

3. 你認為某些人就是壞人應該為做壞事受到懲罰嗎？

4. 當事情不如己意時你會感到挫折嗎？

5. 你感到挫折的主要理由是因為他人的行為使你有這種感覺？

6. 你花費很多時間擔心可能會發生的事嗎？

7. 你嘗試要逃避困境嗎？

8. 你需要尋求比你強壯者的意見嗎？

9. 你相信人們無法改變自己的行為嗎？

10. 你會因為他人的問題而感到困擾嗎？

11. 你覺得解決問題的正確方法只有一種嗎？假如你想不出唯一的正確方法，你會感到挫折嗎？

上列陳述在於確定當事人所同意的非理性思想，諮商師在辨明這些信念後，就可以和當事人討論為何它們是不合理的。

另一種介紹非理性信念的取向是，諮商師選擇最典型的非理性信念（如「每個人都必須愛我」與「我必須完美」），扮演接受這些信念的角色讓當事人予以駁斥，通常，讓當事人藉著聆聽別人對這些信念的解釋，可以協助他明白它們的不合情理。諮商師希望經由上述方法使當事人了解個人的願望與需求常常無法達成，期盼能夠達成的本身就是非理性的，從另一方面來說也促使當事人能夠理性接受，需求達成是美好的而需求落空是遺憾的想法。當人們告訴自己，無法達成願望將是可怕的且為大災難時，情緒問題也就產生了。

下面的例子是諮商師扮演每個人都必須愛她的角色，藉以向當事人示範這個信念的不合理。

諮商師：有些人認為每個人都必須愛他，假如某人不愛他，他就

會感到沮喪。我將示範這個角色，並請你告訴我對這個
角色的想法，可以嗎？

當事人：可以。

諮商師：請指出我的信念是非理性的理由，並設法說服我使我相
信自己的想法是錯誤的。

當事人：好的。

諮商師：我要每個人都喜歡我，並且認為我是一個好人。當有人
不贊同我的所言所行時，我會感到沮喪，因為那意味我
是個一無是處的人。

當事人：這是荒謬的想法，你不可能取悅每個人。

諮商師：為什麼不能呢？

當事人：因為每個人都不一樣，當你討好某些人時，有些人卻不
喜歡你那麼做。無論如何，你不會因為某人不喜歡你，
就一無是處。

諮商師：唔，我就是這麼覺得。我認為每個人都應該喜歡與讚美
我，假如他們不那樣做，我就一定是一無是處了。

當事人：人們不會對遇見的每個人都說好話，假如他們好話、壞
話都不說，那麼你有什麼感覺呢？聽起來好像除非別人
說的是好話，否則你都會假定是不好的。

諮商師：可是如果他們不面帶笑容、行為友善，就表示他們可能
不喜歡我。

當事人：這是個愚昧的想法。這個人也許因為某事感到困擾或正
在思考，這並不表示他不喜歡你或不贊同你啊！

諮商師：好，也許剛好是這樣，可是假如有人說不贊同我的話，
如「我不喜歡你這樣打扮」或其他的話呢？

當事人：這有什麼了不得？你不能期盼每個人都喜歡你的裝扮，

假如你喜歡自己的打扮，你應該感到高興，並了解別人也許不這麼認為。

諮商師：很好。你已經指出我錯在只憑他人面無笑容、不說好話就斷定他不贊同我，同時你也指出，我期盼每個人都贊同我所做的事是不合理的想法。

　　第二個非理性思想——「我必須完美」——也可以仿效上例來探究，然而，諮商師若覺察當事人的心理運作並非上述的「每個人都必須愛我」或「我必須完美」時亦可運用前述步驟來加以探討。

四、辨認當事人的非理性信念

　　在教導當事人了解個人的某些想法是多麼不合理後，下個步驟就是協助當事人辨認自己的非理性信念，最簡單的方式是經由ABC取向來教導當事人，A 意指引發的事件，B 是當事人對引發事件的信念，而 C 則為當事人的感覺或情緒結果。首先，諮商師可以請當事人辨識自己的感覺，某些感覺條列如下：

憤怒	罪惡感	失控	擔憂	沒希望
無價值	焦慮	憂鬱	自卑	恐懼
無助	挫折	害怕失敗	自慚形穢	枯燥乏味
孤獨				

　　在當事人確定他的感受或在某特定時刻的感覺後，他就需要辨識令他不舒服的情境，一般來說要當事人辨別這些情境是很容易的

事。下例顯示諮商師如何引導當事人去辨認C（情緒結果）與A（引發事件）：

諮商師：妳提到過去一週感覺萎靡不振，我想請妳談談妳不舒服的感覺。

當事人：我生我兒子小治的氣，我自己也有挫折感，有時我真想跳進車子開離現場。

諮商師：妳能告訴我小治做了什麼事，或發生什麼事令妳生氣與挫折嗎？

當事人：當我叫他做點事他表現得充耳不聞，即使他假裝聽到卻從不做我所吩咐的事，他使我非常不高興而且容易遷怒他人。

當事人的A和C在此時已辨認出來，下一步驟就要確定B（非理性信念或自我語言），B會遠比A和C難以辨識，部分原因是人們通常不易覺察個人的自我語言，並且會主動聯結A與C為因果關係，然而辨別自我語言並非難事，只要經由練習就能愈來愈嫻熟。

承接前面的例子，諮商師可以繼續處理：

諮商師：雖然人們傾向認為某件事情使他們感到不愉快，但通常是針對那個情境他們告訴自己的話使自己感到困擾。

當事人：唔，我正在告訴自己我不喜歡他的作法。

諮商師：這是合理的說法，妳沒有理由應該喜歡他的作法（請注意，個人對情境可能同時有理性與非理性的信念，當個人對不喜歡的狀況表示不高興是合理的；然而，當個人對不喜歡的狀況斷言不應該如此時就是不合理。當事人的思想是否合乎理性可從其感覺的強度來辨認，通常，

非常強烈的不愉悅情緒顯示當事人正告訴自己非理性的話語）。是的，你不喜歡他的所做所為，可是我認為你也告訴自己其他的事，你告訴自己什麼呢？

當事人：唔，我告訴自己，真是荒唐，連個九歲大的小孩也管不了（暫停不語），我也感到厭煩，因為他懶到連我叫他做些小事也不願意。

諮商師：繼續說下去。

當事人：小的時候，大人叫我做什麼我就做什麼，我不認為大人在懲罰我，我不了解為什麼他不能……為什麼不像我小時候那樣。

諮商師：從妳所說的話語中，我覺得妳在告訴自己兩件不合理的事，第一件事，妳在說「我應該完全稱職，而我的小孩不順服我就顯示我是位不稱職的父母——卑賤的失敗者。」；第二件事，我想妳告訴自己事情不如己意；換句話說，小治沒有做他應該做的事實在太糟糕了！

當事人：是的，我知道當我想到自己沒有盡全力時，我會覺得糟透了，我認為自己是位失敗的母親，你說得沒錯，我總是告訴小治應該表現得更好，當他還是老樣子時，我就會氣得大發雷霆。

諮商師：妳的非理性信念是妳必須完美才有個人的價值，小治也應該這樣否則事情就糟糕了，而妳也一定會十分苦惱。

　　諮商師可以利用應該、糟糕與過度類化的語詞為線索來確定當事人的非理性語彙（Kranzler, 1974），應該的字詞包括：應該、必須、必要與非得等；糟糕的字詞有：糟了、恐怖等；過度類化的字詞涵蓋：絕不、常常、不得不、不能忍受、太難了與自貶的話語

（我真蠢、毫無價值、好卑賤）。

實例練習

請辨識下列實例中當事人的非理性話語和非理性假設。

當事人：我非得在這門學科拿到 Ａ，這可能是我的學習計畫中最重要的科目，我應該拿到最高分，這門學科若表現不好就糟糕了。

答　案

當事人所透露的非理性字眼有非得、應該與就糟糕了，然而，非理性假設是他相信應儘可能在各方面表現得有才能、勝任與有成就。

在諮商師教導當事人駁斥（Ｄ）自己的非理性信念前，最重要的是當事人要能夠辨認自己的非理性信念與自我語言。以下是當事人辨識先前事件、情緒（結果）與自我語言的實例：

Ａ（引發事件）：

今天工作時，三位同事好像對我很冷淡。

Ｃ（感覺或結果）：

我感覺被拒絕和受傷害。

Ｂ（自我語言）：

1. 同事應該常常對我表示關切——和我交談，詢問我做得如何並對我特別感興趣。

2. 因為同事沒有特別關心我，我一定是令人厭煩且乏味的，他

們也許不再喜歡我了。

3. 他們怎麼敢如此冷落我呢！

🌀 實例練習

　　從下列實例中辨識出 A（引發事件）、B（自我語言）與 C（情緒結果）。

當事人：我這整個星期都感覺糟透了。

諮商師：發生什麼特殊的事讓你有這種感覺呢？

當事人：啊，我想是從那天的才藝比賽開始的，我唱了一首歌，
　　　　但有個音唱走了調，我發現有些聽眾在笑我。

🌀 答　案

　　A 是聽眾笑我唱錯音，C 是「感覺糟透了」，而 B 是：(1)我必須完美從不犯錯，換句話說，唱歌走調就是表示我不好；(2)在我犯錯時人們不應該嘲笑我；以及(3)假如他人不贊同我那真是糟透了。

五、教導當事人駁斥非理性信念

　　諮商師的工作不僅在駁斥當事人對特殊問題所呈現的非理性信念，同時也教導當事人辨認不同情境中的非理性信念並加以駁斥。個人要改變非理性思想就必須駁斥無意識的自我語言，駁斥過程的重要部分是當事人要放棄滿足個人期望的要求與堅持，根據 Ellis

（1973）的說法，個人的自我要求乃是情緒困擾的根源。

(一)質疑並駁斥某些思想類型

個人要駁斥自己的非理性信念時必須先能質疑自己的應該、糟透了與過度類化的語言，例如，為何他人應該做我要求他做的事？就算別人真的那麼做會讓我很高興，但是沒有絕對的理由要求他人應該遵照我的希望去做。值得注意的是，人們視這種非理性應該的觀念為典型的義務，換句話說，他人有義務討我歡喜，前者與可能性的應該（我從美國東部遷居至中部在時間上應該提前一個小時）或善意的應該（如在寒冷的日子應該穿上大衣）（Kranzler, 1974）不可混淆不清。

當事人必須能夠駁斥與可怕和糟糕相關聯的非理性陳述，這些用詞顯示個人沒有能力應付與忍受某種特殊情境的感覺或想法，也暗示由於情境困窘難以忍受以致個人毋須為自己的行為負責任，這些反應通常是阻礙個人做改善處境的自憐、焦慮或沮喪。事實上，可怕或糟糕只不過是當事人的看法而已，大多數人都是能夠忍受逆境的；否則，這個人將很難存活。

這並不表示沒有所謂真正令人難受的逆境，事實上，有些境遇是大可獲得改善的；但有些卻是不幸、不愉悅、不方便，甚至困難重重到足以妨礙個人的計畫與願望，縱然如此，並不表示這些處境都是個人無法承擔的災難。舉例來說，你的入學考試失敗了因此無法繼續升學，非理性信念將會是：「真糟糕！好可怕！我是個失敗者，我無法忍受別人知道我失敗的羞愧感，除非我是個大學生，否則我無法忍耐著繼續活下去。」。景況固然是令人失望，但檢視這些想法，可以看出個人的信念導致沮喪與焦慮甚至無法思考其他因

應之道。相對地，理性的想法為：「這真是令我失望，我巴不得能繼續升學，我實在很遺憾不能成為大學生，但升學並非唯一的途徑，我再看看還有什麼令我感到興趣的學習機會。」。

此外，當事人必須學習駁斥自己過度類化的非理性陳述或信念。前面曾提及，思想不合理者傾向使用絕不、總是、沒有人會、每個人都是、到處如此、每分每秒、沒有辦法、無法與不可能等字句或語詞，使用自貶言語（self-derogating statements）如我真愚蠢、呆瓜、醜陋或毫無價值則為過度類化的結果。前例入學考試失利的學生說「我是個失敗者」，他的確在考試上失敗了，但並不因此而成為失敗者。一般共通的非理性信念認為，個人的價值端賴其表現或他人如何對待他而定，從受到他人的拒絕就假定「我是不被人喜歡的」，這樣的想法顯然是非理性的推論。

非理性思想導致焦慮而阻礙行動，因此，非理性思考者通常是不快樂、沮喪並對自己的處境感到無能為力。以下的實例請仔細思想：

當事人：我的女友常常在我們一齊外出時搭訕其他男性，我想她只是想讓我生氣。

諮商師：那麼你的反應是生氣與憤怒嗎？

當事人：唔，開始時我是很憤怒，之後，我覺得她一定是不喜歡我，我猜想她認為我既醜陋又無趣，所以她就搭訕能言善道的帥哥，為什麼她要這樣對待我呢？

諮商師：你是如何處理的？

當事人：我什麼也沒有做，我只是非常生氣，無法忍受她的作為。有時候，我告訴自己要做個言談風趣的人，可是當她搭訕別人時，我就會氣得要命，甚至不願意跟她說話。

上述晤談中，當事人對女友的行為不僅表現得無能為力也顯示問題的日趨惡化，這是因為他的想法不合理且花費所有精力在焦慮的緣故。雖然在對話中當事人未提及應該或可怕的字眼，但它們是被隱藏的且易於從話語中辨識，例如「為什麼她要這樣對待我呢？」，真正涵義為「她不應該如此對待我！」

　　下列晤談摘錄顯示諮商師如何引導當事人駁斥應該的非理性思想：

諮商師：讓我們運用方才說過的 ABC 模式來看看你的問題。A 是你的女友搭訕他人，C 是你的憤怒與被拒絕的情緒，那麼 B 是什麼呢？

當事人：我是說她不應該再搭訕其他男人，因為我是她固定的男友。

諮商師：為什麼她不應該那樣呢？有什麼明文規定女孩不應該和固定男友之外的男人交往呢？有誰這麼說過？你有什麼證據嗎？

當事人：我沒有任何相關規定的證據，但我真的氣得要命。

諮商師：不，真正使你生氣的是你告訴自己她的行為是怎樣的。你說她不應該搭訕他人，只是因為你不希望她那麼做。什麼事讓你覺得你所期望的都必須達成呢？現在，你的女友若能安份當然是最好的事，你也會感覺很好；但是，我們並無任何理由認為她不應該那麼做，即使她真得那麼做也不致於讓你覺得會被氣死。

當事人：聽起來很有道理，但我的感覺還是很難改變。

諮商師：真的，假如你不再告訴自己那些無意義的話，你就會改變許多事。你還告訴自己其他的非理性思想，例如「假

如她與別人交談，那一定是因為我既醜陋又無趣」，有什麼事實證明你是既醜陋又無趣呢？難道就因為她不注意你就得到證實嗎？

當事人：唔，不是的，可是我不會說她喜歡聽的事。

諮商師：好的，我們來思考兩種可能性，也許你真的很無趣，也許只是你腦子這麼想而已。假如你覺得自己真是個無趣的人，那又怎樣呢？難道就表示你一無是處？

當事人：我希望事情會不一樣。

諮商師：希望，不會有太大幫助，不是嗎？希望，真的會讓事情變得不一樣嗎？

當事人：不會。

諮商師：但是，如果你願意就能有所改善，也許你可以談些女友感興趣的話題。

另外，在處理**可怕**與**無法忍受**等非理性語言的有效方法是，詢問當事人可能發生最糟糕的事是什麼，例如，當事人擔心被女方拒絕會感覺很糟而不敢開口邀約，諮商師可以詢問：「如果女方說不，可能發生最糟糕的事是什麼？」，在當事人預想可能發生的最糟糕的事以及個人將如何處理時，他會比較有信心面對真實的情境，通常，可能發生的最壞狀況，不會像個人告訴自己的那麼糟，也並非是個人無法忍受的。

😊 實例練習

請辨別下列對話的非理性陳述並改為理性的陳述。

當事人(一)：上星期我的丈夫離我而去，我什麼事都沒辦法做，他

令我精神崩潰，這個無賴！他居然敢拋棄我，讓三個
小孩由我來扶養。

當事人(二)：我在工作時整個人感覺快精神崩潰了，今天，上司批
評我做的事，我真的不想做了，我就是無法把事情做
好。

答　案

當事人(一)：

非理性的自我語言：

1. 我什麼事都沒有辦法做（過度類化）。

2. 他令我精神崩潰（除了自己，無人能夠困擾你）。

3. 他不應該離我而去（我氣他離我而去，可是沒有理由他不
   應該那麼做）。

理性的自我語言：

我氣我丈夫離開我，我無法單獨照顧小孩。

當事人(二)：

非理性的自我語言：

1. 每個人都應該喜歡我。

2. 真糟糕，上司批評我，我一定是一無是處，別人批評我，
   就表示我一定是個失敗者。

理性的自我語言：

被上司批評是很不幸的事，我不喜歡被批評，但是人都會犯
錯，也不可能總是把事情做得十全十美，然而我可以嘗試改
善我的缺點。

㈡教導當事人查驗自己的看法

在協助當事人駁斥導致焦慮的自我語言時，諮商師可以指出有些自我語言可能是真實的，而有些則是當事人扭曲的看法。例如，小蘇對上司不回答她的問話表示關切與焦慮，她的自我語言為：「他在生我的氣並且不喜歡我的工作」，諮商師指出，事實上，可能是上司在生她的氣且不喜歡她做的事；但也有可能是她的誤解。不論可能的推測為何，當事人被教導自我價值是不因其工作表現而論定的。

然而，假如當事人學會查驗自己的看法，就可以避免某些不必要的焦慮。就上述實例，當事人可以對上司說：「你對我的問話毫無反應，是否因為某事在生我的氣？」，上司的回答也許是：「對不起，我想我正在想別的事，我才沒有生你的氣呢！」，或說他是真的生氣並說明原因。不論是哪種狀況，當事人藉著查驗自己的看法，了解上司不說話的原因，並對情境有更合理的反應。

六、給與當事人家庭作業

家庭作業（homework）在理性情緒治療法中是很重要的部分，家庭作業被用來協助當事人練習辨別負向情緒、留意環繞這些情緒的情境、確認非理性自我語言，最後駁斥非理性自我語言。理性心理治療高級研究機構（Institute of Advanced Study in Rational Psychotherapy）所發展的理性自助表（Rational Self-Help Form）如表 14 所示。

表 14　理性自助表*

指導語：請先填寫 ueC 欄（非期望的情緒結果）和 ubC 欄（非期望
的行為結果），再填寫所有的 A-B-C-D-E 欄。
請書寫清楚，簡明扼要！

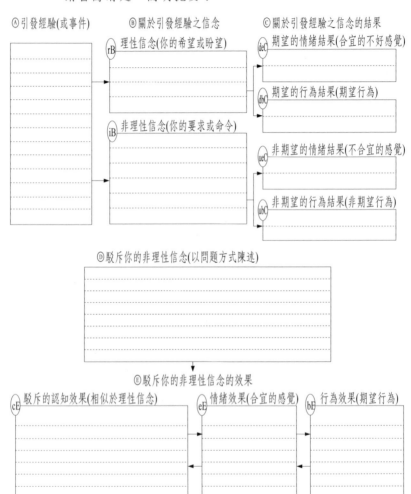

Ⓐ引發經驗(或事件)　　　　Ⓑ關於引發經驗之信念　　　Ⓒ關於引發經驗之信念的結果

rB　理性信念(你的希望或盼望)　　deC　期望的情緒結果(合宜的不好感覺)

dbC　期望的行為結果(期望行為)

iB　非理性信念(你的要求或命令)

ueC　非期望的情緒結果(不合宜的感覺)

ubC　非期望的行為結果(非期望行為)

Ⓓ駁斥你的非理性信念(以問題方式陳述)

Ⓔ駁斥你的非理性信念的效果

cE　駁斥的認知效果(相似於理性信念)　　eE　情緒效果(合宜的感覺)　　bE　行為效果(期望行為)

表 14 理性自助表*（續）

1. 繼續追究：

(1)什麼是我現在要進行的新目標？ ....

....

....

....

(2)什麼是我現在要採取的確切行動？ ....

....

....

2. 在你了解自己非理性信念（iB's）的非期望的情緒結果（ueC's）
　 與非期望的行為結果（ubC's）後：

(1)你能快速正視並駁斥這些非理性信念（iB's）嗎？ ....

....

(2)你如何強有力地駁斥它們？ ....

....

....

(3)如果你沒有加以駁斥，為何這麼做？ ....

....

3. 你的治療師或團體或自己指定的家庭作業為： ....

....

4. 你實際上做了什麼來貫徹你的指定作業？ ....

....

5. 在上週，你實際花費多少時間來進行家庭作業？ ....

....

6. 在上週，你實際花費多少時間在駁斥自己的非理性信念？ ....

....

....

7. 你現在想和你的治療師或團體討論的事情為？.............................

....

....

　　理性自助表較適合成年人作答，簡化後則可適用年輕當事人。
表 15 之家庭作業格式的結構提供當事人練習 ABCD 過程。

表 15　理性情緒治療的家庭作業簡化格式

1. 不愉快或不好的情緒＿＿＿＿＿＿＿＿＿＿＿＿＿＿＿＿＿＿＿＿
2. 使你變得煩亂或感受不好的事件是什麼？＿＿＿＿＿＿＿＿＿

＿＿＿＿＿＿＿＿＿＿＿＿＿＿＿＿＿＿＿＿＿＿＿＿＿＿＿＿＿＿
3. 關於發生的事你告訴自己什麼？就你告訴自己的陳述確認它是理
　 性或非理性的。

　　陳述　　　　　　　　　　　　　　　　理性　非理性
　 (1)＿＿＿＿＿＿＿＿＿＿＿＿＿＿＿＿＿　＿＿＿　＿＿＿
　 (2)＿＿＿＿＿＿＿＿＿＿＿＿＿＿＿＿＿　＿＿＿　＿＿＿
　 (3)＿＿＿＿＿＿＿＿＿＿＿＿＿＿＿＿＿　＿＿＿　＿＿＿
　 (4)＿＿＿＿＿＿＿＿＿＿＿＿＿＿＿＿＿　＿＿＿　＿＿＿
4. 駁斥你的每一個非理性信念並將它轉換為理性陳述。
　 (1)＿＿＿＿＿＿＿＿＿＿＿＿＿＿＿＿＿＿＿＿＿＿＿＿＿＿
　 理性：＿＿＿＿＿＿＿＿＿＿＿＿＿＿＿＿＿＿＿＿＿＿＿＿
　 (2)＿＿＿＿＿＿＿＿＿＿＿＿＿＿＿＿＿＿＿＿＿＿＿＿＿＿
　 理性：＿＿＿＿＿＿＿＿＿＿＿＿＿＿＿＿＿＿＿＿＿＿＿＿
　 (3)＿＿＿＿＿＿＿＿＿＿＿＿＿＿＿＿＿＿＿＿＿＿＿＿＿＿
　 理性：＿＿＿＿＿＿＿＿＿＿＿＿＿＿＿＿＿＿＿＿＿＿＿＿
　 (4)＿＿＿＿＿＿＿＿＿＿＿＿＿＿＿＿＿＿＿＿＿＿＿＿＿＿
　 理性：＿＿＿＿＿＿＿＿＿＿＿＿＿＿＿＿＿＿＿＿＿＿＿＿

完成的家庭作業格式範例如表 16 所示，當事人是十八歲的女孩因與交往兩年的男友分手而感到憂鬱。

表 16　理性情緒治療的家庭作業完成格式

1. 不愉快或不好的情緒：＿＿＿＿＿＿＿＿ 沮喪、被拒絕。

2. 使你變得煩亂或感受不好的事件是什麼？我的男友說他不想再見到我——他覺得我們不適合。

3. 關於發生的事你告訴自己什麼？就你告訴自己的陳述確認它是理性或非理性的。

陳述	理性	非理性
(1)小喬和我分手使我非常失望。	✕	
(2)在交往兩年後離開我是不公平的，他不應該這麼做。		✕
(3)我再也不會愛任何人了。		✕
(4)我一定是醜陋並且討人厭。		✕
(5)他再見到我時大概會很尷尬，我實在是個笨蛋。		✕
(6)我可能不會再有許多約會直到我再談戀愛。	✕	

4. 駁斥你的每一個非理性信念並將它轉換為理性陳述。

(2)他為何不應該如此做？有什麼明文規定他應該繼續當我的男友，只因為我希望他是？我沒有權力期待他做我希望他做的。

理性：小喬和我分手使我感到失望，我希望他沒有這麼做，但實在沒有任何理由認為他不應該如此做。

(3)這是不合理的陳述，因為它被過度類化。只因小喬離開，我不能說我再也不會愛任何人。事實上，有極大的可能性我會遇見值得我愛的人。

理性：我很難過這個關係未能繼續，這是不幸的，但我將努力尋覓合適的人。

(4)這項陳述也是過度類化。小喬拒絕我不代表我是醜陋並且討人厭，他可能沒有發現我的可愛之處，但不表示其他人也是如此。我說自己醜陋是太過分了！從小喬離開我我就這麼說，實在沒什麼道理；再者，就算我是醜陋的，我仍然是有價值的人。

理性：我不喜歡被拒絕，我認為被拒絕是一種不愉快的經驗，但被一個人拒絕並不代表每個人都會拒絕我。

(5)這是另一項過度類化的陳述，並且從發生的事就如此說是不合理的。

理性：我不喜歡發生的事，我也不了解小喬的理由，但就算假定他見到我會很尷尬，也不會使我變成笨蛋或一無事處，我的自我價值不會因為小喬或其他人如何看待我而有所改變。

　　家庭作業報告（homework report）的記錄目的在於，讓當事人用理性方法來處理諮商期間的情緒困擾問題，當事人被教導出現強烈負向情緒時可隨時填寫家庭作業記錄，值得注意的是，即使當事人思想合理時也可能會有負向感覺，差異在於思想合理的人會說：「我不喜歡這件事，我需要想辦法來改變它。」；相反地，思想不合理的人通常認為自己沒有能力改變事情，嘆息自己無法做別人做的事，滿腦子想著自己毫無價值，並且無法忍受發生在自己身上的事。

七、介紹並運用理性情緒想像法（rational-emotive imagery）

　　前述方法教導當事人處理特殊的感覺和與其相關的情境與信念，另一種方法是教導當事人運用想像來改變感覺；換句話說，當事人要想像導致焦慮的人或情境，辨認自己的非理性自我語言並加以駁斥。Maultsby（1971）指出個人從想像情境所引發的情緒結果幾乎與真實情境相同，因此，個人可藉著駁斥環繞想像情境的非理性信念而改變自己的感覺，他更進一步指出，除非當事人已經能夠做好 ABC 的分析，否則不宜先使用理性情緒想像法。

　　理性情緒想像法是當事人在進入真實生活情境前，對駁斥非理性信念與改變情緒的練習，倘若他能在想像情境中保持鎮靜並自處得宜，則成功面對真實生活情境的可能性會更大，想像個人在特殊情境中的合宜感覺與行為是這項處理過程的主要觀點。範例如下：

諮商師：你已多次告訴我，當你必須在班上發表意見時你覺得非
　　　　常害怕。今天，讓我們來嘗試做些不一樣的事，我請你
　　　　閉上眼睛，現在，我要你放鬆（在此可做些鬆弛訓練來
　　　　協助當事人放鬆）。好，我要你想像自己正在班上做報
　　　　告，你能這麼想像嗎？

當事人：即使你只提到報告這件事，就足以使我緊張得胃痛。

諮商師：就以在人前說話這件事來說，你對自己說了什麼呢？

當事人：哦，我害怕我會犯錯，某些人會取笑我。

諮商師：還有呢？為何那樣會使你感到困擾？

當事人：如果他們笑我，我會覺得自己是個愚蠢沒用的人，我不能忍受他人取笑我。

諮商師：好，讓我們來駁斥這些非理性陳述。

當事人：好的。首先，他們也許不會取笑我；如果他們笑我，也不代表我是愚蠢或毫無價值。我是可以犯錯的，即使犯錯仍然可以對自己有好的感覺。我可以忍受，就算被人取笑，我也不見得會死掉。

諮商師：現在你用方才告訴自己的話，想像你開始在班上做報告，你的感覺如何？

當事人：（暫停）唔，我好像沒那麼擔心了。如果我報告得很糟，我想我也能夠處之泰然。通常，我做報告時都會事先準備，所以我真的不必擔心這些可能會發生的事。

諮商師：讓我們假定你真的犯了錯，你的思路不清，手裡拿著綱要卻報告得混亂結巴。

當事人：哦，那實在很丟臉。天啊！我又緊張起來了。

諮商師：因為……？

當事人：因為班上同學會真的認為我很愚蠢。

諮商師：那有什麼讓你難過的呢？

當事人：我要別人認為我能把事情做得很好。

諮商師：因為……？

當事人：唔，因為別人覺得我不好，我就會覺得自己很糟。

諮商師：你到底告訴自己什麼呢？

當事人：我要討人喜歡，我應該從不犯錯。

諮商師：你覺得這樣的想法合理嗎？

當事人：好啦。我明白我不能討好每一個人，我了解我是會犯錯的。假如在某件事上我做不好，我知道在其他事上我會

做好。通常，我在班上回答問題時表現得很好，我不會
是第一個丟臉的人，這種事也同樣會發生在其他同學身
上。

諮商師：你現在覺得如何？

當事人：好多了，我幾乎不再感覺胃痛了。

　　運用想像呈現的方式類似系統減敏感法，諮商師和當事人可以
共同研擬漸進式的焦慮刺激情境（anxiety-provoking situation）階
梯，從最低的焦慮刺激情境開始，運用想像的理性重建（imaginal
rational restructuring）來減少當事人的焦慮。系統減敏感法已在第七
章介紹過，而減少非理性行為則可運用想像的理性重建方法。例
如，當事人用 0 至 100 來評估自己的焦慮程度，在使用理性重建技
術後，再重新評估焦慮狀況。當事人在某項目上成功減低焦慮後，
就可以繼續下一階梯的項目，鬆弛訓練也可以同時配合使用。

八、給與真實生活的家庭作業

　　理性情緒治療法的最終目的在改變當事人的行為，治療方法從
改變當事人的認知與情緒著手藉以改變非理性行為。在當事人熟習
ABCD 分析過程，學會完成家庭作業簡化格式，並成功運用想像的
理性重建時，就可以採用真實生活的家庭作業了。例如，對設法逃
避可能「犯錯」情境的當事人（如擔心自己的想法荒謬而不願意在
工作中和人分享）的家庭作業可能是：在這週內要和同事分享兩個
想法；對於害怕被拒絕而迴避人際關係的當事人的家庭作業可能
是：在這週內結交兩位新朋友。當事人被教導運用 ABCD 方法在具

有威脅的情境中，這樣的要求在初期階段幾乎不可能達成，但反覆練習後就會變得比較容易。

　　認知重建的主要優點在當事人能學到幫助自己避免情緒困擾的系統方法，同時也協助當事人學習分析與修復情緒困擾經驗的策略，一旦當事人學會這種策略後，他對諮商師的需求或依賴就會為之減低。

九、檢核表、範例與標準化測驗

㈠檢核表

請以「是」或「否」檢視全表。

　　　　　　　　　　　　　　　　　　　是　　　　否

1.確定認知重建是否適宜？
　(1)當事人感覺害怕或焦慮？　　　　　　＿＿＿　＿＿＿
　(2)當事人的害怕或焦慮是否不合理？　　＿＿＿　＿＿＿
　假如(1)和(2)回答是則運用認知重建是適宜的，繼續使用下列檢核表檢視諮商過程中的各個連續步驟，完成時在「是」項內打「∨」。

　　　　　　　　　　　　　　　　　　　是　　　　否

2.實施認知重建。
　(1)已經向當事人介紹理性情緒治療取向？　＿＿＿　＿＿＿
　(2)已經向當事人呈現非理性思想的全貌？
　　當事人了解嗎？　　　　　　　　　　　＿＿＿　＿＿＿

(3)你已經辨認出當事人的非理性信念？　　＿＿＿＿　＿＿＿＿

(4)你已經指定當事人做家庭作業報告？　　＿＿＿＿　＿＿＿＿

(5)當事人能使用理性情緒想像法？　　　　＿＿＿＿　＿＿＿＿

(6)當事人已經在做真實生活的家庭作業？

做得成功嗎？　　　　　　　　　　　　＿＿＿＿　＿＿＿＿

(7)當事人能在日常生活情境中運用認知重

建技術？　　　　　　　　　　　　　　＿＿＿＿　＿＿＿＿

(二)範例

請選擇一或多項敘述正確完成下列問題。

1. 根據 Ellis 的觀點，情緒困擾是由於：

(1)個人不關心自己的福祉。

(2)個人過度關心別人對自己的看法。

(3)個人缺乏社交情境技巧。

(4)個人的特殊情境焦慮。

第(2)選項是正確答案。Ellis 說過個人倘若不合理地認為別人都必須愛他、贊同他就會產生過度焦慮與情緒問題，雖然關心自己的福祉(1)與具備社交技巧(3)可以使個人生活得更好，但缺乏這兩項並不會造成情緒困擾。焦慮(4)是比前三項更明顯的情緒困擾徵兆。

2. Ellis 提及的 ABC 過程中，C 導因於：

(1) A。

(2) B。

(3) A 與 B。

第(2)選項是正確答案。Ellis 說過 C（情緒結果）導因於 B（個

人對事件的自我語言）而非 A（特殊事件）。

3. 下列何者不是 Ellis 的非理性假定？

(1)個人需要周遭他人的愛與讚同。

(2)個人應該在各方面表現得有能力並且成功。

(3)個人在任何困境中如果能夠尋求改變情境的替代方法，將會有較好的處遇。

(4)逃避困境比面對它和做不當的決定來得更好。

第(3)選項是正確答案。尋求改變不愉悅的情境是十分合理的作法，事實上，第(1)、(2)、(4)選項的非理性思想是有礙個人採取建設性行動的。

4. 下列何者不是非理性陳述？

(1)我真不喜歡我兒子小治打他的妹妹。

(2)小治，你不應該那麼做！

(3)為什麼小治那樣對待我？

(4)顯然地，我是個糟糕的母親。

第(1)選項是正確答案。個人沒有理由應該喜歡惱人的行為。第(2)選項小治不應該困擾她是非理性的陳述（為何不應該？）。第(4)選項因為兒子的行為不能依照自己的要求，就覺得自己是糟糕的母親（這是過度類化的思想）也是不合理的。第(3)與第(2)選項雷同，質問小治為何那樣做，等於說小治不應該那樣做。

5. 下列情境中哪些自我語言是非理性的？

A：男孩邀約女孩，女孩說：「不，我很忙。」。

C：感覺沮喪與無價值感。

(1)我再也找不到願意跟我約會的女孩了。

(2)她很忙碌使我感覺很失望。

(3)她拒絕我，她以為自己是什麼人？

(4)下次我應該早點約她。

第(1)與第(3)選項是正確答案。第(1)選項因為過度類化是非理性的思想，一次邀約被拒並不表示他將永遠被拒絕。第(3)選項隱含女孩不應該拒絕他，為何不能？有何事實證明？第(2)選項是理性的，因為說出個人不喜歡被拒絕的感受。第(4)選項也是合理的，因為在女孩有其他計畫前先邀約，也許就不致於被拒絕。

6. 請辨認下列當事人陳述的非理性信念線索，並說明為何這些信念是非理性的：

(1)為什麼他這樣對待我！

(2)他應該表現得不一樣。

(3)我就是不能忍受孤獨。

(4)我可能會做得很糟糕，那真是太恐怖了。

(5)一言以蔽之，我就是個笨蛋。

(6)我將永遠找不到我所愛的人。

(7)我必須在這門科目上表現良好。

建議的答案：

(1)當事人事實上是說「他不應該如此對待我」，這是不合理的，因為應該這兩個字缺乏事實證據。

(2)這句的非理性線索也同樣在應該的字眼上。

(3)不能忍受是過度類化的語言。事實上，大多數的情況是人們可以忍受的，否則他就可能無法存活，他可能不喜歡這種情況，但是非得接受時就能加以忍受。

(4)太恐怖了是這句話的非理性線索。當事人將犯錯視為大災難，了解凡人都會犯錯是很重要的，而犯錯的人仍然可以

接受自己。

(5)這句話是**過度類化**的說法。當事人只因為犯了一次錯誤就認為自己是個**笨蛋**，是否他的每項行為都是愚蠢的？犯了一次錯誤就是大笨蛋顯然是不合邏輯的說法。

(6)**永遠**也是過度類化的語言。只因為和某人的關係不良，就類化人際關係的徹底失敗，是不合邏輯的。

(7)**必須**是過度類化的說法，可用「為什麼我一定要？」、「為什麼我一定要給人良好的印象？」來加以駁斥，人們也許想要給人良好的印象，但不一定**要**那麼做。

7. 下列應該字眼的使用是理性的選項為？

(1)他不應該如此對待我。

(2)假如我將白漆與黑漆相混合，我應該得到灰色油漆。

(3)他應該帶些錢，如果他想買自己的午餐。

(4)他應該對我守信用。

第(2)與第(3)選項是正確答案。第(1)、第(4)選項是使用應該與義務性應該的非理性實例。當然個人能守信用(4)與他人待我好(1)都是好事，但是，困難在於有何證據能證實別人應該這麼做。第(2)選項顯示的應該是一種可能性，而第(3)選項所用的應該為善意的想法；換句話說，假如他要吃午餐，最好是自備款項。

8. 針對下列當事人的每項自我語言寫下駁斥的陳述：

(1)假如我做得很糟糕，人們會取笑我，那真是太恐怖了。

(2)老師今天批評我，我知道她恨我。

(3)我的小孩吵得我要發瘋了。

(4)我無法做對任何事！我是毫無希望的。

建議的答案：

(1)假如你那麼想才可怕呢！有什麼好覺得恐怖的呢？倘若人們嘲笑你，最壞的狀況會是什麼？人們取笑你就真的會使你變得愚笨嗎？

(2)你怎麼知道她恨你呢？因為犯了一項錯誤，就說別人會恨你，是不合邏輯的。無論如何，表現得不好並不會使你成為壞人。

(3)你對小孩的反應把自己搞得幾乎發狂，除你以外沒有人能夠困擾你。

(4)犯一、兩次錯就代表這個人做任何事都是失敗的，你這種說法是過度類化了。難道你不曾做好過一件事嗎？好，你一定做對過一些事，那麼做錯一、兩件事是不會讓你毫無希望的。

9. 請將第 8 題的非理性陳述改寫為理性的說法：

(1)假如人們嘲笑我，我會覺得不舒服，但卻不至於置我於死地。無論如何，我會先做準備以避免被人嘲笑。

(2)我不喜歡被老師批評，明天我將不會在教室中搗亂，即使她不喜歡我的行為，並不表示她就是不喜歡我。

(3)我和孩子之間真是有點困難，但願他們能夠乖巧一點，由於我弄得一團亂而使自己十分沮喪。假如我與每個小孩約法三章並和他們討論，這可能對事情會有幫助。

(4)天啊！今天我把事情弄得一團糟，但是我知道過去也有像今天一樣的情形，而且將來我有可能會再犯錯。我將會減少自己犯錯的次數，但無論如何，我一定會接納我自己，我的個人價值並不依賴我的表現而論定。

10.理性情緒想像法是有效用的，因為：

(1)它協助當事人想像焦慮刺激的情境。

(2)它可以使當事人在想像的情境中駁斥非理性的自我語言。

(3)想像有助於減低焦慮。

(4)它提供預防情緒困擾的方法。

第(2)與第(4)選項是正確答案。當事人經由想像能夠處理一般的真實生活情境，分析非理性的自我語言並加以駁斥。第(1)、第(3)選項的答案是不正確的，因為單憑想像並不一定能夠減低焦慮。

11.真實生活的家庭作業不應該實施，除非當事人已經：

(1)熟習行為的 ABCD 分析。

(2)學習到駁斥非理性的自我語言。

(3)成功地完成家庭作業簡化格式。

(4)完成上述各項要求。

第(4)選項是正確答案。在當事人學到辨認非理性的自我語言並能成功駁斥前，真實生活的家庭作業足以導致高度焦慮。在他學會駁斥自己的非理性信念後，他就能改變自己的焦慮感覺並集中精力在行為改變上。成功地完成家庭作業簡化格式(3)表示當事人已經熟習ABCD的分析，同時也準備好進行真實生活的家庭作業了。

(三)標準化測驗

針對下列情境做：(1) ABC 分析；(2)駁斥非理性信念；(3)以理性陳述替代非理性自我語言；以及(4)給與真實生活的家庭作業實例。

「當事人是未曾約會過的十八歲少女，她處於不願提出約會要求卻又希望被人邀約的矛盾狀態。在團體中，她對別人的問話會有

反應，但鮮少主動與人交談。她今天帶到團體來的特別問題是她對小倫的憤怒，她說：『我們一直是朋友，但是他今天居然忽視我，他是那麼傲慢自以為比別人好，他視若無睹地走過我身邊，只顧著跟小美說話。男人，算了吧！』」

㈣第十章標準化測驗答案

1. ABC 分析：

(A)前因事件：

小倫視若無睹地走過我身邊只顧著跟小美說話，他沒有對我說任何話。

(C)結果（感覺）：

憤怒、被拒絕。

(B)信念（自我語言）：

(1)他不應該忽視我。

(2)他拒絕我，實在太糟糕了，我難以忍受。

(3)除了和我說話，他無權和小美交談。

(4)他認為他比我好。

(5)我永遠不可能和男人交往。

2.(D)駁斥非理性陳述：

(1)為什麼他不可以忽視我？僅是因為我的要求，他就必須只青睞我一人？我是什麼人能夠如此自大？

(2)首先，我是真的被拒絕嗎？我怎麼知道他是刻意在迴避我？如果我真的被拒絕又有什麼大不了？我雖然不喜歡這樣，但我知道我能忍受，因為我可以忍受，此外，被拒絕一次並不代表我會永遠被拒絕。

(3)為什麼？他可以跟他喜歡的人說話我無權命令他應與何人交談。

(4)我真不知道他在想什麼，我無法讀取他的思想也無法替他說什麼話。

(5)真傻。首先，我沒有跟他交談，所以我真的沒有做任何事要與他談話，因為我這次的錯誤或因小倫這次經過我沒理會我，我就認為以後絕不會成功，這樣的決定是很荒謬的。

3. 理性的陳述：

(1)他不先和我交談使我感到遺憾，但也許下一次，我會先和他說話。

(2)我不喜歡被拒絕，但並不肯定我是被拒絕了，無論如何，我知道我可以忍受得了，我將改善我的行為使他人更能接受我。

(3)假如他和我交談會使我高興些，但我最好先開口和他說話，也許他並不喜歡所有的話都由他先說。

(4)下次我會做得不一樣，我會主動跟他說話，看看他有什麼反應。

4. 家庭作業：

在當事人熟練 ABCD 分析後就可以指定如下的家庭作業：

這週內主動和你認識的男性朋友至少交談三次。

第11章

諮商評鑑

　　諮商師有責任要研擬諮商處理計畫來減緩當事人的問題並評鑑諮商處理的成效（Tharp and Wetzel, 1969），然而，一般來說，諮商師對諮商處理的重視會甚於諮商評鑑。評鑑是整體諮商研究的一部分，雖然諮商師的日常練習包含了評鑑這個部分，但是整體而言仍然是受到忽視的。評鑑的功能可由下列原因得知：(1)評鑑可以顯示特殊處理對當事人行為改變的影響；(2)評鑑協助諮商師分辨何種處理方式對何種類型的個案與問題最具功效；以及(3)評鑑可視為諮商師評估自我效能的準則。顯然地，對當事人行為改變的評鑑，能夠主宰諮商師是否持續目前的諮商處理，在本質上，評鑑提供監督（monitoring）與回饋的系統，促使諮商師不致繼續採用無法導致當事人改變的運作方式，諮商師可以從檢視當事人的進步與評鑑其成效上使自己更有效能。

　　由於評鑑的益處是顯見的，本章將專注於如何從事諮商處理的

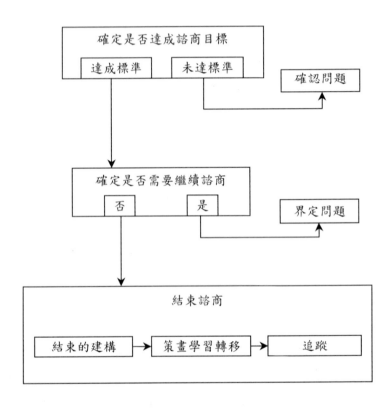

圖 46　諮商評鑑摘要表

評鑑（見圖 46）。

一、確定是否達成諮商目標

㈠檢視有多少目標已經達成

目標的達成可以預測諮商評鑑的結果，因此目標必須以用可觀察與評量的術語來敘寫（見第五章），根據操作敘寫的目標，第一種評鑑方法，只要檢查這些目標是否達成或有多少目標已經達成就可以了。

㈡比較基準與後續資料

第二種評鑑進步或成效的方法是，比較目標行為的基率與接受處理期間或結束時的行為變化，圖示法是說明行為改變的良好方法。例如，諮商師連續觀察小麥五天後，發現他每天平均搔腿 24 次，因此，諮商處理目標是減少小麥強迫性的搔腿行為（見圖 47）。

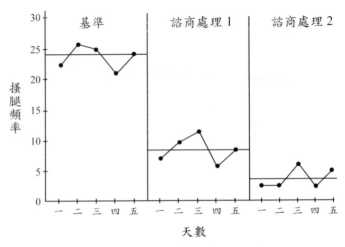

圖 47　小麥強迫性的搔腿行為

　　諮商師和當事人初步設定目標為小麥每天搔腿不超過10次，圖47顯示小麥搔腿行為在處理期間從每日平均24次降到平均9次。在諮商師和當事人同意初步目標已經達成時，小麥表示對自己的行為不滿意，希望能減少到每日不超過5次，因此進行第二次的諮商處理，圖47說明小麥在第二次處理期間行為減少的情形。通常，諮商師和當事人訂定的初步目標不切實際（即難以達成）或無法滿意（即行為標準仍然無法預期）時，圖示法可以協助他們用漸進的方式來設定目標，並以每日為基礎監督達成目標的進步情形。

1. 使用多重基準法（multiple baseline）

　　雖然使用簡單的圖示法來呈現基準與處理的資料，可以使當事人和諮商師判斷是否達成目標，還有其他圖示設計可以用來評量單一當事人在多項問題上的行為改變；或多數當事人在特定問題

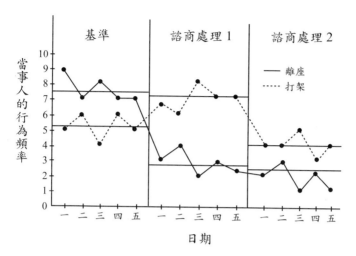

圖 48　打架和離座行為的頻率

上的行為變化；或不同情境中單一或多數當事人的行為改變，以及
不同情境中單一或多種問題的行為變化，這種設計就稱為多重基準
法。

　　例如，小明除了經常擅離座位外還有打架的問題，在處理離座
行為的同時也能建立打架行為的基準。

　　圖 48 顯示小明在諮商處理期間的離座行為減少，而打架行為
（尚未處理）仍然保持基準程度，在打架行為達到穩定基準後於第
二階段接受處理，圖 48 說明打架行為並未減少，直到第二階段諮商
處理 2 時才有改變。由於每項問題行為逐步接受諮商處理，諮商師
才能判斷該項處理是否真正導致行為改變，因為當事人並非在處理
前而是在處理後行為才有所變化。

2. 當目標行為相互關聯時不適用多重基準法

　　個人相互關聯的行為的處理效果可能難以判斷,例如,諮商師除了想減少小明的離座行為同時要提升他的學業成就,當離座行為減少則學業成就將可能提升。小明坐在座位的時間愈長愈可能讀書,結果將使他的成績變好,因此,行為的關聯性太高時不適用此種處理方法。

　　有時,諮商師會同時處理有相同問題的兩位當事人,請看圖 49 的實例。

　　第一週,小明平均每天離座 18 次,小何為 17 次。第二週,小明接受處理離座行為減低至每天 8 次,同時,小何的離座行為保持基準狀況並無多大改變(平均數為 16),在小何接受處理後,離座行為減少到平均每天 7 次(平均數為 7)。這種多重基準設計法,

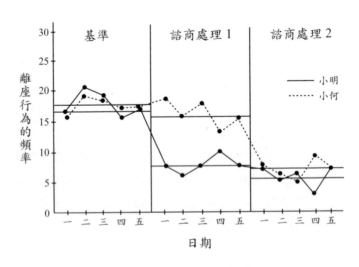

圖 49　離座行為的頻率

使諮商師能夠判斷諮商處理的效果能否同時減少兩位當事人的問題行為（離座）。

　　通常一項問題會在不只一個情境中發生（如同時發生在家庭、學校、工作上），諮商師可以運用多重基準法評量當事人在不同情境中的相同行為。例如，小克在工作場所和家中都會數落他人，圖50顯示，第一週小克在家中平均每天數落他人18次，在工作場所為17次；第二週開始在家中接受處理，平均數降為5次，而工作場所的基準狀況則增為17.6次；第三週加入工作場所的處理，小克數落他人的基準行為降至平均每天7次，在家中則保持平均每天5次的穩定狀態。

　　多重基準設計法對於特定技術實施在不同的行為、不同的人與不同的情境上的處理成果判斷十分有用，在最後的分析上，諮商師能藉以評估自己的諮商處理效果並判斷何時有效或何時無效（Schmidt, 1974）。

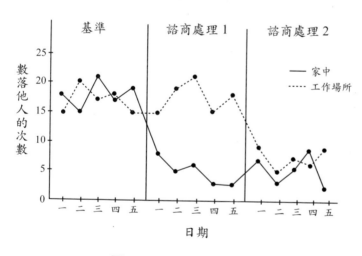

圖50　數落他人的頻率

實例練習

請根據下列圖示資料（圖 51）回答問題：

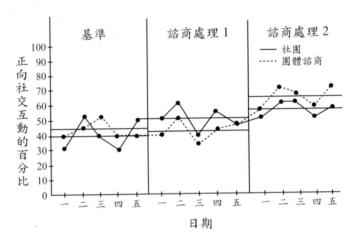

圖 51　多重基準圖示

問題：

1. 上圖是有關_____在_____下的評量資料。

2. 諮商處理 1 的處理情境為何？

3. 諮商處理 2 的處理情境為何？

4. 請說明正向社交互動從基準到諮商處理 2 的百分比變化：

　　社團：_____

　　團體諮商：_____

5. 用不超過七十五字來描述圖形上的資料。

答　案

1. 正向社交互動的百分比在兩種情況（社團與團體諮商）下的評量資料。

2. 社團。

3. 社團與團體諮商。

4. 社團：增加超過 $\frac{1}{3}$（實際為 1.38）。
   團體諮商：增加約 $\frac{1}{2}$（實際為 1.47）。

5. 社交互動的百分比在社團與團體諮商情境下被連續評量三週，第二週開始進行社團處理的社交互動百分比增加 $\frac{1}{4}$（實際為 1.25），團體諮商則無太大變化；第三週進行團體諮商處理的社交互動百分比，從第一週的基準增加近 $\frac{1}{2}$（實際為 1.47）。

　　諮商師能正確回答第五題是很重要的，因為他必須對當事人和有關人士說明諮商處理的效果，在當事人和有關人士從圖示中看到處理過程產生期望的變化時，對諮商處理的信心自然會獲得增強（Sulzer and Mayer, 1972）。

3. 比較晤談的錄製資料

　　前述圖示過程，主要運用在易於觀察與記錄的完整行為，對於不易觀察與量化的資料仍然可以使用相同的原則來處理，例如，諮商處理目標在於增進當事人的自信心，其評量方法為數計當事人成功完成事情時正向自我語言的次數（自信心顯然可用不同的方法來評量，然而，重要的是所有諮商目標應予以操作界定才能用來評量進步狀況，例如，假設諮商目標只說明要增進當事人的自信心，然

而自信心的涵義可能因人而異而使成效的評量流於主觀），假定數計正向自我語言的次數是對自信心的合理評量，則諮商師可以錄下晤談內容，記錄當事人在第一或第二次晤談的正向與負向自我語言的次數（作為基準），然後製圖說明執行諮商處理後的行為變化。

即使目標已經予以操作界定，其評量的客觀性仍有變異，例如，諮商師有時必須倚賴當事人對行為的自我陳述如焦慮、婚姻失和或使用藥物等，這些陳述的正確性是難以證實的，然而，仍然有實驗證實這種錄製個人行為的作法（假如評鑑資料是以這種方式獲得）對提升期望行為是有功效的。

(三)運用行為檢核表來評鑑成效

另一種評鑑諮商師效能的方法是使用行為問題檢核表，由老師或（及）家長在諮商進行的前、後填寫，有幾種標準化行為檢核表可以選用〔如兒童行為評量表（Child Behavior Rating Scale）（Cassel, 1962）、華克問題行為確認檢核表（Walker Problem Behavior Identification Checklist）（Walker, 1970）〕，有些諮商師也會自行設計用以蒐集當事人的一般問題，表 17 說明檢核表的設計形式。

表 17 設計的評鑑項目雖然較為主觀（根據老師的判斷），但仍然可與其他評鑑資料合併使用，如行為觀察表、行為改變的家長報告、學業表現記錄（如果適用）。無論如何，這種檢核表也可以用來評估老師（可能是轉介者）是否滿意當事人的行為改變，倘若老師指出當事人的行為僅是些微或毫無改進，則諮商師和老師就可以討論對當事人採取其他的替代處理方法。

表 17　評鑑諮商師效能的行為檢核表範例

姓名（當事人）_____　日期_____

老師_____

（諮商結束後，填答下列問題）

下列行為是否為當事人的問題？　　　　進 步 情 形

			沒	有	很
是	否		有	些	多
_____	_____	1.欺騙	_____	_____	_____
_____	_____	2.說謊	_____	_____	_____
_____	_____	3.偷竊	_____	_____	_____
_____	_____	4.未完成作業	_____	_____	_____
_____	_____	5.在教室內走動	_____	_____	_____
_____	_____	6.同儕關係不良	_____	_____	_____
_____	_____	7.其他	_____	_____	_____

家長／老師

簽章_____

日期_____

㈣運用測驗與其他工具

標準化測驗、量表與自陳量表都可用以評量諮商處理後的行為改變，例如，標準化測驗可以用於評量學業成就或自信心的改變，假定諮商目標在於增進一群被老師指定的學生的自信心，在實施團體諮商的前、後可以先施以自我概念量表〔如 Coopersmith（1967）、Piers-Harris Self-Concept measures（1964）〕以確定是否達成諮商目標。

評鑑不僅專注於諮商的最終結果（ultimate outcome）也應重視當事人在處理期間的進步情形，諮商師藉著設定結果目標與其相關的次目標來兼顧二者，範例如下：

「小莉由於逃學與離家出走被安置在少年輔育院的輔導計畫內，這項計畫的目標在改變當事人的家庭狀況，使當事人最終能回到自己的家庭中生活，小莉所報告的家庭問題是父母酗酒與婚姻失和，這樣的結果造成父親毆打她和母親。」

主要的諮商目標是小莉能夠回到自己的家庭，次目標則為：(1)改善父母之間的溝通；(2)減少身體的傷害；(3)減低父母的酗酒行為；(4)降低小莉的逃學與離家出走。當然在達成主要諮商目標前必須先達成上述的次目標；而諮商評鑑則奠基在這些導向期望結果的次目標上。例如，第一項次目標為改善父母之間的溝通，諮商師可以運用模擬方法，請父母角色扮演某種家庭情境來評估溝通模式，經由諮商處理（教導和練習新的溝通方式）後，父母被要求再演出

相同的家庭情境，角色扮演前、後的評量標準為：(1)父親或母親反應出傾聽對方的次數；(2)個人情感表達的次數；(3)父親或母親數落對方或中止溝通的次數；以及(4)角色扮演的結果（彼此是否達成協議？溝通進步的狀況？）。

二、確定是否需要繼續諮商

有兩項標準用以判斷當事人是否需要繼續接受諮商：

第一，目標應該都要達成。有時候當事人或相關人士（如老師、家長或朋友）可能覺得問題已不復存在，但事實資料卻未能支持，在這種情況下，諮商處理應該持續至達成目標為止。

第二，雖然目標已經達成，但當事人或相關人士對其行為改變並不滿意。如果當事人或相關人士對改變不滿意時就應該重新設定目標，然而，有時候可能是當事人希望探討其他關心的主題（見第三章確認所有當事人關心的事）而感到不滿意。

諮商的結束有賴一些因素的達成，倘若諮商師和當事人已達到他們所訂定的目標則結束的過程就會比較容易，如果設定的目標已經達成又沒有另立新目標時，諮商師和當事人即可專注在行為改變的維持與類化上。

三、結束的建構

諮商師在結束的建構上必須詢問三個基本問題：

1. 何時應該結束諮商？

一般來說，在當事人已經達成目標且本人和相關人士無意再探討任何問題時，諮商處理即可宣告結束。

2. 由誰決定何時結束諮商？

結束諮商應該由諮商師和當事人共同決定，有時候，當事人會以不再接受諮商來結束關係，發生的原因有幾種：可能當事人覺得諮商對他毫無幫助或與諮商師相處不來；有時是當事人不願意改變自己的某些行為。除非諮商師能事先處理這些問題，否則當事人極可能提早結束諮商。

3. 應該如何結束諮商？

諮商師應該注意不可驟然結束諮商處理，因為某些問題行為可能會回復到原先處理前的階段，因此在結束諮商前，諮商師應該安排給與當事人間歇增強（見第八章），因為這種增強方式與自然環境中的增強原則較為相近。

四、策畫學習轉移

諮商師切勿認定當事人在諮商情境中習得的技巧會自動類化到新的情境中，通常處理的效果是有情境性的，例如，當事人被教導如何在團體中和他人正向互動，但當她離開團體後卻無法在家庭或職場和人正向互動，因此，諮商師和當事人應該商討將習得技巧運用在非治療情境的特殊步驟，當事人在團體中學到的社交技巧可以

嘗試運用在每日接觸的特定人士（如朋友、老師或員工）身上。

諮商師可以做些事來催化當事人的類化學習：

1. 諮商處理應該近似當事人在真實生活中的情境

例如，當事人也許學會在新情境中和一位陌生人談論，但這幾乎與現實不相符合，因為在日常生活中，我們會遭遇形形色色的陌生人，因此，諮商師應該安排情境，讓當事人和大小不同團體的人交談，這樣做會比較真實。

2. 倘若可能諮商處理應該不只由一人擔當

如果當事人能在朋友、員工、老師、家人與他人面前練習新的行為，則當事人類化其行為改變的可能性將會增加。

3. 諮商師可以轉移行為控制權到當事人日常生活中最容易增強的事件上（見第八章）

同樣地，諮商師在處理的結束階段應該延宕給與當事人增強物（如金錢、讚許、晉升、認可等）的時間。

4. 教導當事人監督與控制自己的行為以增進處理計畫的成效

許多研究顯示，人們可以監督與控制自己的行為表現來減少問題行為（Bolstad and Johnson, 1972）；相反地，倘若當事人不能監督與記錄自己的行為就可能無法控制它，因此，自我監督（self-monitoring）是諮商師將處理計畫的控制權成功轉移給當事人的先決條件（Kanfer and Phillips, 1970），除此之外，諮商師也必須訓練當事人自我施與（self-administer）增強物，也就是說，當事人需要學

習依據別人酬賞她的標準來酬賞自己。

五、追蹤的計畫與執行

諮商師與當事人在討論結束諮商時就應該敲定追蹤的日期，追蹤的動作能讓諮商師了解當事人的進步狀況，並提供可能產生之新問題的討論時間，此外也協助催化當事人對習得技巧的運用。追蹤，通常在處理結束後的二至四週內實施，追蹤階段的資料蒐集情況與初始處理是相同的。

六、檢核表、範例與標準化測驗

(一)檢核表

請填答下列問題並依序檢視各個項目：

　　　　　　　　　　　　　　　　　　　　是　　　否

1. 確定是否達成諮商目標。　　　　　　　＿＿＿＿ ＿＿＿＿
　　評鑑標準為：　　　　　　　　　是否完成？
　　(1)比較基準資料與行為處理的比率。　＿＿＿＿
　　(2)多重基準資料。　　　　　　　　　＿＿＿＿
　　(3)自我報告資料。　　　　　　　　　＿＿＿＿
　　(4)行為問題檢核表（由轉介者填寫）。＿＿＿＿
　　(5)標準化測驗、量表或自陳量表。　　＿＿＿＿

2. 確定是否需要繼續諮商。

（有無其他問題尚需處理？） ＿＿＿＿ ＿＿＿＿

3. 確定是否結束諮商。 ＿＿＿＿ ＿＿＿＿

(1)決定何時結束諮商。 ＿＿＿＿

(2)擇人繼續施與增強物（如有必要）。 ＿＿＿＿

4. 確定是否能夠產生學習的類化。

(1)真實生活情境是否與諮商情境類似？ ＿＿＿＿ ＿＿＿＿

(2)處理者是否不止一人？ ＿＿＿＿ ＿＿＿＿

(3)增強物能否在自然環境中獲得？ ＿＿＿＿ ＿＿＿＿

(4)當事人能否監督自己的行為？ ＿＿＿＿ ＿＿＿＿

5. 追蹤日期是否已經確定？ ＿＿＿＿ ＿＿＿＿

(二)範例

請選擇一或多項敘述或依循指示正確完成下列問題。

1. 在判斷是否達成諮商目標時，諮商師必須確定：

(1)當事人是否已經符合行為表現的標準。

(2)當事人是否滿意。

(3)當事人在基準與處理階段之平均表現的差異。

(4)處理的目標行為。

第(1)與第(3)選項是正確答案。決定一項目標是否達成的方法是設立標準（如一週約會一次）並達成之，另一項更常使用的方法為呈現從基準到處理階段平均數的增加（如正向社交互動增加30%）或減少（如對他人的負向批評減低30%）。第(2)選項是不正確的，因為當事人可能已經達成目標，但不滿意或想另定新的目標。第(4)選項顯然是不適當的，因為目

標行為在處理前應早已確認。

2. 假如小美在學校與聚會中面對他人做自我介紹感到困難，諮商師可以使用多重基準法針對下列哪一選項來評量：

(1)行為。

(2)情境。

(3)人員。

(4)諮商處理。

第(2)選項是正確答案。諮商師可以先處理一個情境（聚會）並維持另一情境（學校）的基準狀況，再評量她的行為改變情形。如果小美在聚會裡自我介紹的行為增加，而在學校依然不變，那麼諮商師即可開始進行學校的處理，倘若在學校的行為也增多，我們就可以說自我介紹行為受到諮商處理而獲得控制了。由於這個案例是單一行為、單一個人與單一處理，因此第(1)、第(3)與第(4)選項皆不合宜。

3. 根據圖52與所附資料回答下列問題：

(1)根據縱橫座標的資料標記與構圖。

(2)圖形上所評量的行為為何？

(3)何者在諮商處理1接受處理？

(4)何者在諮商處理2接受處理？

(5)說明從基準到諮商處理2，社交互動在順服百分比上的變化：

小畢＿＿＿＿＿＿＿＿

小美＿＿＿＿＿＿＿＿

(6)用不超過一百字來描述圖形上的資料。

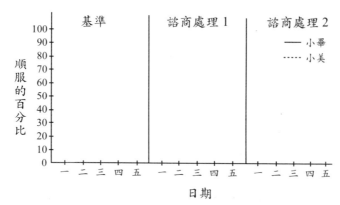

	一	二	三	四	五	一	二	三	四	五	一	二	三	四	五
小畢的百分比	20	25	30	30	20	50	45	70	65	75	80	75	85	80	80
小美的百分比	15	20	25	25	15	30	25	30	25	20	60	65	70	58	72

圖 52　待完成的圖表（問題 3）

建議答覆：

(1)

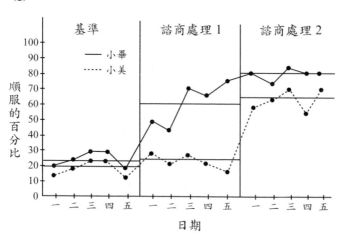

圖 53　完成的圖表（問題 3 答案）

(2)小畢與小美在順服上的百分比。

(3)小畢。

(4)小美（小畢繼續接受先前的處理）。

(5)小畢：超過三倍（實際為 3.20）。

　　小美：超過三倍（實際為 3.25）。

(6)諮商師連續三週評量小畢與小美的順服百分比，小畢在第二週開始接受處理，他的順服百分比較基準增加兩倍（實際為 2.44），小美沒有改變；小美在第三週開始接受處理，她的順服百分比超出基準三倍（實際為 3.25），而小畢此週的順服百分比也超出基準三倍以上。

4. 諮商師和當事人應該結束諮商，當：

(1)原先的目標已經達成。

(2)當事人缺席一次。

(3)目標行為已被界定。

(4)諮商處理被取消。

第(1)選項是正確答案。如果當事人已經達成原定的目標即可結束諮商，假如有新的目標產生，當事人自然不會結束諮商。當事人缺席一次(2)、目標行為被界定(3)或諮商處理被取消(4)都不足以構成諮商的終結。

5. 在策畫學習轉移時諮商師和當事人都應該：

(1)結束諮商。

(2)考慮不同情境與不同人士的處理計畫。

(3)處理計畫的控制權轉移給當事人。

(4)準備最後的報告。

第(2)與第(3)選項是正確答案。諮商師應要求當事人在不同的情境對不同的人士表現新的行為(2)，並由當事人酬賞獎勵自

己的成效(3)。結束諮商(1)或準備最後的報告(4)，應在諮商師和當事人完成策畫學習轉移後才會考慮。

6. 下列何種方法在評鑑諮商師的效能上很有效：

(1)前、後測的標準化測驗。

(2)記錄與圖示當事人在基準與處理上的行為。

(3)行為檢核表。

(4)自陳報告。

所有選項皆為正確答案。依據諮商目的，上述各項均為評鑑當事人行為改變的適當方法。

(三)標準化測驗

請以一或多項敘述或依循指示正確完成下列問題。

1. 假如小傑的問題是上班遲到且和同事相處不和諧，諮商師可以下列何者為主採用多重基準法來評量他的行為：

(1)情境。

(2)處理。

(3)行為。

(4)人士。

2. 諮商目標已經達成，當：

(1)基準與處理階段的行為表現大不相同時。

(2)設立另一目標時。

(3)當事人對自己的表現感到滿意時。

(4)當事人的表現已經符合標準時。

3. 依據下列圖示資料回答問題：

小畢不遵守家規與校規，他的順服記錄如下：

（日期）	基準 一二三四五	處理 1 一二三四五	處理 2 一二三四五
家裡	20 10 10 15 20	40 45 50 55 50	60 50 40 50 45
學校	15 20 30 20 25	15 20 25 20 30	40 50 55 60 50

⑴根據縱橫座標的資料標記與構圖（圖54）。

圖54 待完成的圖表（問題3）

⑵圖形上所評量的行為為何？

⑶何處在諮商處理 1 接受處理？

⑷何處在諮商處理 2 接受處理？

⑸說明從基準到諮商處理 2，順服百分比的變化：

學校＿＿＿＿＿＿

家裡＿＿＿＿＿＿

⑹用不超過一百字來描述圖形上的資料。

4. 下列何種方法在評鑑諮商師的效能上很有效？

(1)前、後測的標準化測驗。

(2)記錄與圖示當事人在基準與處理上的行為。

(3)行為檢核表。

(4)自陳報告。

㈣第十一章標準化測驗答案

1.(3)　2.(1)、(4)

3.(1)

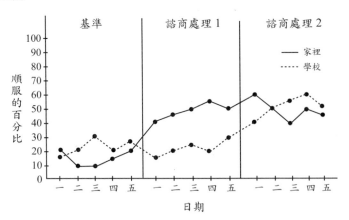

圖55　完成的圖表（問題３）

(2)在不同情境下的順服百分比。

(3)家裡。

(4)學校。

(5)學校：增加兩倍（實際為 2.32）。

　　家裡：增加三倍（實際為 3.27）。

(6)諮商師連續三週評量小畢在學校與家裡的順服百分比，第

二週開始在家裡接受處理，他的順服百分比超出基準的三倍（實際為 3.20），學校的情形沒有改變；第三週開始學校的處理，順服百分比超出基準兩倍（實際為 2.32），而家裡的情形也持續超出基準三倍多（實際為 3.27）。

4.(1)、(2)、(3)和(4)

參考書目

Azrin, N. H., and Ayllon, T. Reinforcer sampling. A technique for increasing the behavior of mental patients. *Journal of Applied Behavior Analysis*, 1968, *1*, 13-20.

Bandura, A. *Principles of behavior modification*. New York: Holt, Rinehart and Winston, 1969.

Becker, W. C.; Engleman, S.; and Thomas, D. R. *Teaching: A course in applied psychology*. Chicago: Science Research Associates, 1975.

Benjamin, A. *The helping interview.* 1st ed. Boston: Houghton Mifflin, 1969.

Benjamin, A. *The helping interview.* 2nd ed. Boston: Houghton Mifflin, 1974.

Benoit, R. B., and Mayer, G. R. Extinction: Guidelines for its selection and use. *Personnel and Guidance Journal*. January, 1974, *52*, 290-295.

Bolstad, O. D., and Johnson, S. M. Self-regulation in the modification of disruptive classroom behavior. *Journal of Applied Behavior Analysis*, 1972, *5*, 443-454.

Brown, J. H. The differential effects of three monitoring procedures on achievement behavior. *Journal of Educational Research*, 1975, *8*, 318.

Carkhuff, R. F. *Helping in human relations.* New York: Holt, Rinehart and Winston, 1969.

Cassel, R. *The child behavior rating scale.* Los Angeles: Western Psychological Services, 1962.

Cautela, J. R., and Kastenbaum, R. A reinforcement survey schedule for use in therapy, training, and research. *Psychological Reports*, 1967, *20*, 1115-1130.

Coopersmith, S. *The antecedents of self-esteem.* San Francisco: W. H. Freeman and Co., 1967.

De Rath, G. W. The effects of verbal instructions on imitative aggression. *Dissertation Abstracts,* 1964, *25,* 624-625.

Edinburg, G. M.; Zinberg, N.; and Kelman, W. *Clinical interviewing and counseling.* New York: Appleton-Century-Crofts, 1975.

Egan, G. *The skilled helper: A model for systematic helping and interpersonal relating.* Monterey, CA: Brooks/Cole Publishing Co., 1975.

Ellis, A. *Reason and emotion in psychotherapy.* New York: Lyle Stuart, 1962.

Ellis, A. *Humanistic psychotherapy.* New York: Julian Press, 1973.

Eyeberg, S. M., and Johnson, S. M. Multiple assessment of behavior modification with families: Effects of contingency contracting and order of treated problems. *Journal of Consulting and Clinical Psychology,* 1974, *42,* 594-606.

Froehle, T., and Lauver, P. *Counseling techniques: Selected readings.* Bloomington: Indiana University Press, 1971.

Gagne, R. M. Curriculum research and the promotion of learning. In R. E. Stake, Ed., AERA Curriculum Monograph Series, No. 1. Chicago: Rand McNally, 1967.

Gelfand, D. M., and Hartmann, D. P. *Child behavior: Analysis and therapy.* Elmsford, N.Y.: Pergamon Press, 1975.

Goldfried, M. R., and Davison, G. C. *Clinical behavior therapy.* New York: Holt, Rinehart and Winston, 1976.

Goldstein, A. P. *Structured learning therapy.* New York: Academic Press, 1973.

Goldstein, A. P.; Heller, K.; and Sechrest, C. B. *Psychotherapy and the psychology of behavior change.* New York: Wiley, 1966.

Gottman, J. M., and Leiblum, S. R. *How to do psychotherapy and how to evaluate it.* New York: Holt, Rinehart and Winston, 1974.

Guthrie, C. W. Checklist for problem identification of adult clients. Southern Indiana Mental Health and Guidance Center, Jeffersonville, Indiana.

Hackney, H. Goal setting: Maximizing the reinforcing effects of progress. *The School Counselor*, January, 1973, *20*, 176-181.

Hackney, H., and Nye, S. *Counseling strategies and objectives.* Englewood Cliffs, NJ: Prentice Hall, 1973.

Hansen, J. C.; Pound, R. E.; and Warner, R. W. Use of modeling procedures. *Personnel and Guidance Journal*, January, 1976, *54*, 242-245.

Hardman, A. Behavior checklist. Southern Indiana Mental Health and Guidance Center, Jeffersonville, Indiana.

Hart, B. N.; Allen, K. E.; Buell, J. S.; Harris, F. R.; and Wolf, M. M. Effects of social reinforcement on operant crying. *Journal of Experimental Child Psychology*, 1964, *1*, 145-153.

Hendricks, C. G.; Ferguson, J. C.; and Thoresen, C. E. Toward counseling competence: The Stanford program. *Personnel and Guidance Journal*, 1973, *13*, 418-424.

Holz, W. C.; Azrin, N. H.; and Ayllon, T. Elimination of behavior of mental patients by response-produced extinction. *Journal of the Experimental Analysis of Behavior*, 1963, *6*, 407-412.

Homme, L.; Csanyi, A. P.; Gonzales, M. A.; and Rechs, J. R. *How to use contingency contracting in the classroom.* Champaign, IL: Research Press, 1970.

Hosford, R. E., and de Visser, C. A. *Behavioral counseling: An introduction.* Washington, DC: American Personnel and Guidance Press, 1974.

Institute for Advanced Study in Rational Psychotherapy. Homework Report. New York.

Ivey, A. *Micro-counseling: Innovations in interview training.* Springfield, IL: C. C. Thomas, 1971.

Ivey, A. E.; Normington, C. J.; Miller, C. D.; Morrill, W. A.; and Haase, R. F. Micro-counseling and attending behavior: An approach to pre-practicum counselor training. *Journal of Counseling Psychology*, 1968. (Monograph Suppl. 5.)

Jacobson, E. *Progressive relaxation*. Chicago: University of Chicago Press, 1938.

Kanfer, F. H., and Phillips, J. S. *Learning foundations of behavior therapy*. New York: Wiley, 1970.

Kifer, R. E.; Lewis, M. A.; Green, D. R.; and Phillips, E. C. The SOCS model: Training pre-delinquent youths and their parents in negotiation responses to conflict situations. Paper presented at the Annual Convention of the American Psychological Association, Montreal, Quebec, Canada, August, 1973.

Kranzler, G. *You can change how you feel: A rational-emotive approach.* Eugene: University of Oregon, 1974.

Krumboltz, J. D., and Hosford, R. Behavioral counseling in the elementary school. *Elementary School Guidance and Counseling*, 1967, *1*, 27-40.

Krumboltz, J. D., and Schroeder, W. W. Promoting career planning through reinforcement of models. *Personnel and Guidance Journal*,1965, *44*, 19-26.

Krumboltz, J. D., and Thoresen, C. E. *Behavioral counseling: Cases and techniques*. New York: Holt, Rinehart and Winston, 1969.

Krumboltz, J..D.; Varenhorst, B. B.; and Thoresen, C. E. Nonverbal factors in effectiveness of models in counseling. *Journal of Counseling Psychology*, 1967, *14*, 412-418.

Lazarus, A. A. *Behavior therapy and beyond*. New York: McGraw-Hill, 1971.

Lennard, H. C., and Bernstein, A. *The anatomy of psychotherapy*. New York: Columbia University Press, 1960.

London, P. The end of ideology in behavior modification. *American Psychologist*, 1972, *27*, 913-920.

Lovitt, T. C., and Curtis, K. A. Academic response rates as a function of teacher and self-imposed contingencies. *Journal of Applied Behavior Analysis*, 1969, *2*, 913-920.

Marlett, G. A., and Perry, M. Modeling methods. In F. H. Kanfer and A. B. Goldstein, Eds., *Helping people change*. Elmsford, NY:

Pergamon Press, 1975, 117-158.

Maultsby, M. C. Rational-emotive imagery. *Rational Living*, 1971, *6*, (1), 16-23.

Meichenbaum, D. H. Cognitive factors in behavior modification: Modifying what clients say to themselves. In C. M. Franks and G. T. Wilson, Eds., *Annual review of behavior therapy: Theory and practice*. New York: Brunner-Mazel, 1973.

Patterson, G. R. *Living with children*. Champaign, IL: Research Press, 1976.

Paul, G. C. Insight vs. desensitization in psychotherapy two years after termination. *Journal of Consulting Psychology*, 1967, *31*, 333-348.

Piers, E. V., and Harris, D. B. Age and other correlates of self-concept in children. *Journal of Educational Psychology*, 1964, *55*, 91-95.

Premack, P. Toward empirical behavior laws: Positive reinforcement. *Psychological Review*, 1959, *66*, 219-233.

Ryan, A. T. Model-reinforcement group counseling to modify study behavior. Paper presented at the American Personnel and Guidance Convention, Washington, DC, April, 1966.

Schmidt, J. A. Research techniques for counselors: The multiple baseline. *Personnel and Guidance Journal*, 1974, *53*, 200-206.

Shertzer, B. E., and Stone, S. C. *Fundamentals of counseling*. Boston: Houghton Mifflin, 1968.

Stuart, R. B. Operant interpersonal treatment for marital discord. *Journal of Consulting and Clinical Psychology*, 1969, *33*, 675-682.

Stuart, R. B. Behavioral contracting within the families of delinquents. *Journal of Behavior Therapy and Experimental Psychiatry*, 1971, *2*, 1-11.

Sulzer, B., and Mayer, G. R. *Behavior modification procedures for school personnel*. Hinsdale, IL: Dryden Press, 1972.

Sundel, M., and Sundel, S. S. *Behavior modification in the human services: A systematic introduction to concepts and applications*. New York: John Wiley, 1975.

Tharp, R. G., and Wetzel, R. J. *Behavior modification in the natural environment*. New York: Academic Press, 1969.

Thoresen, C. E. Behavioral humanism. Paper presented at the Colloquium sponsored by the Department of Counselor Education, Pennsylvania State University, University Park, PA. July, 1972.

Thoresen, C. E., and Hosford, R. E. Behavioral approaches to counseling. In C. E. Thoresen, Ed., *Behavior modification in education*. Seventy-second Yearbook of the National Society for Study of Education. Chicago: University of Chicago Press, 1973.

Vriend, J., and Dyer, W. W. Counseling the reluctant client. *Journal of Counseling Psychology*, 1973, *20*, 240-246.

Wahler, R. G., and Cormier, W. H. The ecological interview: A first step in out-patient child behavior therapy. *Journal of Behavior Therapy and Experimental Psychiatry*, 1970, *11*, 279-289.

Wahler, R. G., and Erikson, M. Child behavior therapy: A community program in Appalachia. *Behaviour Research and Therapy*, 1969, *7*, 71-78.

Walker, H. M. Walker problem behavior identification checklist. Los Angeles: Western Psychological Services, 1970.

Warner, R. W., and Hansen, J. C. Verbal-reinforcement and model-reinforcement group counseling with alienated students. *Journal of Counseling Psychology*, 1970, *17*, 168-172.

Warner, R. W.; Swisher, J. D.; and Horan, J. J. Drug abuse prevention: A behavioral approach. *NAASP Bulletin*, 1973, *372*, 49-54.

Winborn, B.; Hinds, W.; and Stewart, N. Instructional objectives for the professional preparation of counselors. *Counselor Education and Supervision*, 1971, *10*, 133-137.

Wolpe, J., and Lang, P. J. A fear survey schedule for use in behavior therapy. *Behaviour Research and Therapy*, 1964, 228-232.

Wolpe, J., and Lazarus, A. A. Behavior therapy techniques. Elmsford, NY: Pergamon Press, 1966.

國家圖書館出版品預行編目資料

系統諮商 － 實務指南／Joseph H. Brown & Carolyn S. Brown
作；許淑穗譯 .-- 初版 .-- 臺北市：心理，2005（民 94）
面 ； 公分 .--（諮商輔導；52）
參考書目：面
譯自：Systematic counseling : A guide for the practitioner

ISBN 978-957-702-779-5（平裝）

1.諮商 － 問題集

178.4　　　　　　　　　　　　　　　94004721

諮商輔導 52　　**系統諮商—實務指南**

作　　　者：Joseph H. Brown & Carolyn S. Brown
譯　　　者：許淑穗
執 行 編 輯：李　晶
總 編　輯：林敬堯
發 行 人：洪有義
出 版 者：心理出版社股份有限公司
社　　　址：台北市和平東路一段 180 號 7 樓
總　　　機：(02) 23671490　　傳　　真：(02) 23671457
郵　　　撥：19293172　心理出版社股份有限公司
電子信箱：psychoco@ms15.hinet.net
網　　　址：www.psy.com.tw
駐美代表：Lisa Wu　tel: 973 546-5845　fax: 973 546-7651
登 記 證：局版北市業字第 1372 號
電腦排版：龍虎電腦排版股份有限公司
印 刷 者：翔盛印刷有限公司
初版一刷：2005 年 11 月
初版二刷：2007 年 2 月

讀者意見回函卡

No. _____　　　　　　　　　填寫日期：　　年　　月　　日

感謝您購買本公司出版品。為提升我們的服務品質，請惠填以下資料寄回本社【或傳真(02)2367-1457】提供我們出書、修訂及辦活動之參考。您將不定期收到本公司最新出版及活動訊息。謝謝您！

姓名：_____　性別：1□男　2□女

職業：1□教師 2□學生 3□上班族 4□家庭主婦5□自由業6□其他____

學歷：1□博士2□碩士3□大學4□專科5□高中6□國中7□國中以下

服務單位：_____ 部門：_____ 職稱：_____

服務地址：_____ 電話：_____ 傳真：_____

住家地址：_____ 電話：_____ 傳真：_____

電子郵件地址：_____

書名：_____

一、您認為本書的優點：（可複選）

　　❶□內容 ❷□文筆 ❸□校對 ❹□編排 ❺□封面 ❻□其他____

二、您認為本書需再加強的地方：（可複選）

　　❶□內容 ❷□文筆 ❸□校對 ❹□編排 ❺□封面 ❻□其他____

三、您購買本書的消息來源：（請單選）

　　❶□本公司 ❷□逛書局⇨_____書局 ❸□老師或親友介紹

　　❹□書展⇨____書展 ❺□心理心雜誌 ❻□書評 ❼其他_____

四、您希望我們舉辦何種活動：（可複選）

　　❶□作者演講 ❷□研習會 ❸□研討會 ❹□書展 ❺□其他____

五、您購買本書的原因：（可複選）

　　❶□對主題感興趣 ❷□上課教材⇨課程名稱_____

　　❸□舉辦活動　❹□其他_____　　（請翻頁繼續）

心理出版社 股份有限公司

台北市 106 和平東路一段 180 號 7 樓

TEL: (02) 2367-1490
FAX: (02) 2367-1457
EMAIL:psychoco@ms15.hinet.net

沿線對折訂好後寄回

六、您希望我們多出版何種類型的書籍

❶□心理 ❷□輔導 ❸□教育 ❹□社工 ❺□測驗 ❻□其他

七、如果您是老師，是否有撰寫教科書的計劃：□有□無

書名／課程：＿＿＿＿＿＿＿＿＿＿＿＿＿＿＿＿＿＿＿

八、您教授／修習的課程：

上學期：＿＿＿＿＿＿＿＿＿＿＿＿＿＿＿＿＿＿＿＿＿

下學期：＿＿＿＿＿＿＿＿＿＿＿＿＿＿＿＿＿＿＿＿＿

進修班：＿＿＿＿＿＿＿＿＿＿＿＿＿＿＿＿＿＿＿＿＿

暑　假：＿＿＿＿＿＿＿＿＿＿＿＿＿＿＿＿＿＿＿＿＿

寒　假：＿＿＿＿＿＿＿＿＿＿＿＿＿＿＿＿＿＿＿＿＿

學分班：＿＿＿＿＿＿＿＿＿＿＿＿＿＿＿＿＿＿＿＿＿

九、您的其他意見

謝謝您的指教！

21052